AF557190

Gerd F. W. Jung
Gabionen

Gerd F. W. Jung

Gabionen

107 Farbfotos
54 Zeichnungen
9 Tabellen

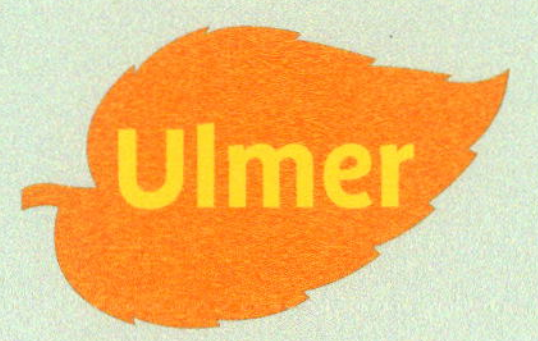

Inhaltsverzeichnis

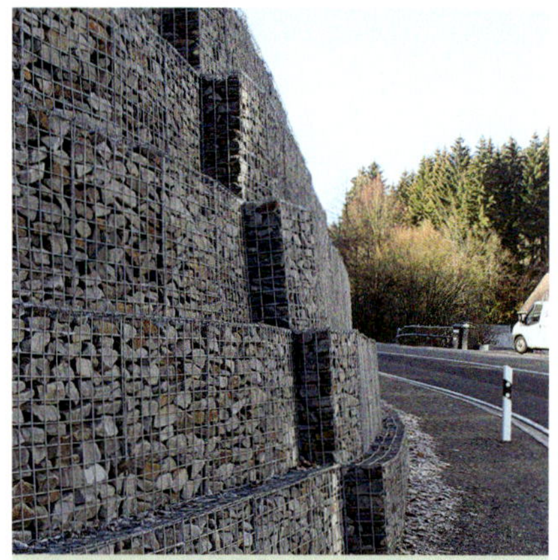

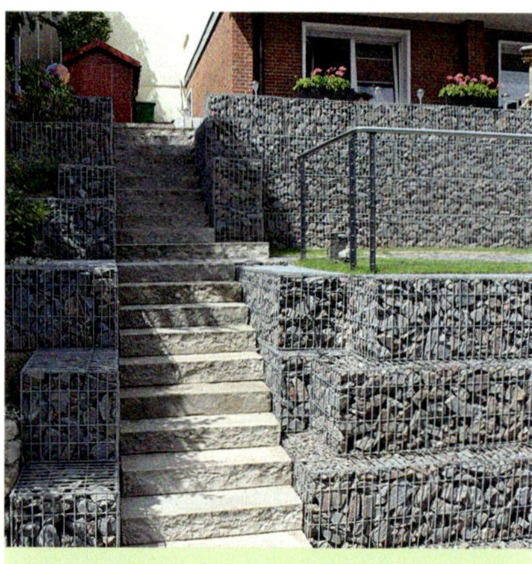

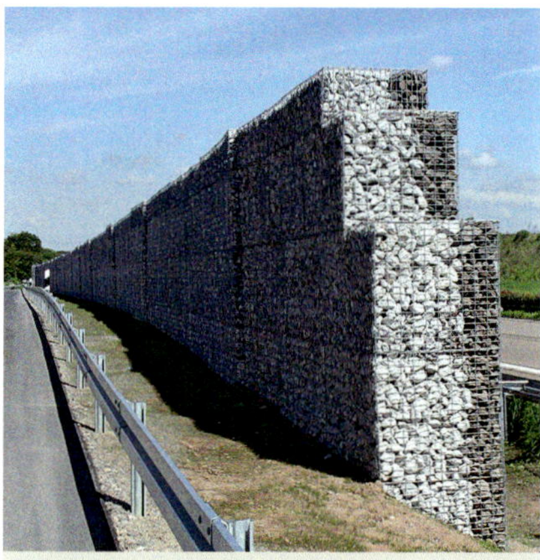

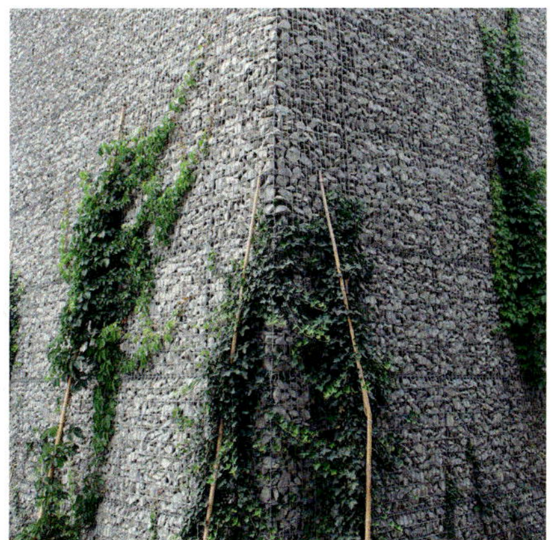

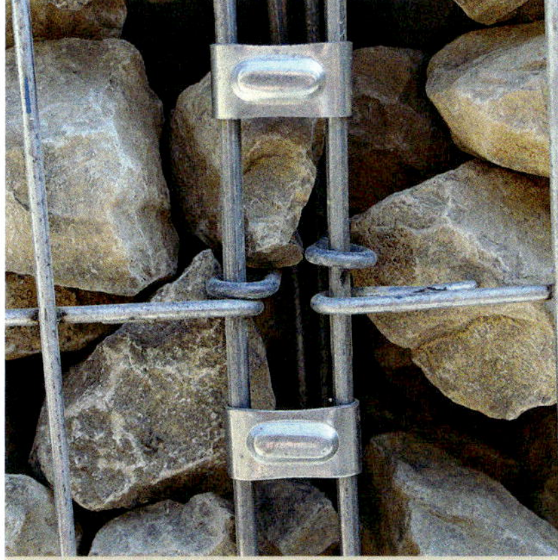

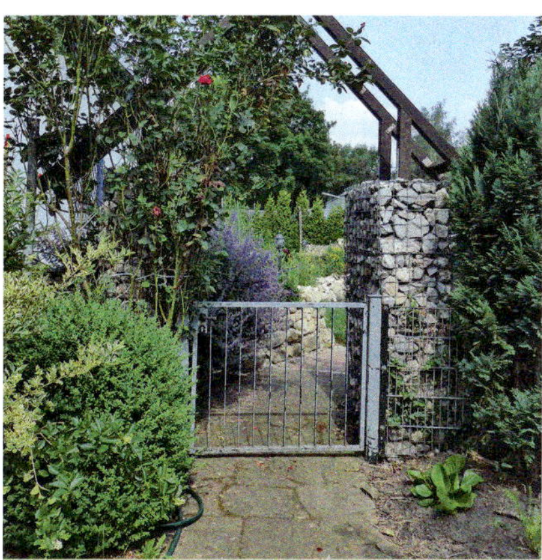

Fragenkatalog

1. Vorbemerkung – Was muss ich wissen?

2. Welches Gabionensystem verwende ich?

3. Mit welchen Kosten muss ich rechnen?

4. Wie wird gebaut?

5. Was ist bei Ausschreibung und Angebot zu beachten?

6. Güteüberwachung, Pflege, Wartung und Folgekosten?

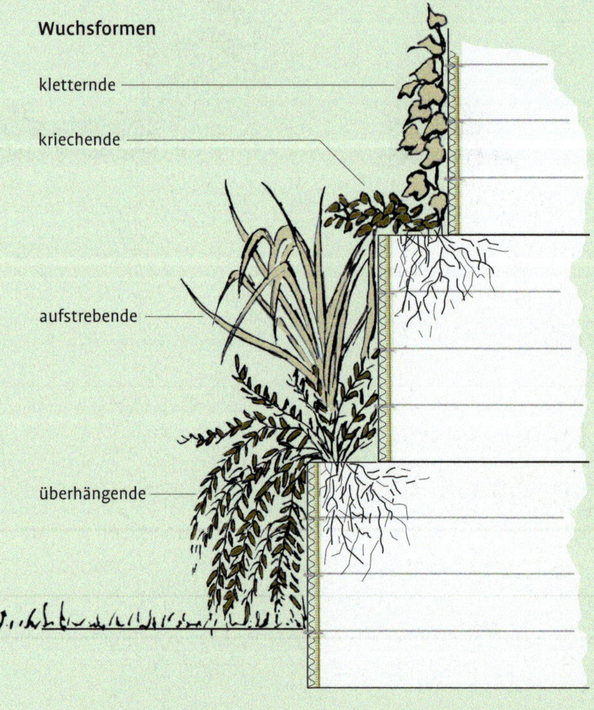

Vorbemerkung – Was muss ich wissen?

Dieses Buch soll sowohl dem privaten Bauherrn als auch dem Garten- und Landschaftsbau dienen und Anregungen und Hilfestellung zur Materialauswahl sowie zur Herstellung beziehungsweise Montage von Gabionen liefern.

Gabionen zeigen sich in letzter Zeit sehr häufig im öffentlichen wie auch im privaten Raum. Aktuell wurden Gabionen bei den Olympischen Spielen in Sotschi im Langlaufstadion eingebaut. Im gesamten europäischen Raum kann man Gabionen finden.

Die Vielfältigkeit der Gabionen und ihre einfache Handhabung ergeben die große Bandbreite ihrer Einsatzgebiete. Sie eignen sich hervorragend für Gestaltungselemente im privaten Bereich und können auch von Heimwerkern leicht erstellt werden.

Weil sie aus einzelnen Komponenten variabel zusammengesetzt werden, können sie auch an schwer zugänglichen Orten zum Einsatz kommen.

Gabionen werden im privaten Bereich oft als Sitzbank, Beetabgrenzungen, zum Abfangen von Geländesprüngen und als Sichtschutzwände sowie als gering belastete Abstufungen im Gartenbereich genutzt und sind einfach herzustellende Objekte.

Gabionen, die einer Belastung aus Erddruck oder Verkehr ausgesetzt sind, setzen eine Ingenieurplanung und statische Berechnung voraus. Diese sind wie größere Bauwerke oder Stützkonstruktionen als Ingenieurbauwerke anzusehen und als solche zu behandeln.

Carportanlage aus Säulen mit Glasfüllung inklusive Beleuchtung und Abstützung zur Straße sowie Sichtschutzwand zum Garten.

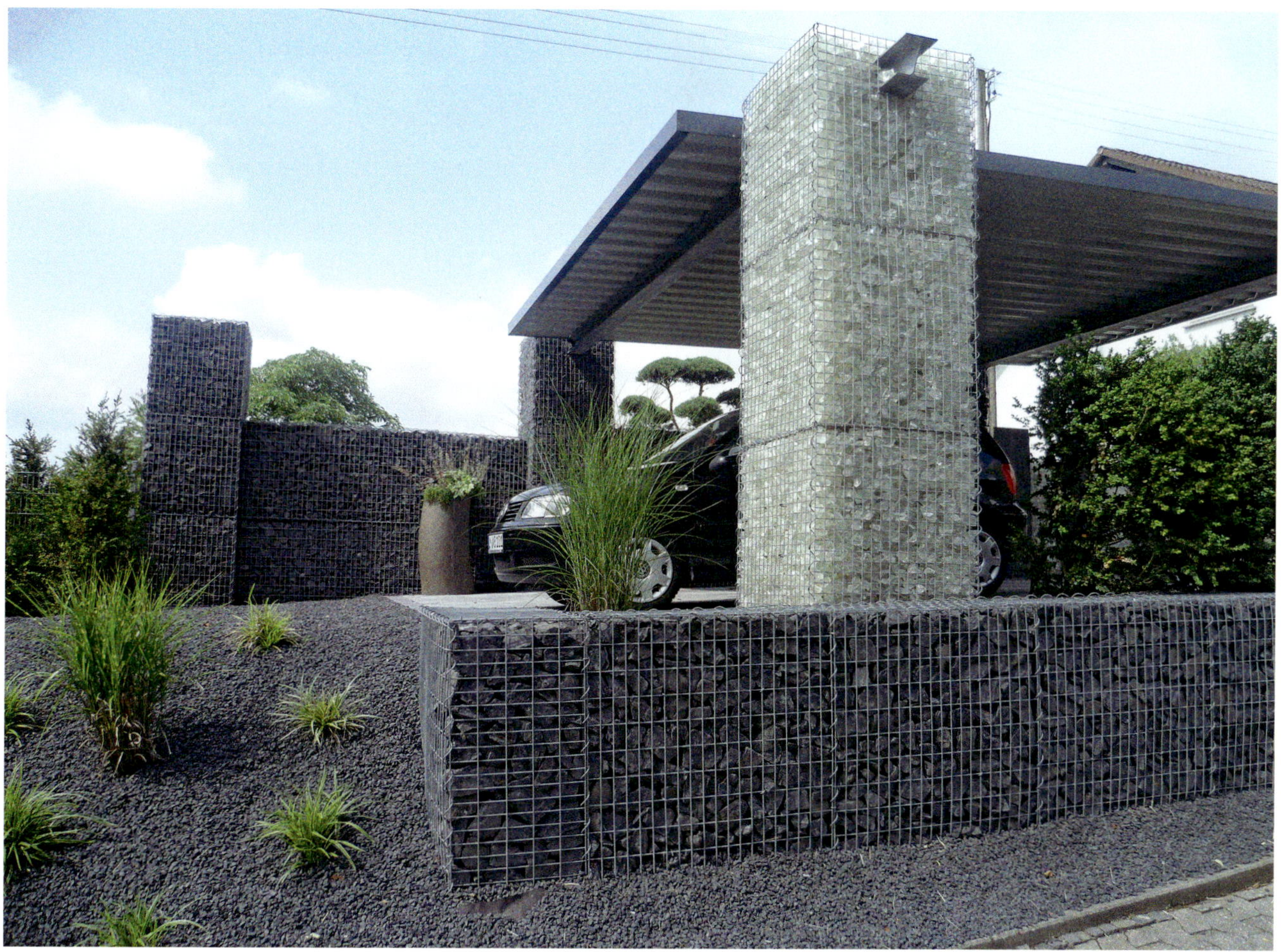

Bereits im Mittelalter wurden Gabionen zu Verteidigungsbauwerken als Schanzkörbe eingesetzt. Sie bestanden aus einem Geflecht aus Ästen oder Ruten, häufig wurden Weidenzweige verwendet und man befüllte diese Gabionen mit Erde oder Steinen.

Das Wort „Gabione" kommt aus dem Italienischen und bedeutet „großer Käfig". Es geht auf das lateinische „cavea" für Käfig zurück. Die heutige Gabionenbauweise wurde von der Firma Maccaferri in Bolognia, Italien, entwickelt.

Im deutschsprachigen Raum werden Gabionen auch als Drahtschotterkörbe oder Steinkörbe bezeichnet.

Der Begriff „Gabione" wird oft als Ausdruck für das gesamte Bauwerk verwendet, bezeichnet aber streng genommen nur den kompletten Korb einschließlich Verfüllung.

Gabionenkonstruktionen sind als Bauwerke aus Drahtgitter- oder Drahtgeflechtbehältern, die mit einem Stein- oder Bodenmaterial gefüllt werden, zu sehen. Drahtgitter sind aus Drähten geschweißte Matten mit Rechteckmaschen. Drahtgeflechte sind aus Drähten (meist zwei- bis dreifach) verdrillte Matten mit sechseckigen Maschen.

Die ersten Einsatzbereiche von Gabionen waren im Wasserbau als Ufersicherung und Erosionsschutz von Böschungen.

In den 1970er- und 1980er-Jahren kamen Gabionen auch verstärkt im deutschen Raum zum Einsatz. Die ersten Gabionen bestanden aus einem Drahtgeflecht, später entwickelten sich die Drahtgittergabionen zur Herstellung von Stützbauwerken und Lärmschutzwänden.

Entwickelt wurden Gabionen, um mit einem kleinstückigen Stein- oder Bodenmaterial vertikale Bauwerke zu errichten. Die Behälter werden aus Drahtgittermatten oder Drahtgeflechtmatten gebaut und mit Drahtelementen verbunden.
Je nach Größe werden die Behälter mit Querankern oder Trennwänden ausgesteift, um einen verformungsarmen Behälter herzustellen. Die im Folgenden aufgezeigten Richtlinien sollten im GaLaBau wie im Privatbereich Beachtung finden und sind für diesen Zweck gedacht.

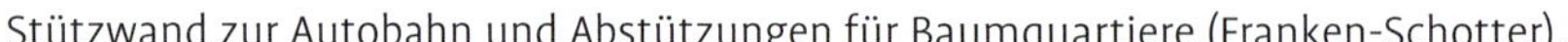

Stützwand zur Autobahn und Abstützungen für Baumquartiere (Franken-Schotter).

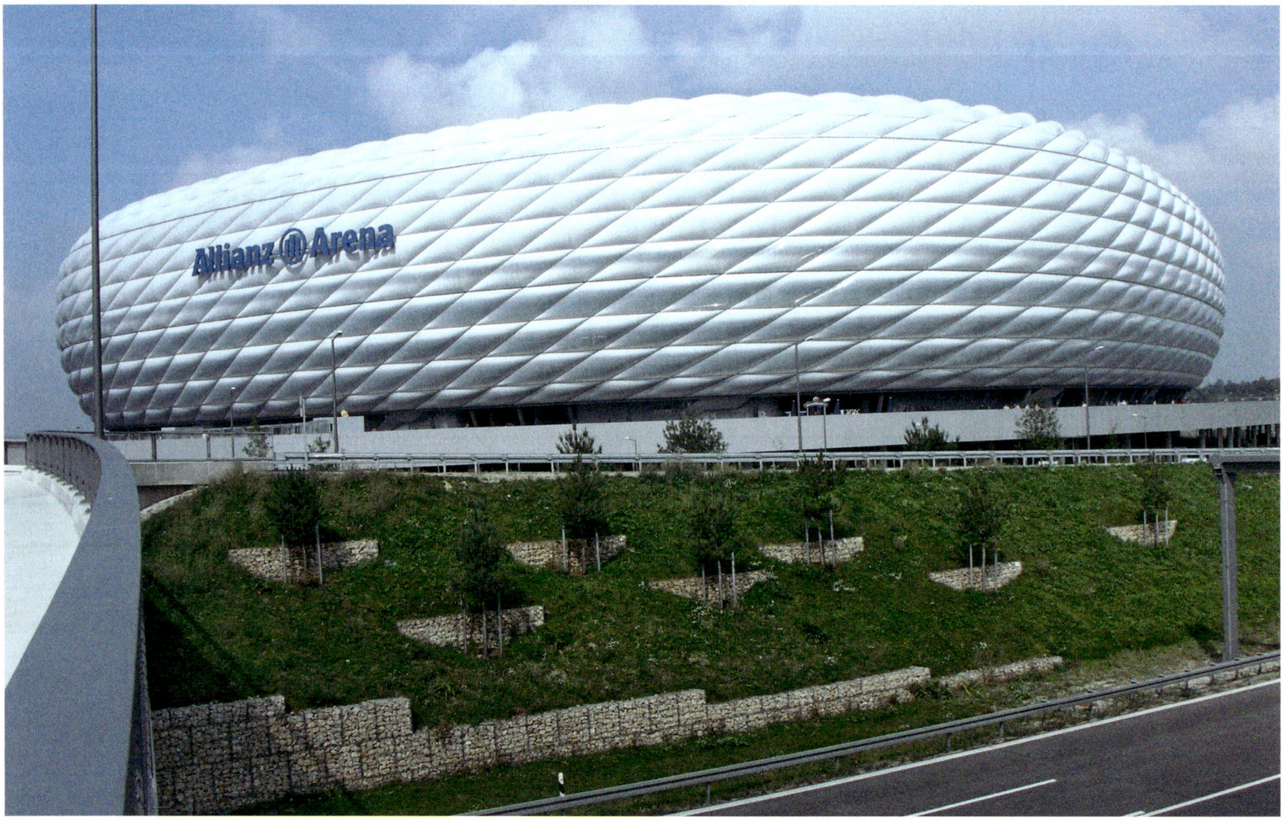

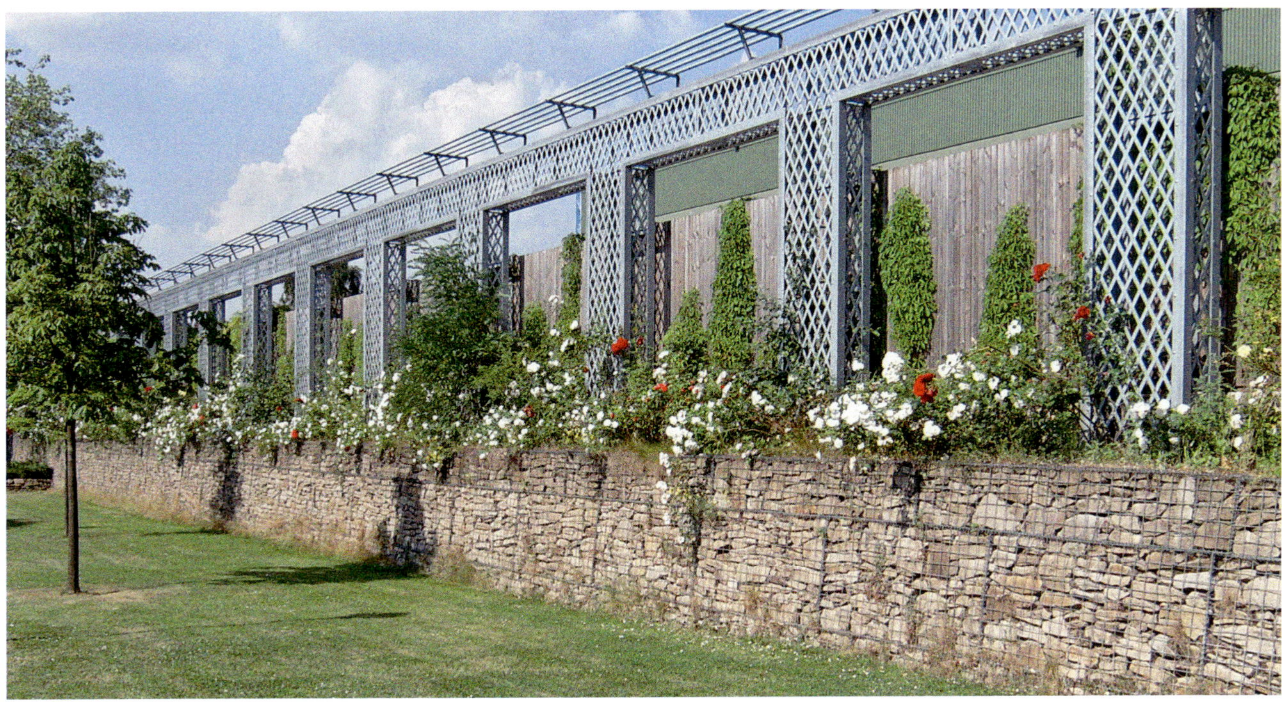

Stützwand mit Dossierung und geschichteter Ansicht im Grugapark Essen (EBECO®).

Was kann gebaut werden?

Die Drahtgitterkörbe können sowohl neben- als auch übereinander aufgebaut werden.

Durch Verwendung unterschiedlichen Steinmaterials und Nutzung verschiedener Aufbauvarianten können die Gabionenkonstruktionen vielfältig gestaltet werden. Außerdem ist es möglich, weitere Bauelemente einzusetzen sowie Begrünungen vorzunehmen.

So ist es beispielsweise möglich, Gabionensysteme für folgende Zwecke zu errichten:

- Hangsicherung,
- Lärmschutz,
- Sichtschutz,
- Zaungabionen zur Einfriedung,
- Wandverkleidungen,
- Gabionen für die Ingenieurbiologie,
- Sonderbauweisen für individuelle Nutzungen.

Die vielfältigen Konstruktionsmöglichkeiten, Einsatzbereiche und Gestaltungen werden in den nachfolgenden Kapiteln ausführlich beschrieben.

Welche baurechtlichen Vorschriften sind zu beachten?

Landesbauordnung

Die jeweiligen Landesbauordnungen der Länder geben vor, inwieweit die Bauwerke genehmigungsfrei oder genehmigungspflichtig sind. Dabei spielen die Höhe und der Einbauort eine entscheidende Rolle. Die Landesbauordnungen haben hinsichtlich der genehmigungsfreien und genehmigungspflichtigen Bauvorhaben unterschiedliche Vorgaben. Diese sollten mit den zuständigen Behörden geklärt werden. Die Informationen dazu sind bei der örtlichen Baubehörde zu erfragen.

Eine bauaufsichtliche Zulassung ist im Geltungsbereich der Landesbauordnungen erforderlich. Stützwände, die höher als 1,00 m sind, haben zurzeit noch keine bauaufsichtliche Zulassung. Diese muss im Einzelfall über eine Baugenehmigung eingeholt werden.

Örtliche Festlegungen (z. B. Bebauungsplan)

Im Bebauungsplan können Festsetzungen bezüglich verschiedener Bauweisen für Einfriedungen, Stützbauwerke und Lärmschutzwände enthalten sein. Diese sind bei den Bauverwaltungen einsehbar.

Vorhandene Merkblätter

Es sind mittlerweile zwei Merkblätter in der Veröffentlichung:

- zum einen das „Merkblatt über Stütz- und Lärmschutzkonstruktionen aus Betonelementen, Blockschichtungen oder Gabionen“, Ausgabe 2014, der Forschungsgesellschaft für Straßen- und Verkehrswesen (FGSV) und
- zum anderen das Merkblatt „Empfehlungen für Planung, Bau und Instandhaltung von Gabionen“, Ausgabe 2012, des Forschungsgesellschaft Landschaftsplanung Landschaftsbau e. V. (FLL).

Ergänzende Vorschriften und Veröffentlichungen

Dazu gehören:

- Vorgaben der Bundesanstalt für Straßenwesen (BASt), zum Beispiel „Verwendung von Gabionen – Festlegung der bautechnischen Anforderungen“,
- ZTV-ING – Zusätzliche Technische Vertragsbedingungen und Richtlinien für Ingenieurbauten,
- Allgemeine Technische Vertragsbedingungen für Bauleistungen ATV (VOB Teil C),
- Normen des Deutschen Instituts für Normung e. V. (DIN),
- sonstige Empfehlungen.

Begriffsbestimmungen

Baugrund
Mit Baugrund ist der natürlich anstehende Boden unter der Gründung beziehungsweise Fundamentierung gemäß DIN 18915 zu verstehen.

Bewehrungselemente (Rückverankerung)
Die im rückwärtigen Boden zur Verankerung der Stützelemente eingelegten Gitter aus Geokunststoffen oder Stahlgitter (Drahtmatten).

Frostschutzschicht
Der untere Teil der Gründung oder Tragschicht zur Verhinderung von Frostschäden.

Füllmaterial
Zwischen Bewehrungslagen eingebauter Boden.

Gabione
Ein mit Verfüllmaterial gefüllter Gabionenkorb.

Gabionenkonstruktion
Eine Konstruktion aus über- und nebeneinander versetzten Gabionen, im Verband oder Verbund versetzt.

Gabionenkorb
Der aus Stahlgitter oder Drahtgeflecht aus Seitenwänden, Boden und Deckel sowie Verbindungen und Verstrebungen geschlossene Behälter.

Hinterfüllmaterial
Hinter der Stützkonstruktion eingebauter Boden.

Tragschicht
Auf dem Baugrund eingebrachte Schicht zur Aufnahme und Abtragung der Lasten aus der Stützkonstruktion.

Verband
Bedeutet bei werksbefüllten Gabionen eine versetzte vertikale Fuge in jeder zweiten Reihe.

Verbund
Ist die Verbindung aller Körbe bei Bausatzgabionen, wobei auch Kreuzfugen möglich sind.

Verfüllmaterial
In die Gabione eingefülltes Material.

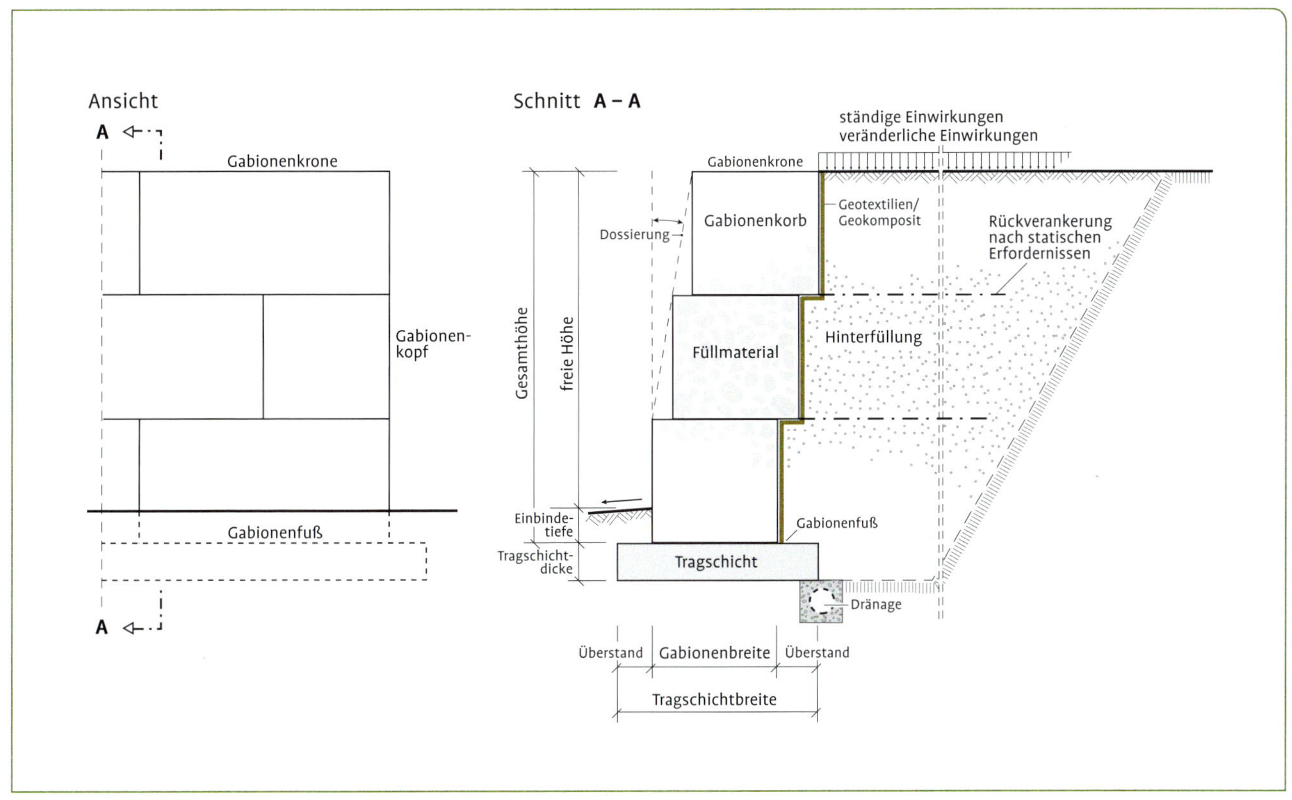

Darstellung der Begriffsbestimmungen (nach FLL 2012).

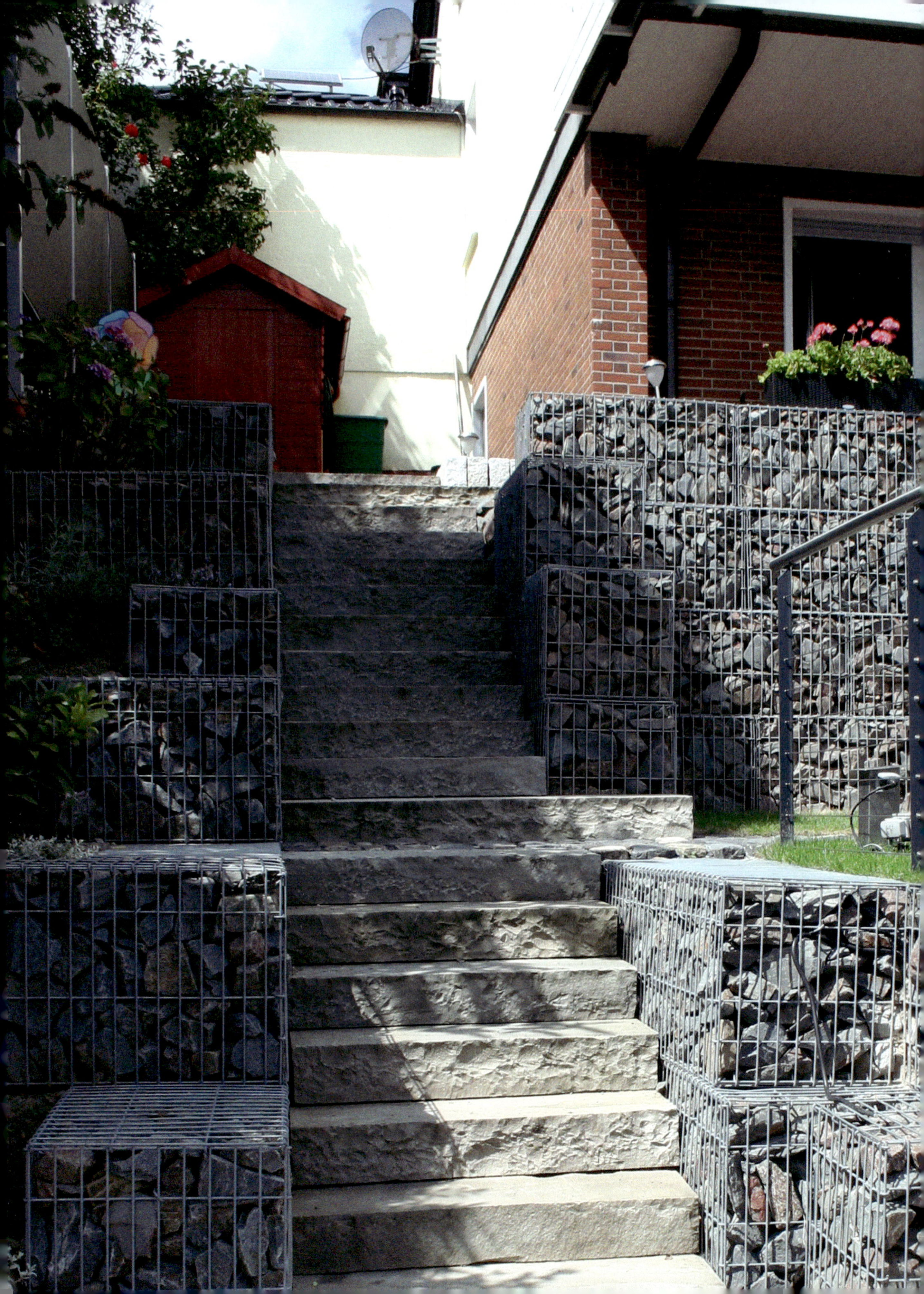

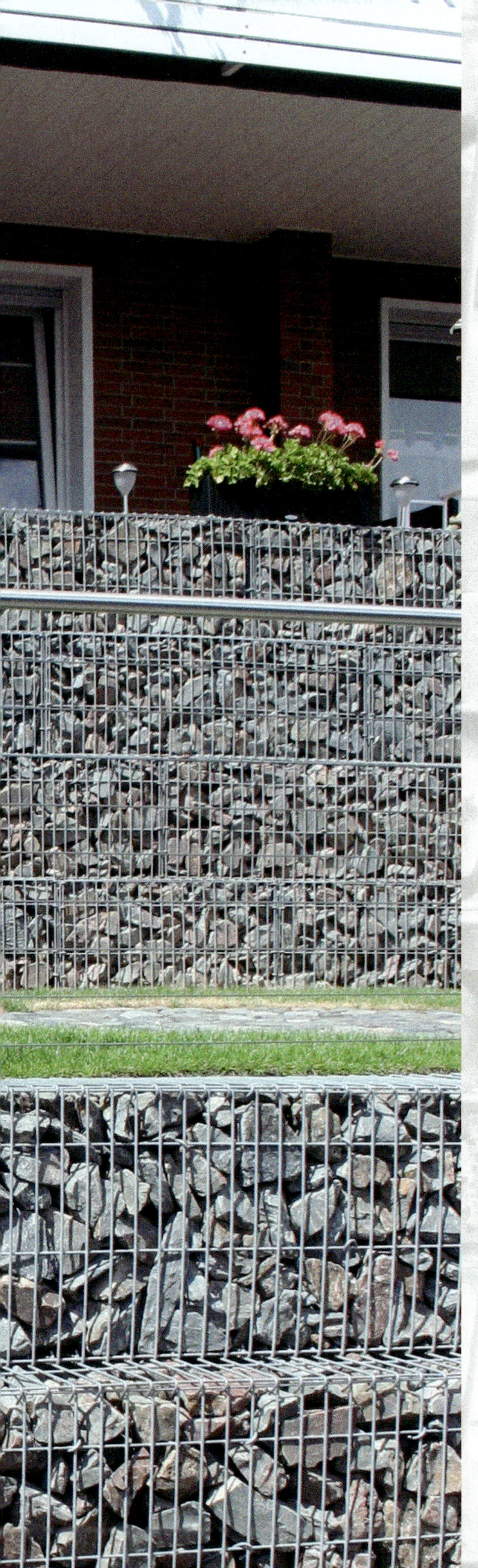

Welches Gabionensystem?

In diesem Kapitel finden Sie neue Ideen und Einsatzmöglichkeiten der verschiedenen Gabionensysteme. Es werden Konstruktionsmöglichkeiten für Hangsicherungen, Stützwände, Lärmschutz, Einfriedungen und Möglichkeiten im Wasserbau sowie Sonderbauweisen aufgezeigt. Dieser Ideenfinder soll als Anregung für neue und weitere Projekte dienen.

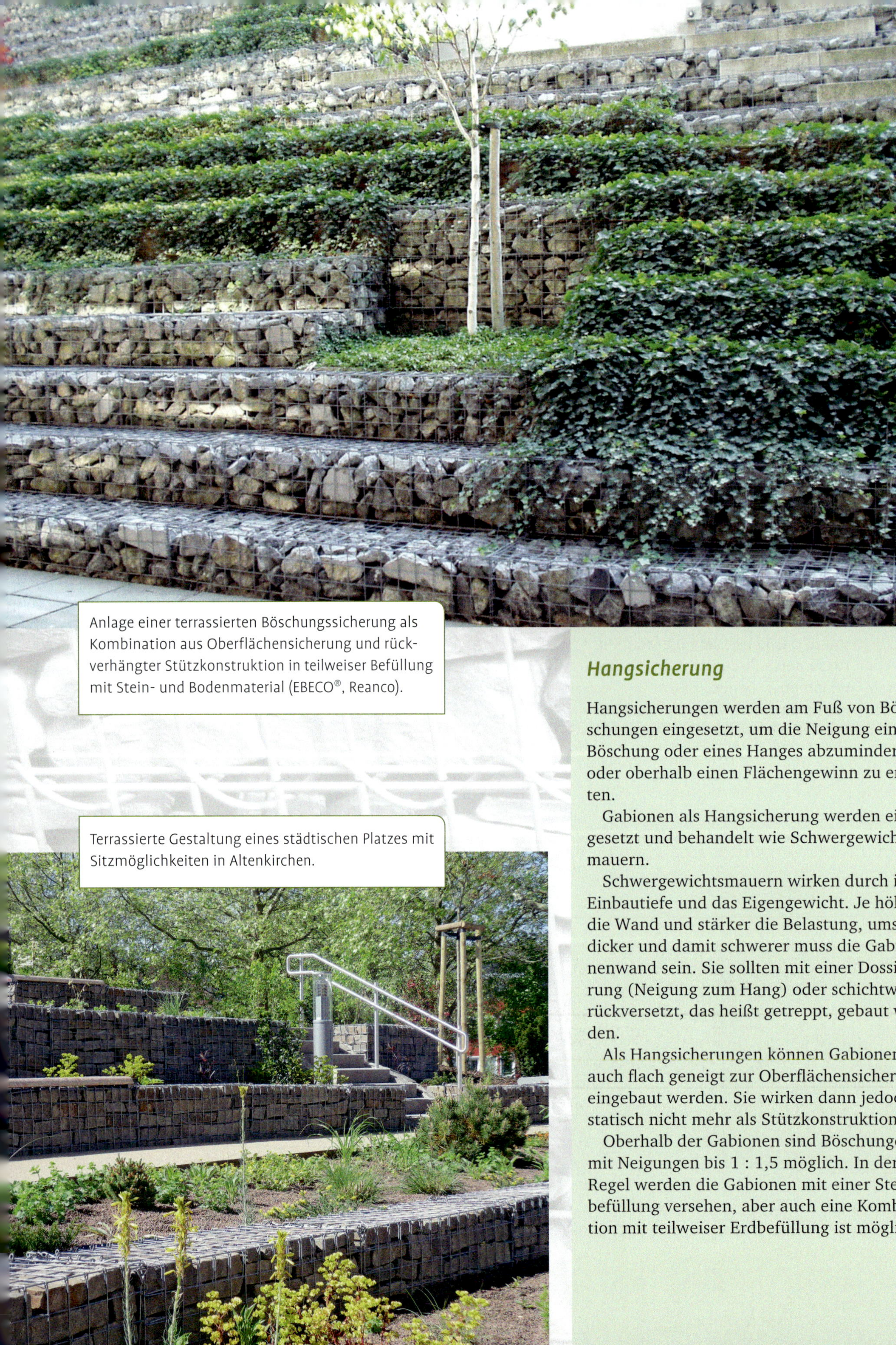

Anlage einer terrassierten Böschungssicherung als Kombination aus Oberflächensicherung und rückverhängter Stützkonstruktion in teilweiser Befüllung mit Stein- und Bodenmaterial (EBECO®, Reanco).

Terrassierte Gestaltung eines städtischen Platzes mit Sitzmöglichkeiten in Altenkirchen.

Hangsicherung

Hangsicherungen werden am Fuß von Böschungen eingesetzt, um die Neigung einer Böschung oder eines Hanges abzumindern oder oberhalb einen Flächengewinn zu erhalten.

Gabionen als Hangsicherung werden eingesetzt und behandelt wie Schwergewichtsmauern.

Schwergewichtsmauern wirken durch ihre Einbautiefe und das Eigengewicht. Je höher die Wand und stärker die Belastung, umso dicker und damit schwerer muss die Gabionenwand sein. Sie sollten mit einer Dossierung (Neigung zum Hang) oder schichtweise rückversetzt, das heißt getreppt, gebaut werden.

Als Hangsicherungen können Gabionen auch flach geneigt zur Oberflächensicherung eingebaut werden. Sie wirken dann jedoch statisch nicht mehr als Stützkonstruktion.

Oberhalb der Gabionen sind Böschungen mit Neigungen bis 1 : 1,5 möglich. In der Regel werden die Gabionen mit einer Steinbefüllung versehen, aber auch eine Kombination mit teilweiser Erdbefüllung ist möglich.

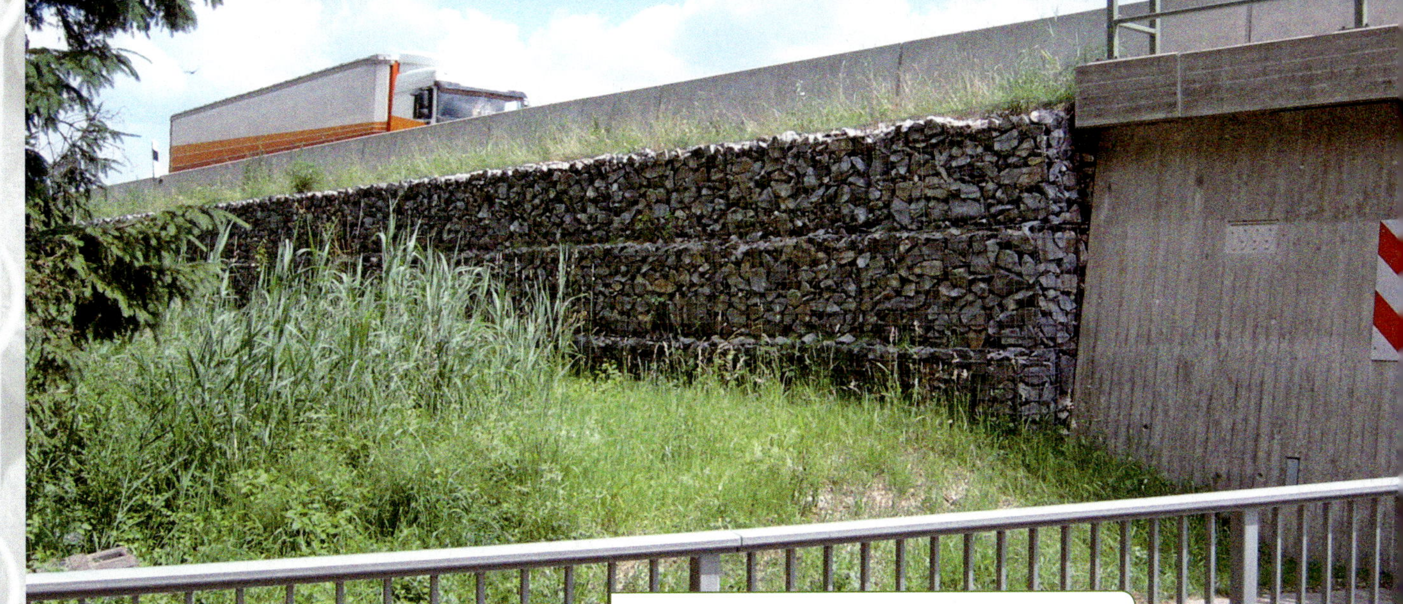

Rückverhängte Stützwand unter der A 8 Nähe Chiemsee (EBECO®).

Stützbauwerk

Stützbauwerke sind Geländesprungabstützungen, auf die Belastungen aus Verkehr wie auch aus Aufbauten, Gebäuden oder Lagergütern wirken. Für Stützbauwerke gelten die gleichen Regeln wie für Hangsicherungen. Die Flexibilität der Gabionen sollte dabei Beachtung finden, das heißt, setzungsempfindliche Konstruktionen sollten nicht im Einflussbereich der Gabionen liegen.

Wenn aus Gebäuden und deren Fundamenten keine Belastungen auf die Gabionen wirken, spielt das Setzungsverhalten keine wesentliche Rolle.

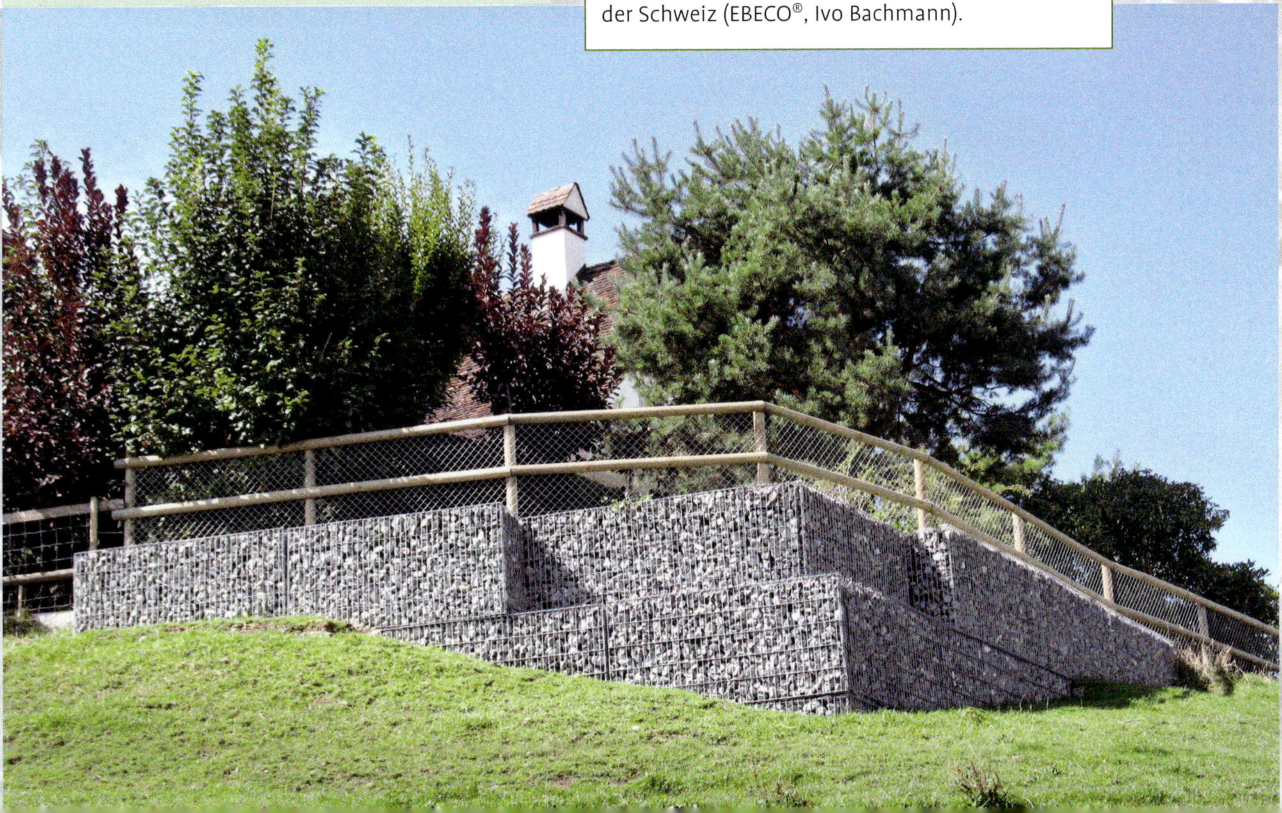

Ökologische Geländeterrassierung mit gefüllt transportablen Steinkörben in steilem Gelände in der Schweiz (EBECO®, Ivo Bachmann).

Ufersicherung

Als Ufersicherung sind Gabionen aufgrund ihrer Wasserdurchlässigkeit sehr gut geeignet. Jedoch müssen Vorkehrungen gegen Unterspülung, Ausspülung und eventuellen Auftrieb getroffen werden. Gegen Unterspülung kann ein Betonfundament oder eine Gabione mit tieferer Gründung eingesetzt werden. Um dem Auftrieb entgegenzuwirken, muss das Wandgewicht entsprechend vergrößert werden.

Flache Uferböschungen können mit Gabionenmatratzen gesichert werden.

Für Gabionen im Uferschutz, als ingenieurbiologisches Bauwerk mit Begrünungseinlagen, eignen sich besonders sechseckgedrillte Matten als Drahtsteinwalzen.

In letzter Zeit wird diese Bauweise der Steinwalzen und -matratzen häufiger aus Polypropylennetzen realisiert.

Stützwand als Ufersicherung zum Schutz eines Wohngebietes in den Niederlanden (EBECO®, Reanco).

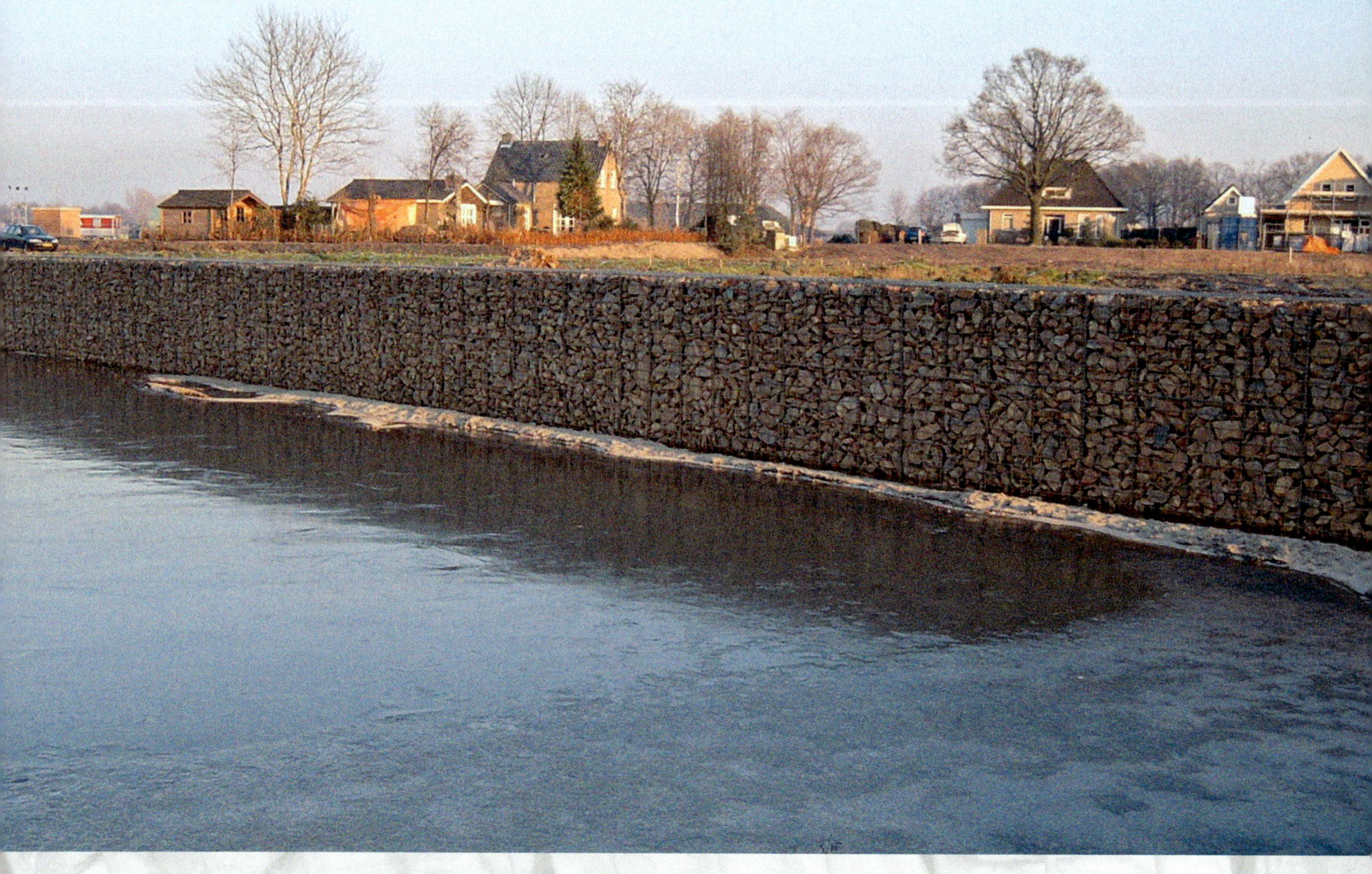

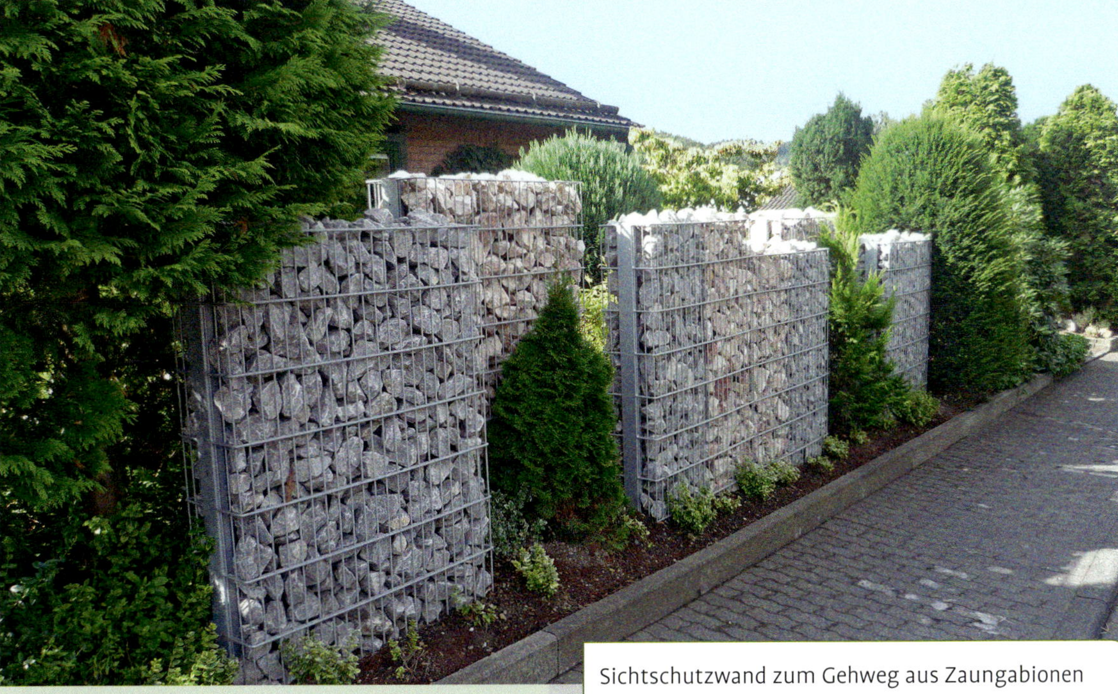

Sichtschutzwand zum Gehweg aus Zaungabionen in versetzter Anordnung – abwechselnd mit Pflanzzonen.

Lärmschutz

Gabionen bieten Möglichkeiten, um Lärmschutzwände zu bauen. Es lassen sich zum Beispiel begrünte Stufenwälle mit Erdbefüllung oder steingefüllte Wände erstellen.

Steingefüllte Wände erhalten je nach Lärmschutzanforderung eine, zwei oder drei Kammern. In der Regel werden für den Bau von Lärmschutzwänden aber drei Kammern innerhalb der Gabione erstellt. Die beiden äußeren Kammern der Gabione werden dann mit dem gewünschten Steinmaterial und die Innenkammer wird mit Beton oder einem stabilisierten Sand-Zement-Gemisch verfüllt.

Erdbefüllte Gabionen erhalten durch ihre Baubreite und ihre verdichtete Füllung einen ausreichenden Schalldämmwert.

Im Gegensatz zu Lärmschutzwänden müssen Gabionen als Sichtschutz keine besonderen Eigenschaften hinsichtlich ihres Schallverhaltens aufweisen. Hier bieten sich gestalterisch viele Möglichkeiten durch Staffelungen in Länge, Höhe und Tiefe an. Auch durch die Nutzung unterschiedlicher Füllmaterialien ergeben sich viele gestalterische Möglichkeiten. In jüngster Zeit werden auch gern Glasbrocken und verschiedene Recyclingmaterialien eingesetzt.

Zaungabione als Abgrenzung zu einer Bundesstraße.

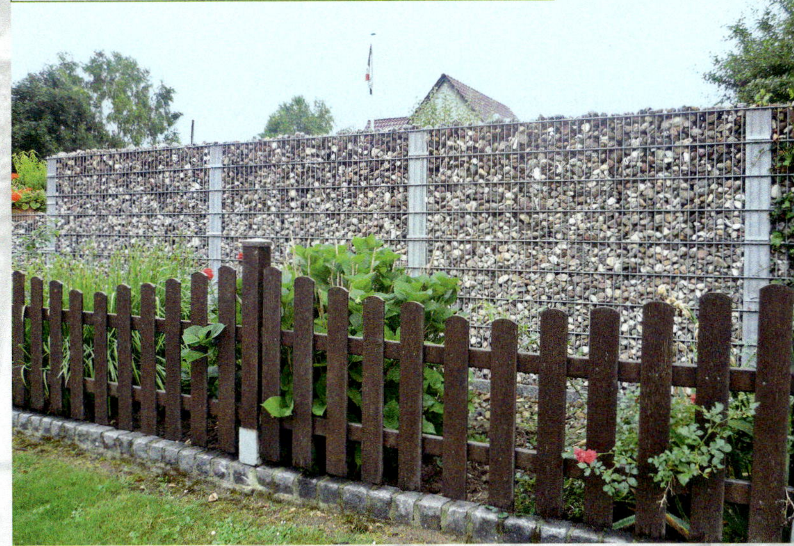

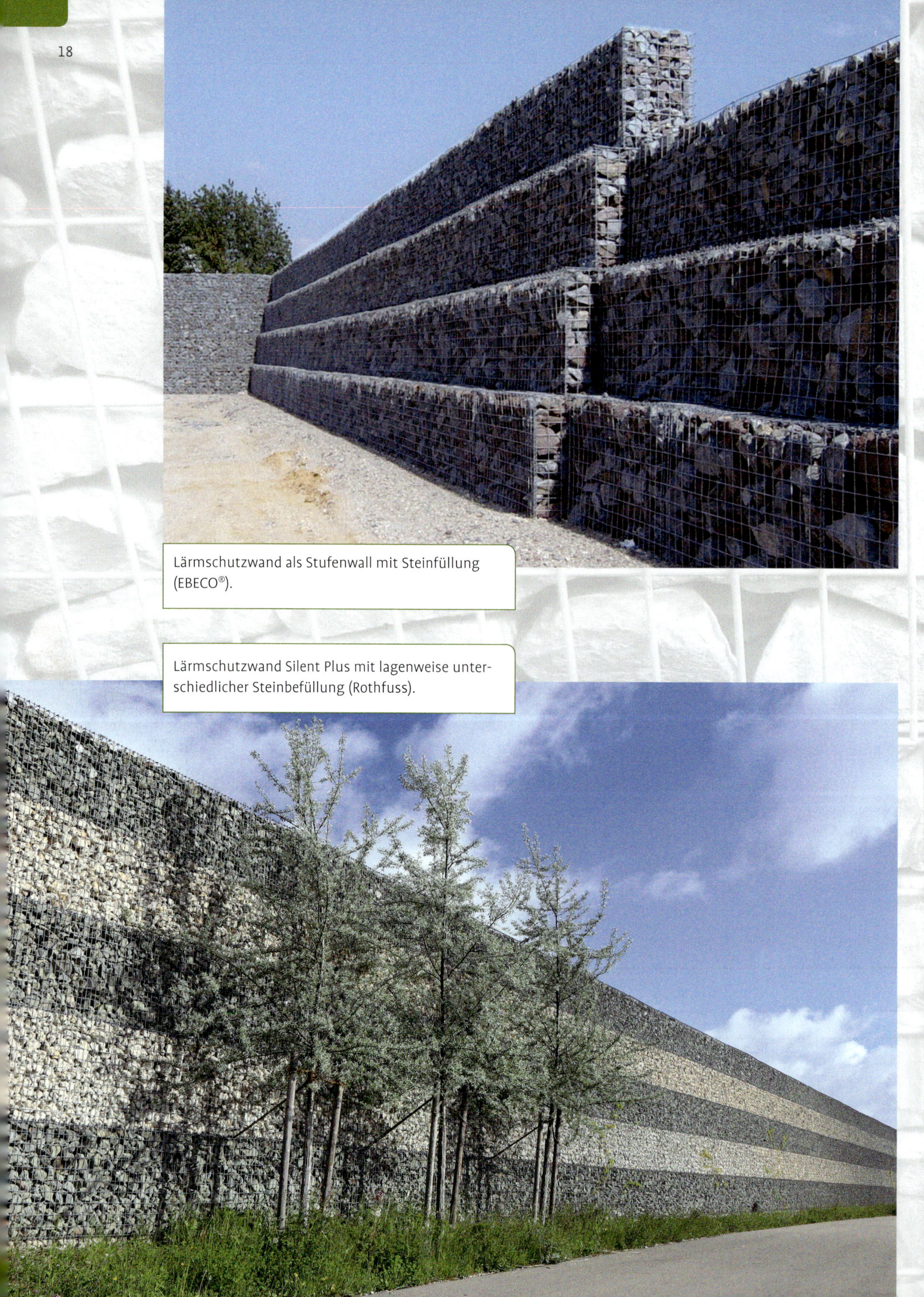

Lärmschutzwand als Stufenwall mit Steinfüllung (EBECO®).

Lärmschutzwand Silent Plus mit lagenweise unterschiedlicher Steinbefüllung (Rothfuss).

Einfriedung

Zur Gestaltung von Einfriedungen gibt es die verschiedensten Lösungen auf dem Markt. Durch die geringe Baubreite bei Zaungabionen müssen statische Vorkehrungen, meistens in Form von Pfosten oder Stützen, getroffen werden. Zaungabionen können mit Gitterzäunen, Betonstelen und Holzzäunen kombiniert werden.

Gabionen als freistehende Wände ohne Sicherung durch Pfosten für Sichtschutz sind mit 50 cm breiten Elementen bis maximal 2,00 m Höhe ebenfalls für Einfriedungen einsetzbar (siehe Bild unten).

Gartenmauern in geringer Höhe aus Gabionen stellen eine ideale Abtrennung zwischen privatem und öffentlichem Bereich dar.

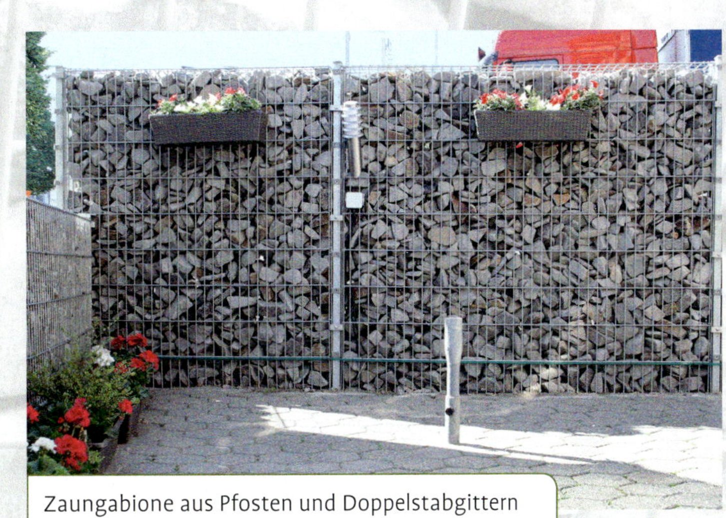

Zaungabione aus Pfosten und Doppelstabgittern als Abgrenzung eines Vorplatzes zu einem Lkw-Hof (EBECO®).

Grundstücksabgrenzung zum öffentlichen Bereich mittels Gabionen als Gartenmauern in einer Wohnanlage (Franken-Schotter).

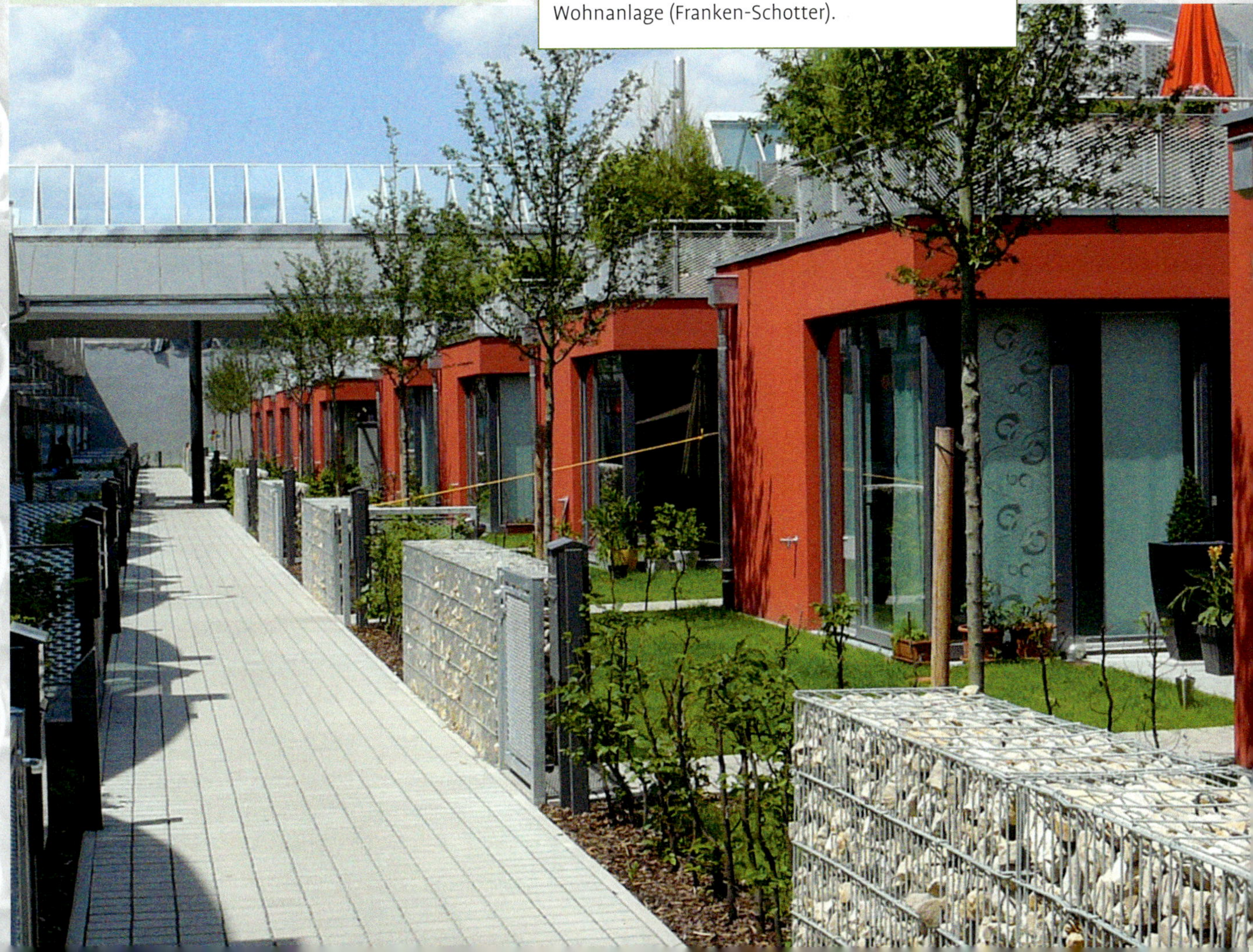

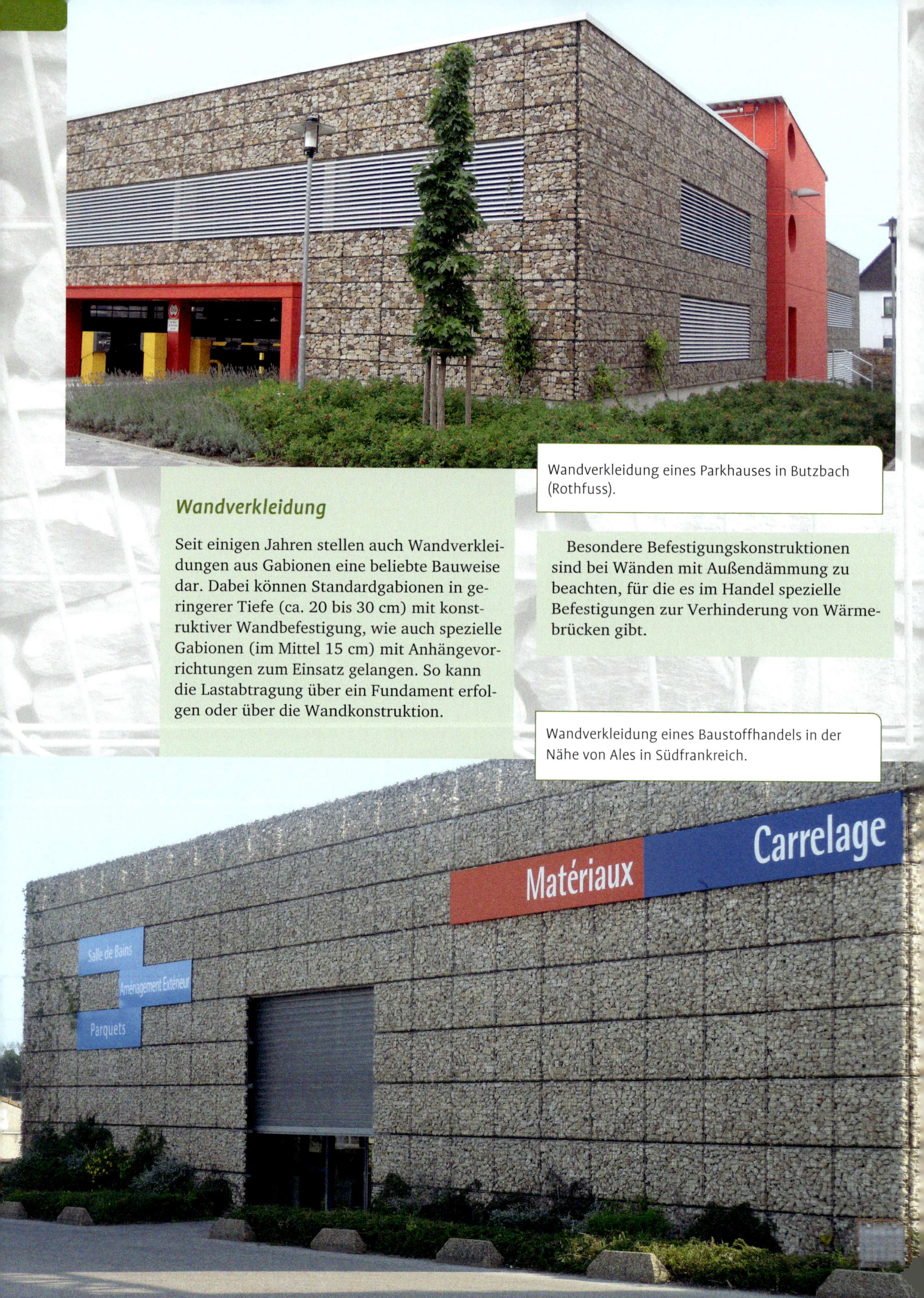

Wandverkleidung eines Parkhauses in Butzbach (Rothfuss).

Wandverkleidung

Seit einigen Jahren stellen auch Wandverkleidungen aus Gabionen eine beliebte Bauweise dar. Dabei können Standardgabionen in geringerer Tiefe (ca. 20 bis 30 cm) mit konstruktiver Wandbefestigung, wie auch spezielle Gabionen (im Mittel 15 cm) mit Anhängevorrichtungen zum Einsatz gelangen. So kann die Lastabtragung über ein Fundament erfolgen oder über die Wandkonstruktion.

Besondere Befestigungskonstruktionen sind bei Wänden mit Außendämmung zu beachten, für die es im Handel spezielle Befestigungen zur Verhinderung von Wärmebrücken gibt.

Wandverkleidung eines Baustoffhandels in der Nähe von Ales in Südfrankreich.

Sonderbauweisen

Gabionen sind vielfältig einsetzbar und den gestalterischen Ideen sind kaum Grenzen gesetzt. So gibt es Schildersäulen, Sitzpoller, Bänke, Hochbeete, Kräuterspiralen, Säulen an Überdachungen, aber auch diverse künstlerische Objekte.

In öffentlichen Parkanlagen oder im privaten Bereich sind da viele Gestaltungsmöglichkeiten gegeben.

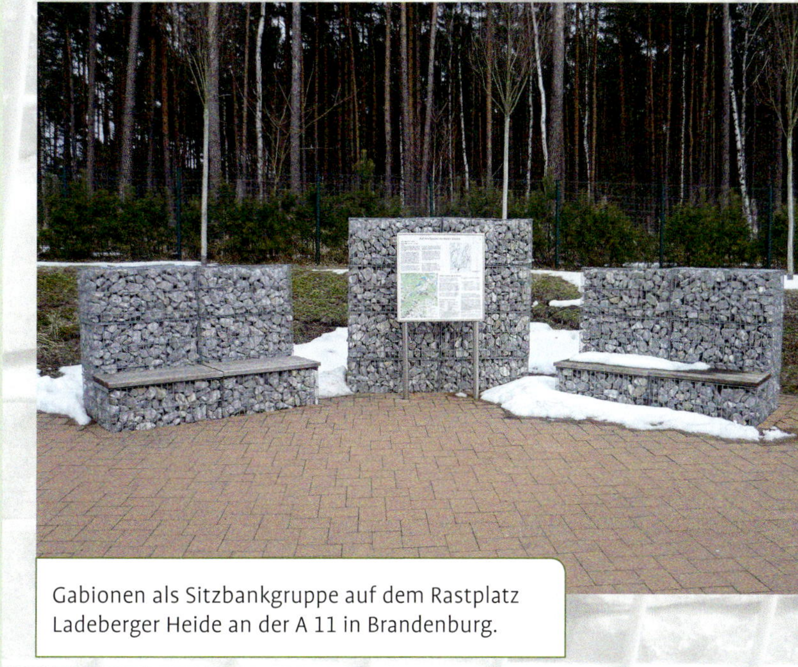

Gabionen als Sitzbankgruppe auf dem Rastplatz Ladeberger Heide an der A 11 in Brandenburg.

Säulen mit Überdachung an einem Rastplatz an der A 7 in Frankreich.

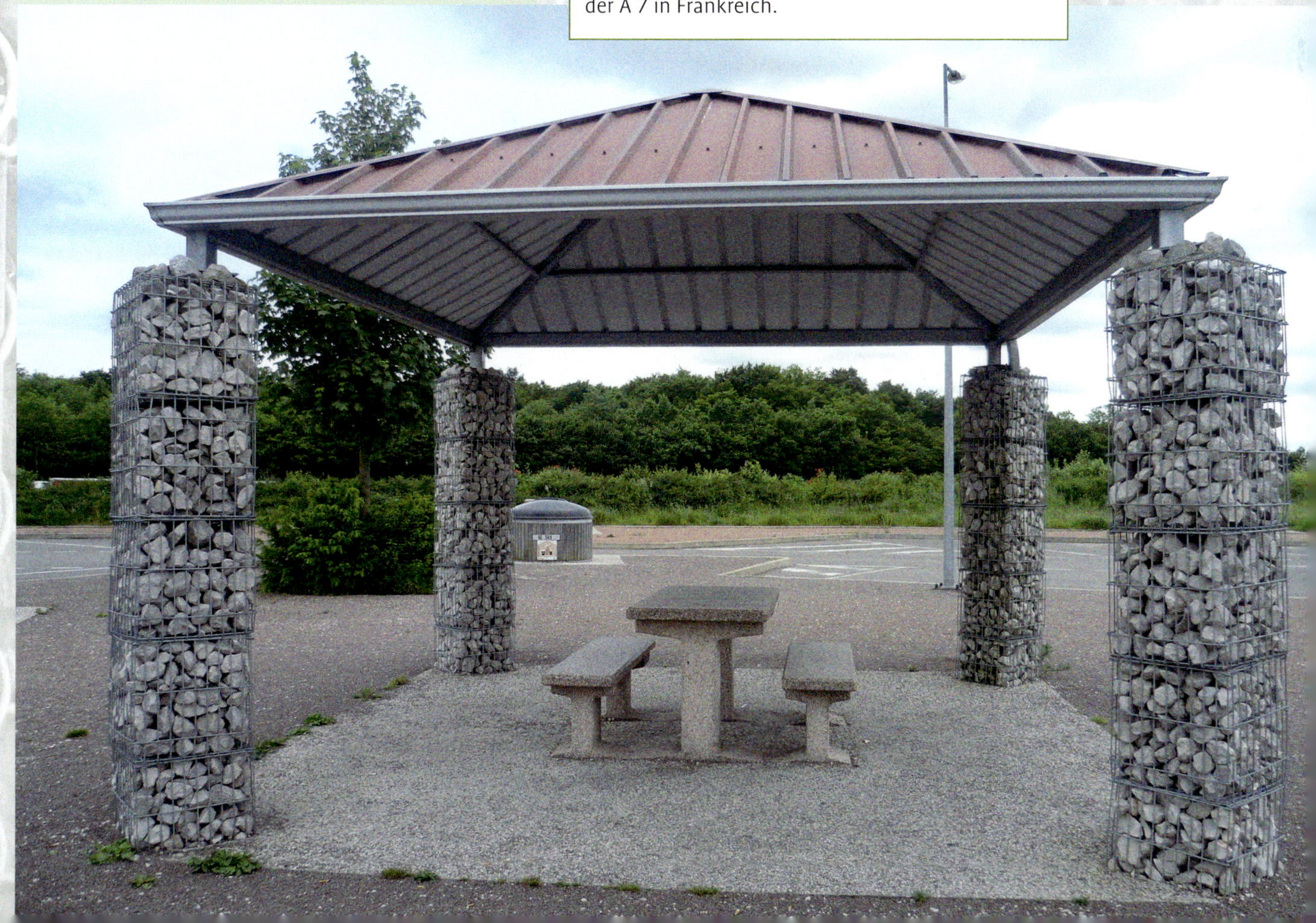

Material

Die Materialien für die Befüllung werden im Kapitel „Wie wird gebaut?“ im Abschnitt „Ver- und Hinterfüllmaterialien“ näher erläutert. Von Steinbefüllungen über Erdbefüllungen bis zu Glas und Recyclingmaterial gibt es eine große Bandbreite je nach Einsatzbereich.

Die Fotos zeigen die häufigsten Verfüllungen von Gabionen.

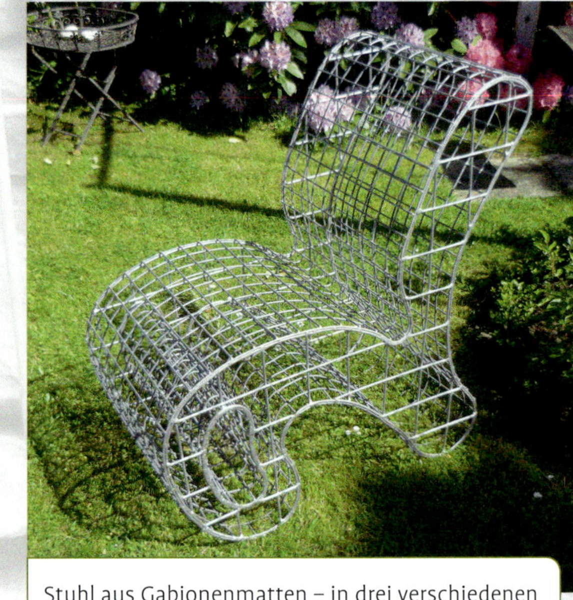

Stuhl aus Gabionenmatten – in drei verschiedenen Lagen zu nutzen (Andreas Jung).

Freisitz mit Wandscheiben aus Gabionen, welche die Dachkonstruktion tragen.

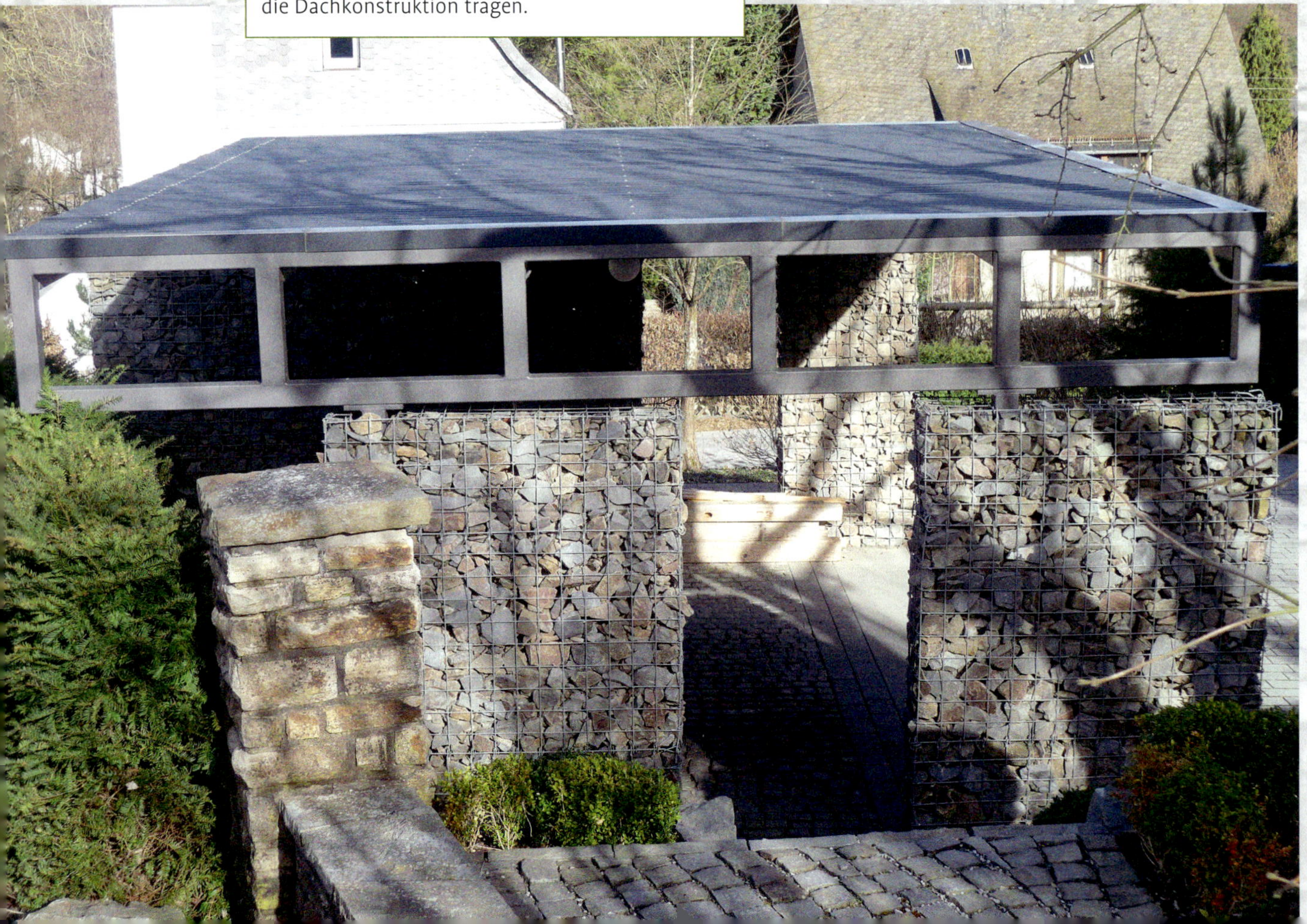

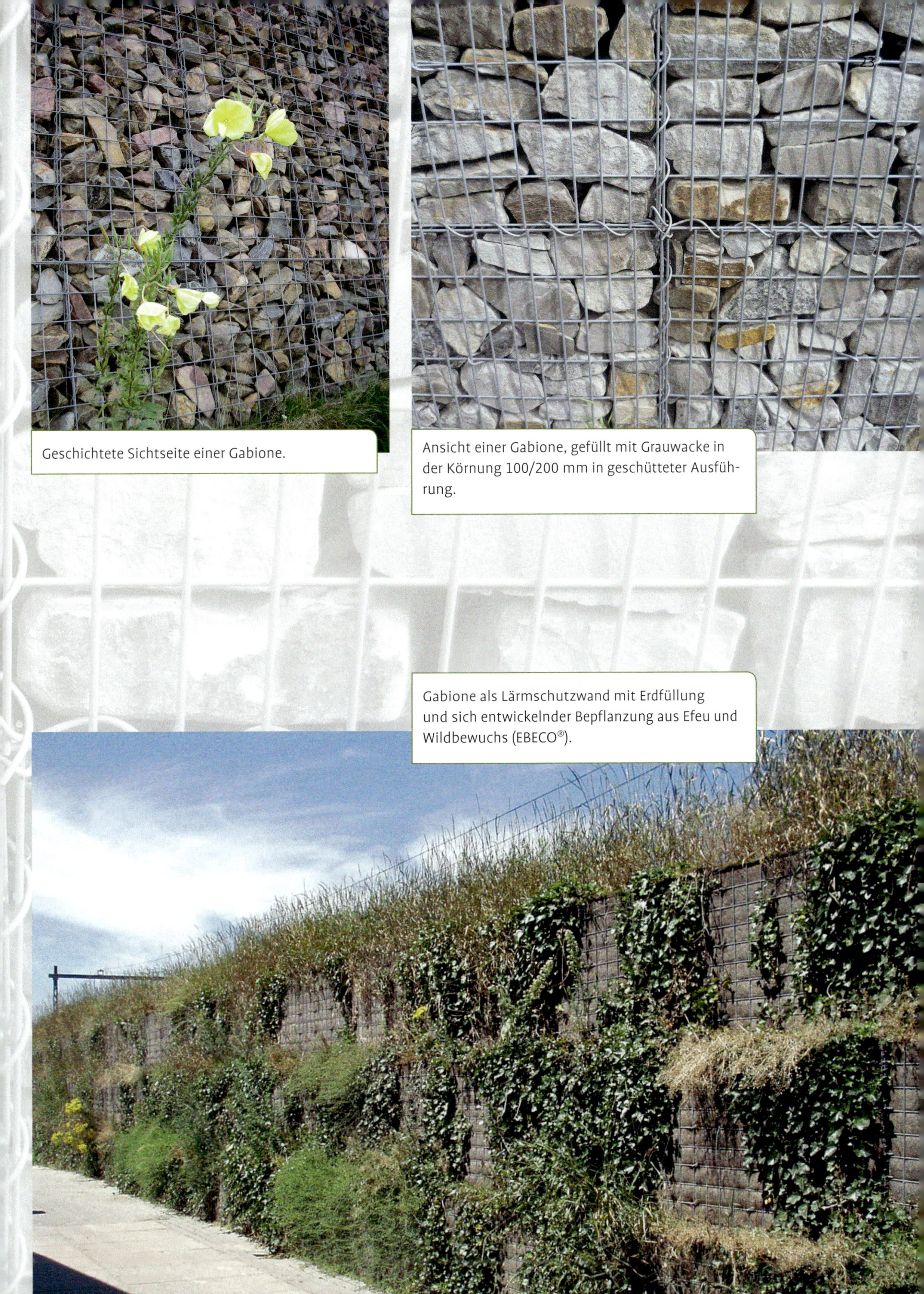

Geschichtete Sichtseite einer Gabione.

Ansicht einer Gabione, gefüllt mit Grauwacke in der Körnung 100/200 mm in geschütteter Ausführung.

Gabione als Lärmschutzwand mit Erdfüllung und sich entwickelnder Bepflanzung aus Efeu und Wildbewuchs (EBECO®).

Kosten

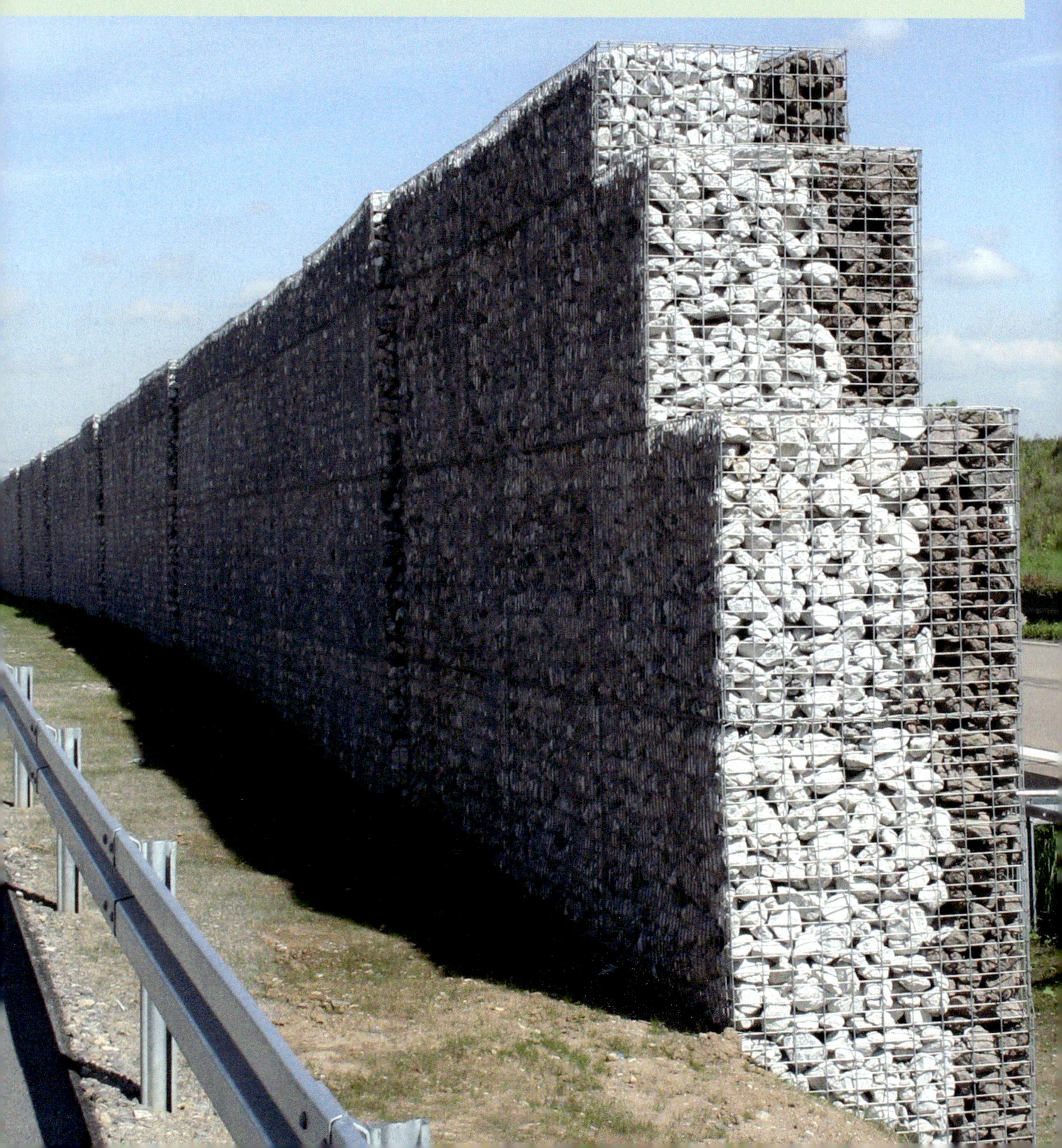

Richtwerte

Zu den Kosten der Gabionen und deren Verbau ist natürlich nur die Angabe von Richtwerten möglich.

Die Materialien sind vielschichtig hinsichtlich Korrosionsschutz, Drahtstärken, Maschenweiten, Verbindungsart und Verbauvarianten. Dazu kommen noch verschiedene Einbauarten, Füllmaterialien, Gründungsweisen und Belastungen. Die Erreichbarkeit des Bauplatzes mit Liefer- und Montagefahrzeugen schlägt sich ebenfalls in den Kosten nieder.

Aus diesen Gründen können die folgenden Preise nur als Schätzung verstanden werden. Große Abweichungen zu tatsächlich erzielten Preisen sind möglich.

Kostenvergleich verschiedener Gabionensysteme

Tabelle 1 zeigt einen Vergleich der Kosten unterschiedlicher Steingabionen, Tabelle 2 einen Kostenvergleich verschiedener erdbefüllter Lärmschutzgabionen, die als Stufenwall errichtet werden.

Tab. 1 Richtwerte zum Kostenvergleich für 1 m³ bzw. 1 m² von Steingabionen

System	Gabione Material*) [€/m³]	Füllung [€/t]	Montage [€/m³]	Gründung [€/m²]
Spiralgabione Ø 4,5 mm	40,00 bis 60,00	30,00 bis 60,00	30,00 bis 50,00	15,00 bis 25,00
Steckstabgabione Ø 4,5 mm	50,00 bis 80,00	30,00 bis 60,00	30,00 bis 50,00	15,00 bis 25,00
Geflechtgabione	40,00 bis 50,00	30,00 bis 60,00	25,00 bis 50,00	15,00 bis 25,00
C-Klammergabione Ø 4,5 mm	40,00 bis 60,00	30,00 bis 60,00	30,00 bis 50,00	15,00 bis 25,00
S-Gabione Ø 4,5 mm	60,00 bis 90,00	30,00 bis 60,00	30,00 bis 50,00	15,00 bis 25,00
Zaungabione Ø 5,6 mm	135,00 bis 180,00	30,00 bis 60,00	–	20,00 bis 30,00

*) Die Materialpreise beziehen sich auf Zink-Alu-Gabionen.

Tab. 2 Richtwerte zum Kostenvergleich für 1 m² Ansichtsfläche von erdbefüllten Lärmschutzgabionen

System	Gabione Material [€/m²]	Füllung [€/m³]	Montage [€/m²]	Gründung [€/m²]
Stufenwall – 2,00 m	45,00 bis 55,00	10,00 bis 20,00	40,00 bis 60,00	10,00 bis 20,00
Stufenwall – 4,00 m	50,00 bis 60,00	10,00 bis 20,00	50,00 bis 70,00	10,00 bis 20,00
Stufenwall – 6,00 m	58,00 bis 70,00	10,00 bis 20,00	60,00 bis 80,00	10,00 bis 20,00

Die Richtpreise „Stufenwall“ beziehen sich auf Erdbefüllung bei bauseits vorhandenem Material und tragfähigem Baugrund mit geringer Tragschicht.

Wie wird gebaut?

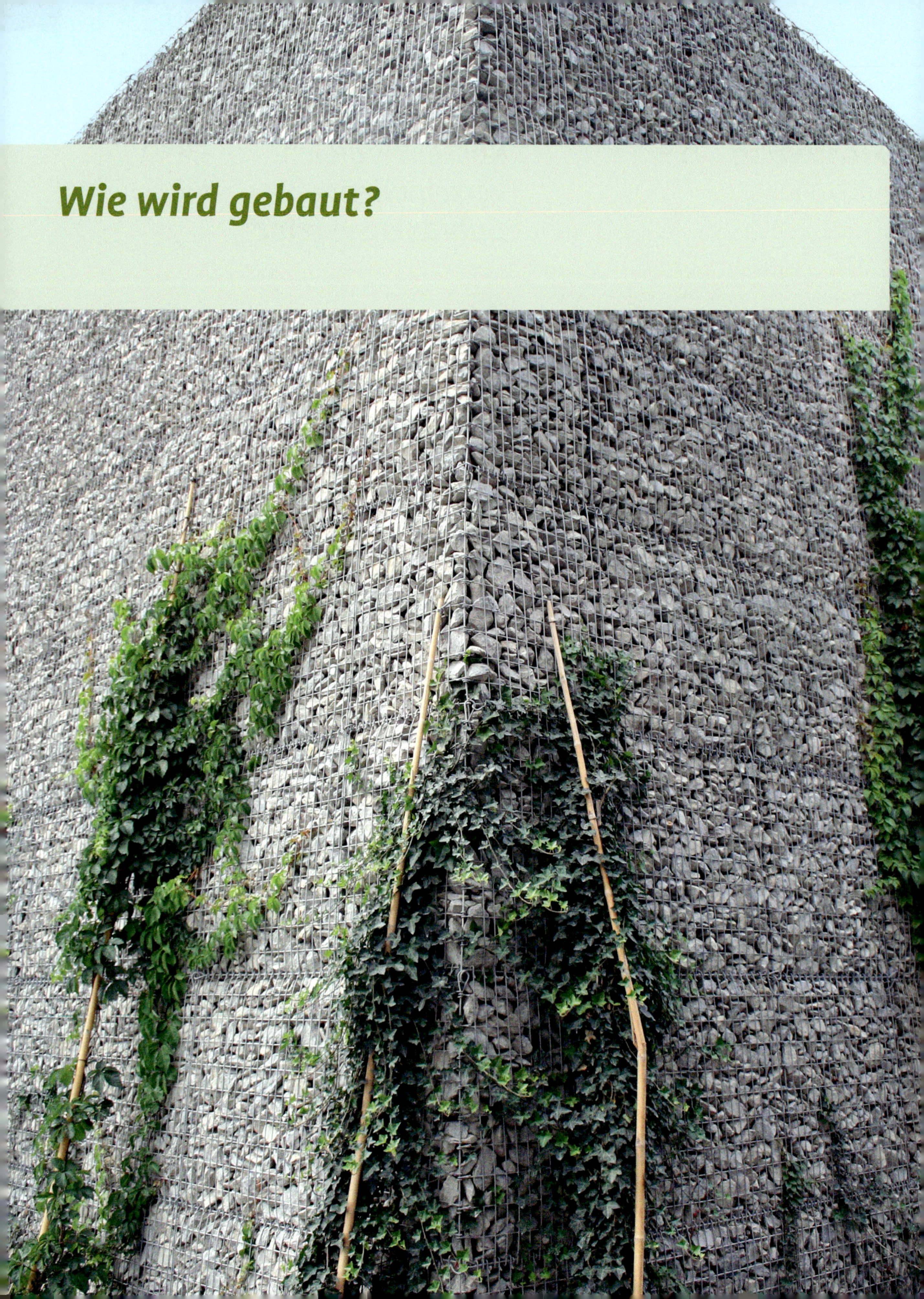

Festlegung des Korbsystems

Die Wahl des Gabionensystems hängt von äußeren Umständen und der gewünschten Bauart ab. Zu unterscheiden ist unter anderem zwischen
- Spiralgabionen,
- Steckstabgabionen,
- C-Klammergabionen,
- Drahtgeflechtgabionen,
- tragfähigem Korbsystem,
- hängefähigem Korbsystem,
- Zaungabionen,
- erdbefüllten Gabionen.

Bei individuellen Lösungen mit Ecken, trapezförmigen Körben und Längenanpassungen sind Spiralgabionen zu bevorzugen. Die Korbmatten sind beliebig in Länge und Höhe zu kürzen und über Endstäbe miteinander zu verbinden.

Steckstabmatten mit Ösen sind nicht zu kürzen, weil sonst die Ösen entfallen.

Detaillierte Montageanweisungen sind im Kapitel „Montageanweisungen für den Bau von Gabionensystemen“ beschrieben.

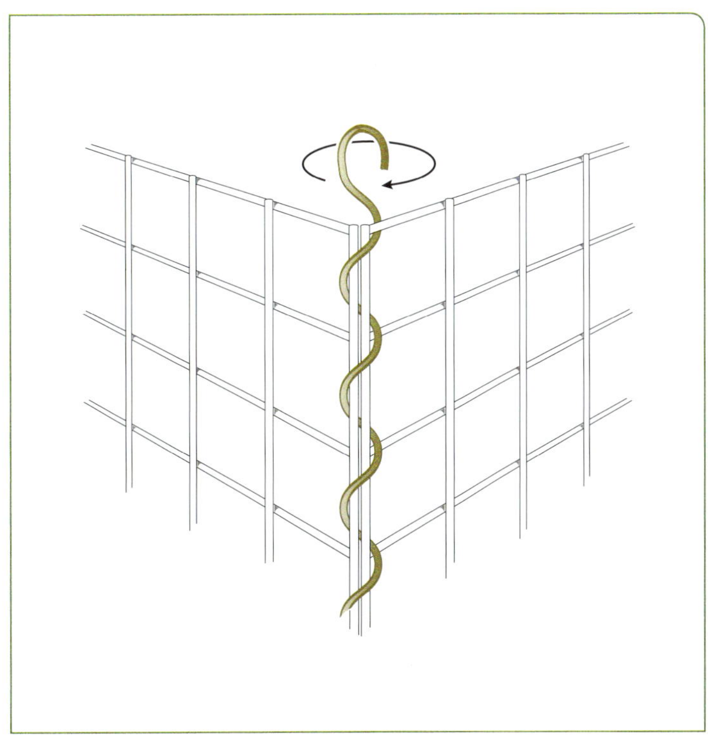

Verbindung der Gittermatten mit Spiralen durch Eindrehen über die Endstäbe (nach EBECO®).

Spiralgabionen

Spiralgabionen sind Körbe, bei denen mittels Spiralen die Drahtmatten miteinander verbunden werden. Die Spiralen können eine Steigung von einer, zwei oder drei Windungen pro 10 cm Länge aufweisen. Es werden Randdrahtmatten verwendet. Diese schließen außen mit einem durchgehenden Draht.

Die Spiralen werden über die Randdrähte der Matten gedreht, wobei zwei bis vier Matten in einer Spirale zusammengefasst werden können.

Spiralgabionen lassen sich im Maschenraster zuschneiden. Aus diesem Grund sind sie für Eckausbildungen in allen Winkeln sowie für die Anlage von Bögen bzw. Polygonzügen variabel einsetzbar.

Das Zuschneiden erfolgt mithilfe eines Bolzenschneiders und nicht mit einem Winkelschleifer, da sonst der Korrosionsschutz durch die Hitze Schaden nehmen könnte.

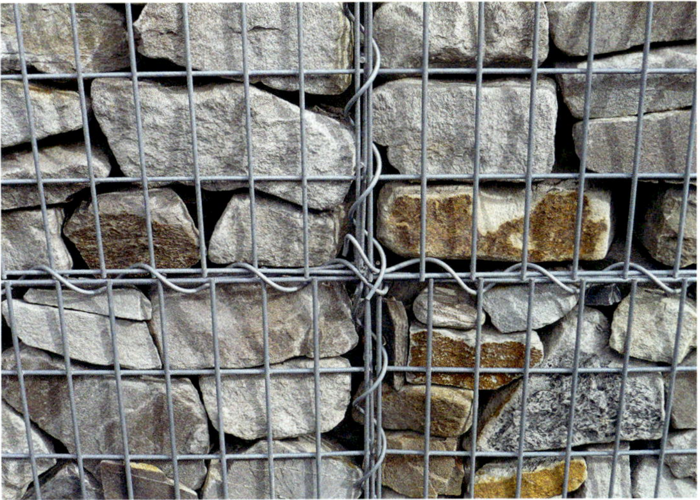

Spiralverbindung einer Gabione im Verbund mit Maschenweite 50 × 100 mm und Steinschichtung in der Ansicht.

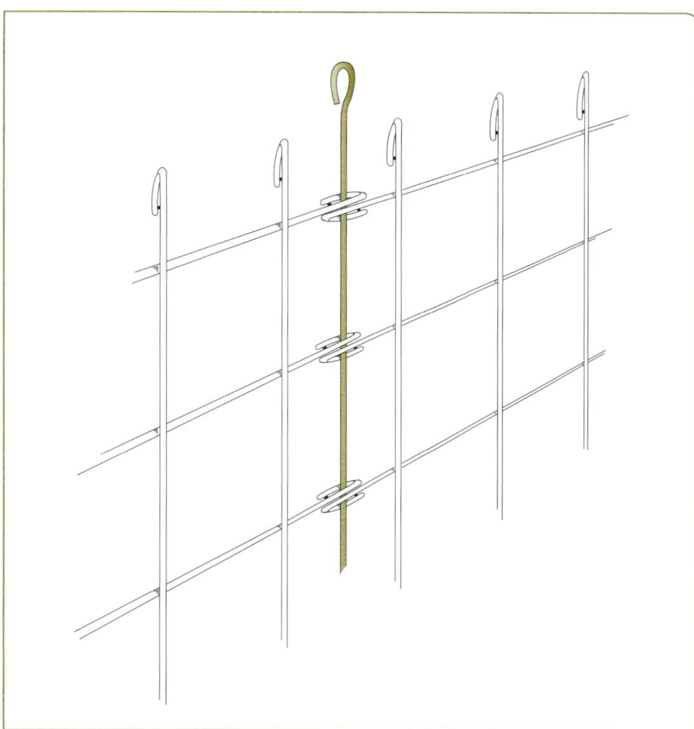

Verbindung der Gittermatten mit Steckstäben durch Einschieben in die Ösen (nach EBECO®).

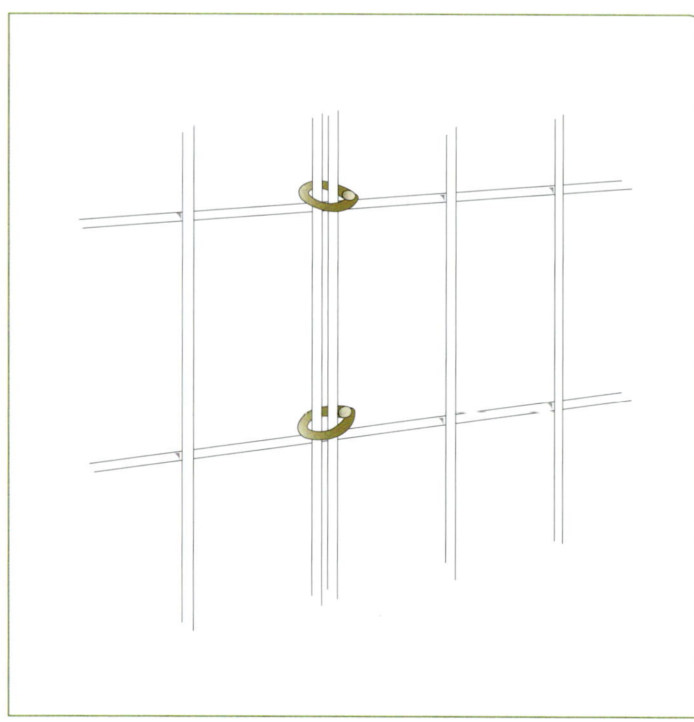

Verbindung der Gittermatten mit C-Klammern mittels pneumatischer Zange.

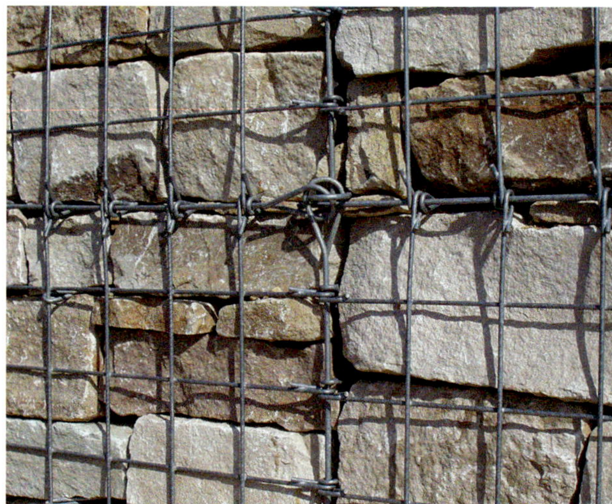

Steckstabverbindung einer Gabione im Verbund mit Maschenweite 100 × 100 mm und Steinschichtung in der Ansicht.

Steckstabgabionen

Steckstabgabionen bestehen aus Matten, bei denen die Stäbe am Ende eine verschweißte Öse aufweisen. Die Verbindung der Matten erfolgt mittels Steckstäben, die durch die Ösen gesteckt werden.

Auch hier sind zwei bis vier Matten mit einem Steckstab zu verbinden. Eckausbildungen sind durch spezielle Mattenbiegungen und -schnitte realisierbar. Ein Kürzen der Matten ist jedoch aufwendig, da die Ösen entfallen würden.

C-Klammergabionen

Bei den C-Klammergabionen kommen die gleichen Matten wie bei Spiralgabionen zum Einsatz. Statt der Spiralen werden alle 10 cm C-Klammern als Mattenverbindung verwendet. Diese werden mit einer mechanischen oder pneumatischen Zange geklammert.

Es gelten die gleichen Bedingungen wie bei den Spiralgabionen.

Drahtgeflechtgabionen

Drahtgeflechtgabionen bestehen aus mehrfach verdrillten Matten mit Sechseckmaschen.

Die Körbe werden vormontiert mit anhängendem Deckel geliefert und mit verstärkten Drähten, Stangen oder Klammern verschlossen.

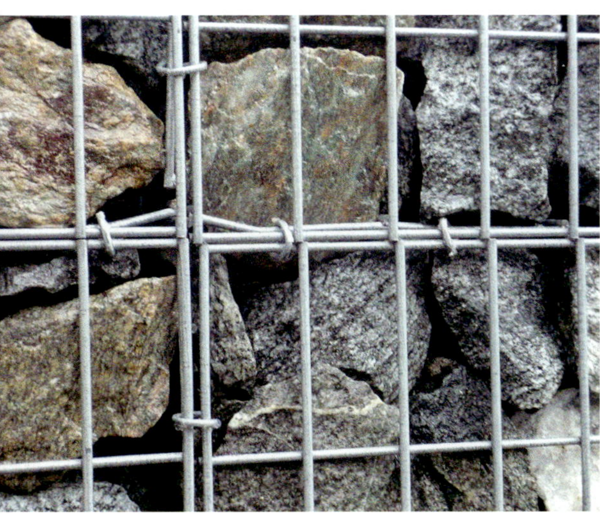

Gabionenverbindung mittels C-Klammern im Verbund mit Maschenweite 50 × 100 mm und geschütteter Füllung.

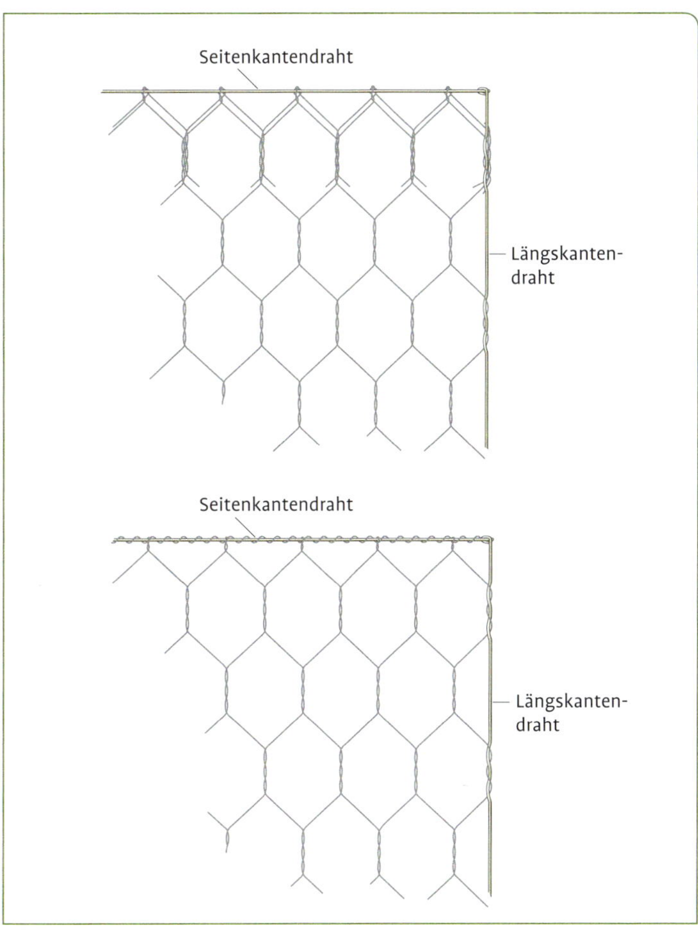

Möglichkeiten der Kantenausbildung bei Drahtgeflechtmatten (nach Maccaferri).

Die Kantendrähte der Drahtgeflechtmatten sollen einen größeren Drahtdurchmesser als die Geflechtdrähte aufweisen.

Eine Variante der Drahtgeflechtgabionen ist die Herstellung von Drahtschotterwalzen bzw. Steinwalzen als ingenieurbiologische Bauweise. Drahtgeflechtmatten werden zu Walzen mit Steinfüllung gerollt und als Ufersicherung bei Bachläufen, Teichen und Seen eingesetzt.

In die Steinwalzen können vegetative Materialien, zum Beispiel Weidenruten, mit eingelegt werden.

Tragfähiges Korbsystem (werkmäßig befüllt)

Tragfähige Gabionen werden im Werk oder im Steinbruch mittels vorgefertigter Hakenverbindungen montiert, in einer Schalung auf einer Rütteltischanlage gefüllt und durch Rütteln verdichtet. Das Hakensystem ist verbreitet und gut. Aber es gibt auch Hersteller, die hier Steckstabgabionen verwenden.

Der Transport erfolgt auf Paletten und die Montage mit einem Kran mittels besonderen Hebezeugs. Die Last wird durch das Hebezeug gleichmäßig im Korb verteilt, sodass eine Torsion des Korbes auf jeden Fall vermieden wird. Es gibt aber auch die Möglichkeit der Befüllung an der Baustelle, wenn ein mobiler Rütteltisch eingesetzt werden kann.

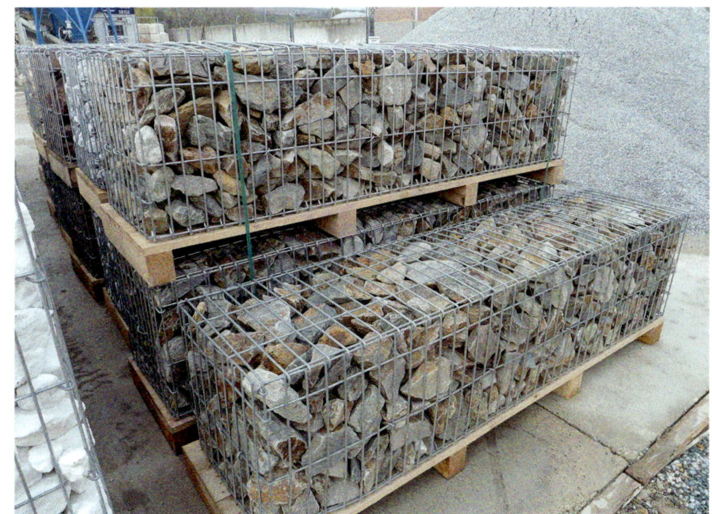

Tragfähiger, werkseitig befüllter Gabionenkorb mit Ösenverbindung und geschütteter Füllung in Maschenweite 50 × 200 mm.

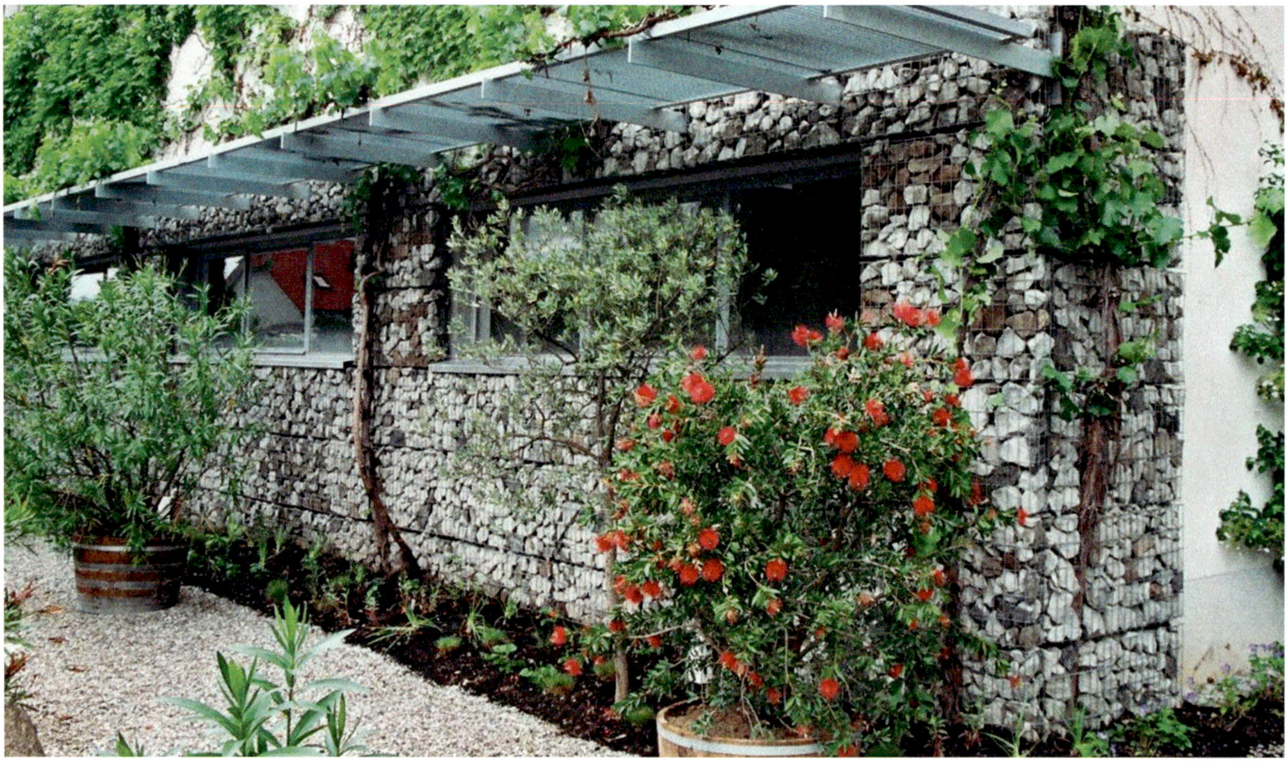

Wandgestaltung mit Gabionen als Wandverkleidung auf einem Weingut (Rothfuss).

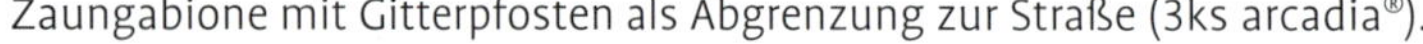

Zaungabione mit Gitterpfosten als Abgrenzung zur Straße (3ks arcadia®).

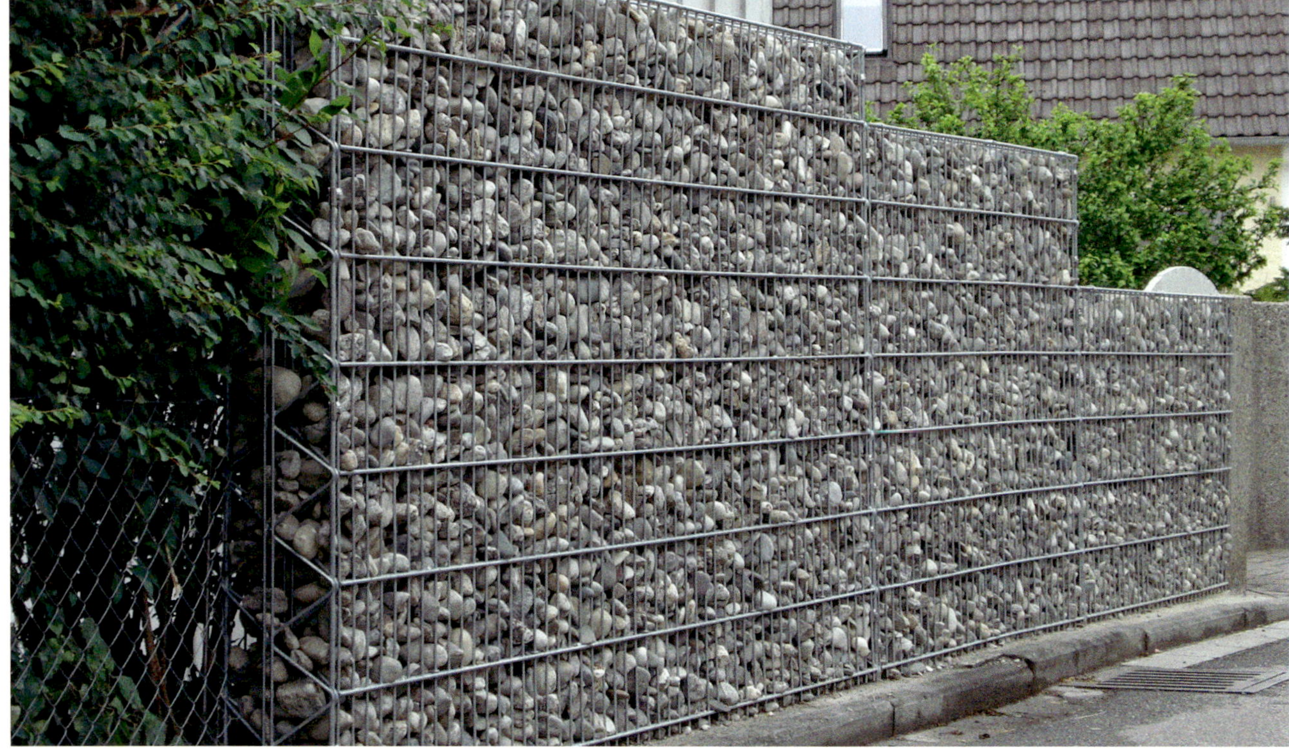

Hängefähiges Korbsystem – Wandverkleidungen

Wandverkleidungen werden als hängefähiges System mit Schienen an der Wand befestigt oder über Stützen auf ein Fundament abgetragen und gegen Kippen gesichert. Sie sind in der Regel vorgefertigt und auf Paletten gestapelt. Die Befüllung erfolgt meist vor Ort.

Für die Befestigung über Schienen bei Wärmedämmung auf der Wand bietet der Handel besondere Dübelkonstruktionen zur Verhinderung von Wärmebrücken.

Aus Standardgabionen in Breiten von 20 bis 30 cm Stärke können Wandverkleidungen mit konstruktiven Befestigungen gegen Kippen ebenfalls zum Einsatz kommen. Die Befüllung ist sorgfältig auszuführen, da die Lastabtragung über das Füllmaterial erfolgt.

Zaungabionen

Zaungabionen sind schmale Gabionen, in der Regel ohne Boden- und Deckelmatte, die über ein Pfostensystem statisch gesichert werden.

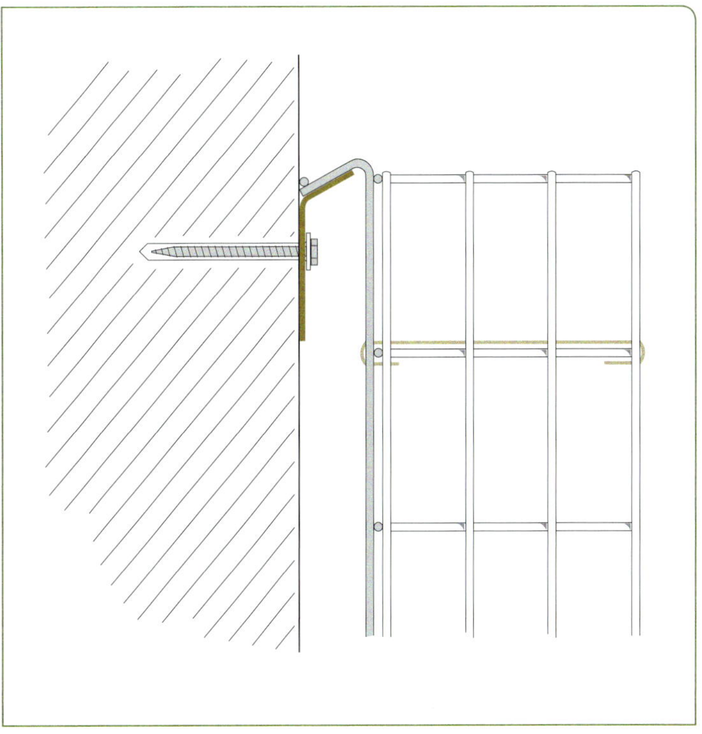

Beispiel einer Aufhängung bei hängefähigen Wandgabionen (nach EBECO®).

Zaungabione mit wellenförmiger Bänderung aus weißem Steinmaterial (BLICKS® Rothfuss).

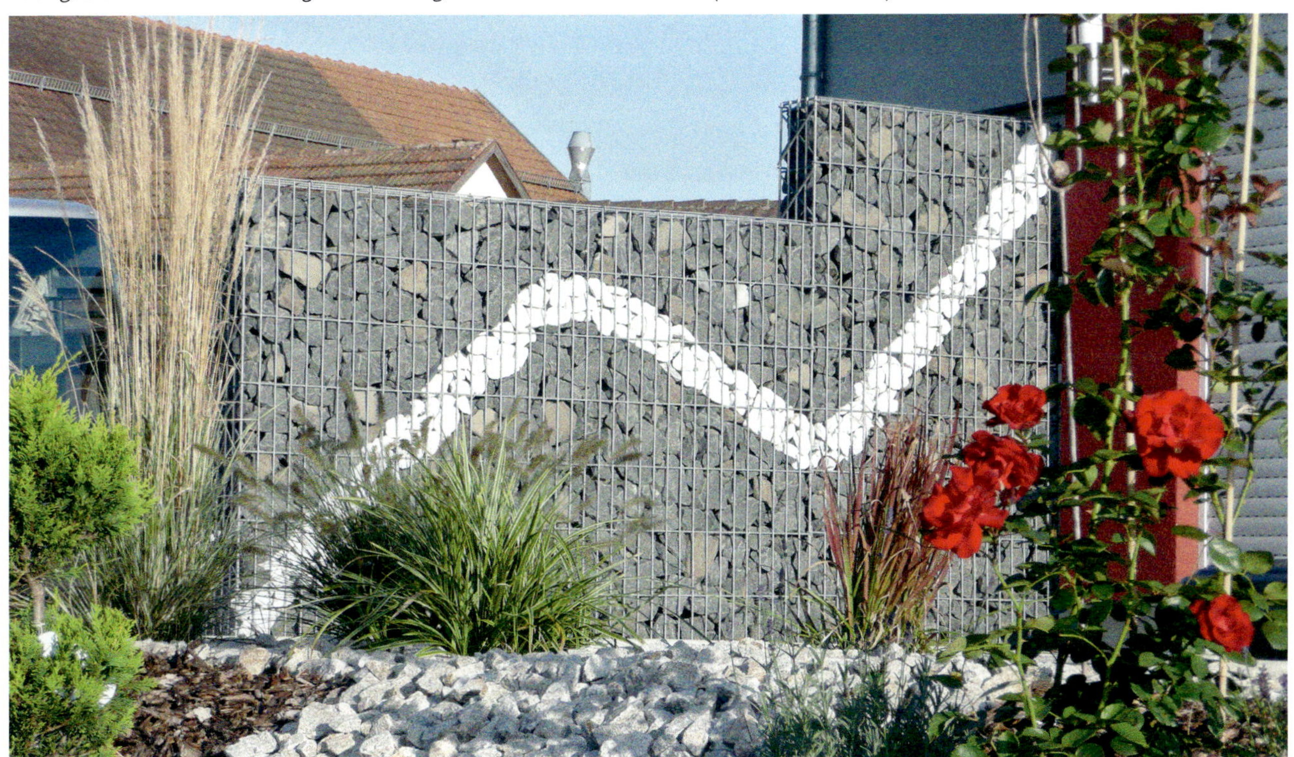

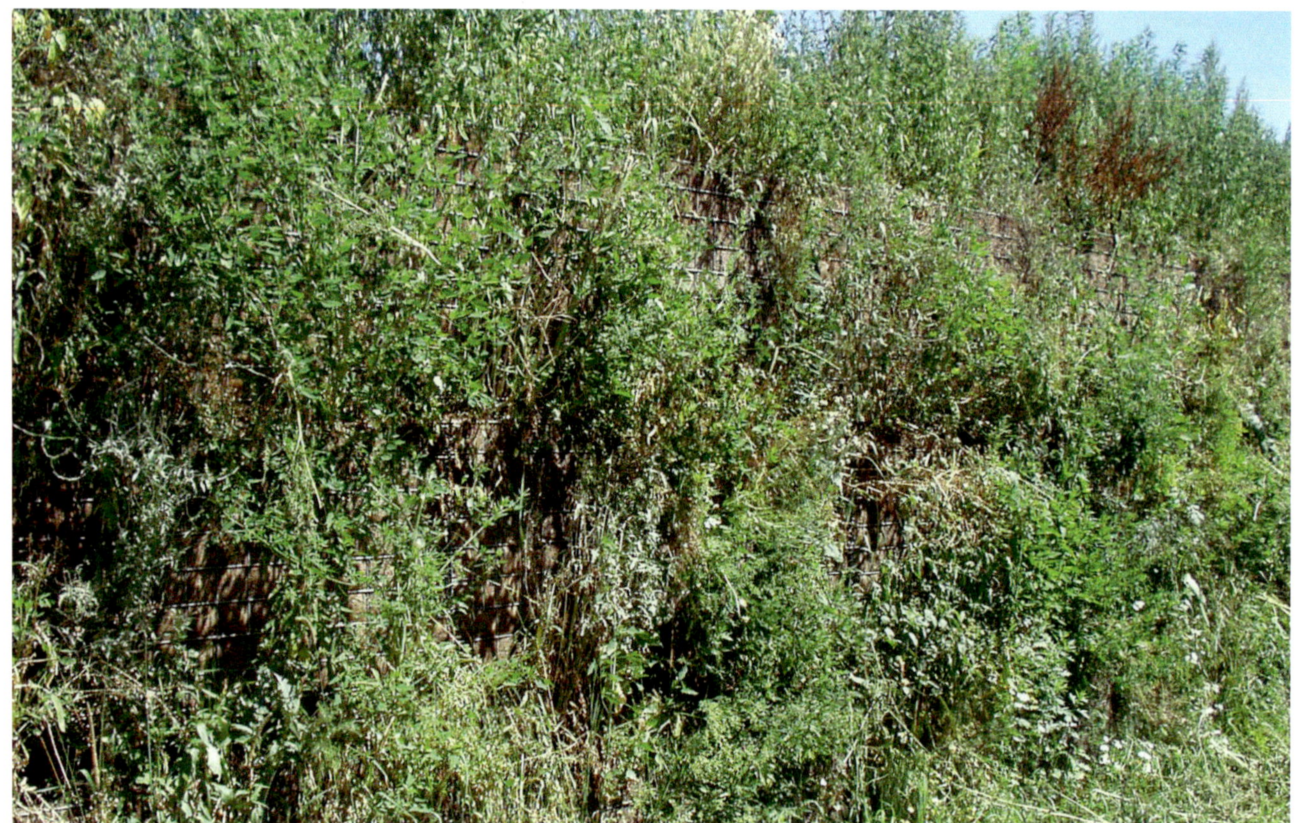

Lärmschutzsteilwall mit Erdbefüllung und Begrünung aus Anpflanzung und Wildbewuchs.

Die Pfosten können aus handelsüblichen Zaunpfosten bestehen, die statisch als Doppelpfosten biegesteif verbunden sind. Spezielle Pfosten sind, je nach statischen Erfordernissen, als Rechteckprofile in verschiedenen Abmessungen einsetzbar. Eine weitere Variante sind Pfosten als Gitterträger.

Erdbefüllte Gabionen

Erdbefüllte Gabionen dienen der Bepflanzung und werden häufig als Lärmschutzsteilwälle eingesetzt. Sie werden ohne Boden- und Deckelmatten als Stufenwall montiert und mit verdichtungsfähigem Bodenmaterial verfüllt.

Die luftseitigen Matten werden mit Vlies und aufgenähter Kokosmatte geschlossen, um ein Austreten des Füllmaterials zu verhindern.

Die hangseitigen Matten müssen ebenfalls mit einem Vlies ausgekleidet werden.

Alle Gabionen erhalten zur Stabilität Queranker oder Distanzhalter, die nach einem Ankerplan oder speziellen Maßangaben in bestimmten Abständen eingebaut werden (siehe Seite 70).

Diese mit Haken versehenen Ankerstäbe müssen mit Werkzeug, zum Beispiel Biegerohr oder Zange, geschlossen werden (siehe Seiten 89 und 72).

Gestaltungs-anforderungen

Hangsicherungen

Hangsicherungen mittels Gabionen können unterschiedlich ausgeführt werden. Dabei gibt es unter anderem folgende Bauformen:

- senkrechte Ausführung,
- gestufte oder getreppte Ausführung,
- geneigte Variante,
- steinbefüllte Variante,
- erdbefüllte Variante,
- kombinierte Ausführung.

Senkrechte Ausführung

Die senkrechte Variante sollte aus statischen oder gestalterischen Gründen nur bei geringen Höhen eingesetzt werden. Ein minimaler Anlauf (Dossierung) sollte aus optischen Gegebenheiten jedoch angelegt werden, da sonst der Eindruck eines leichten Kippens entstehen kann.

Die Gabione dient zur Überbrückung des Geländesprunges und bietet Raum für Parkflächen oder die Integration einer Treppenanlage.

Gestufte oder getreppte Ausführung

Einer gestuften oder getreppten Gabione ist bei stärkeren Richtungswechseln, Ecken oder Bögen der Vorzug zu geben. Durch die senkrechte Stellung der Längsmatten sind polygonale Bögen sowie Ecken in verschiedenen Winkeln

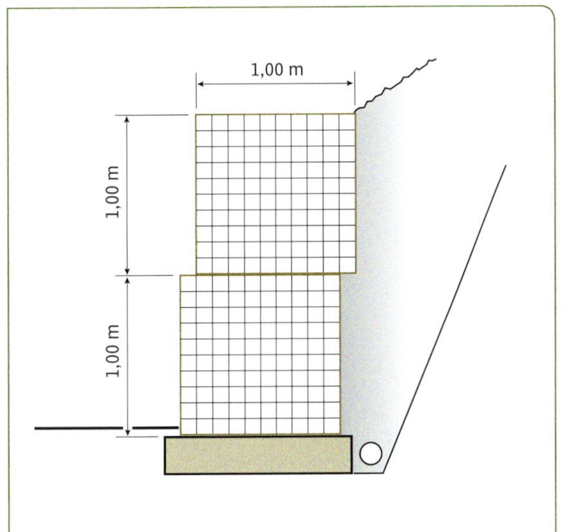

Gabionenstützwand in getreppter, versetzter Ausführung.

Senkrechte Ausführung einer Gabione aus Doppelstabgittermatten ohne Deckelmatte für einen geringen Geländesprung.

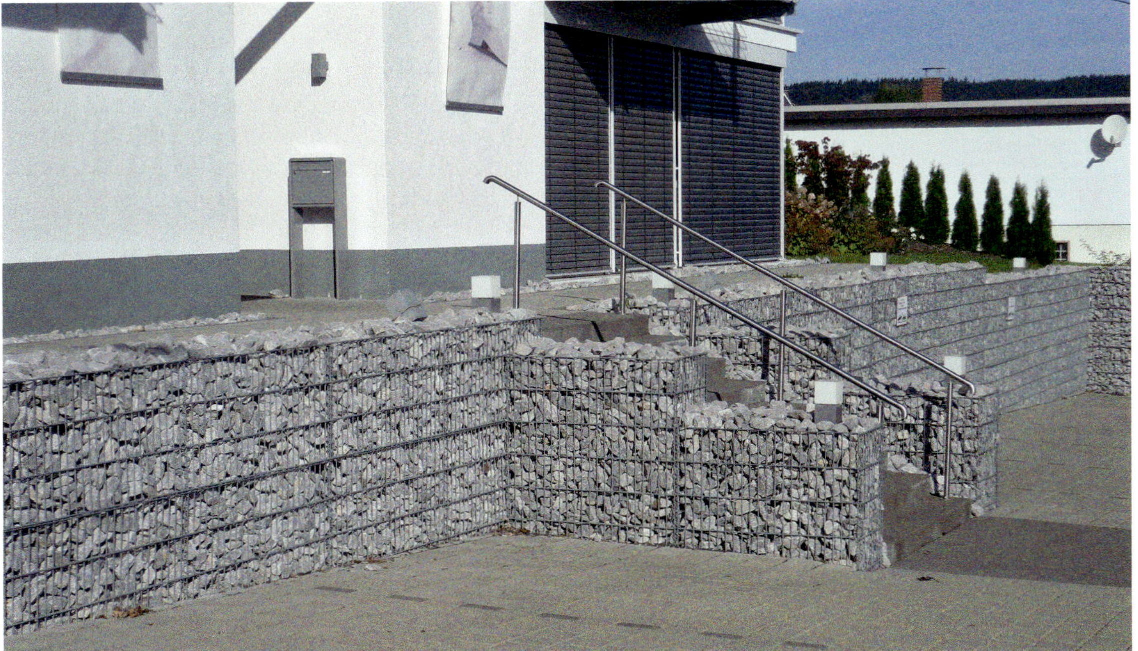

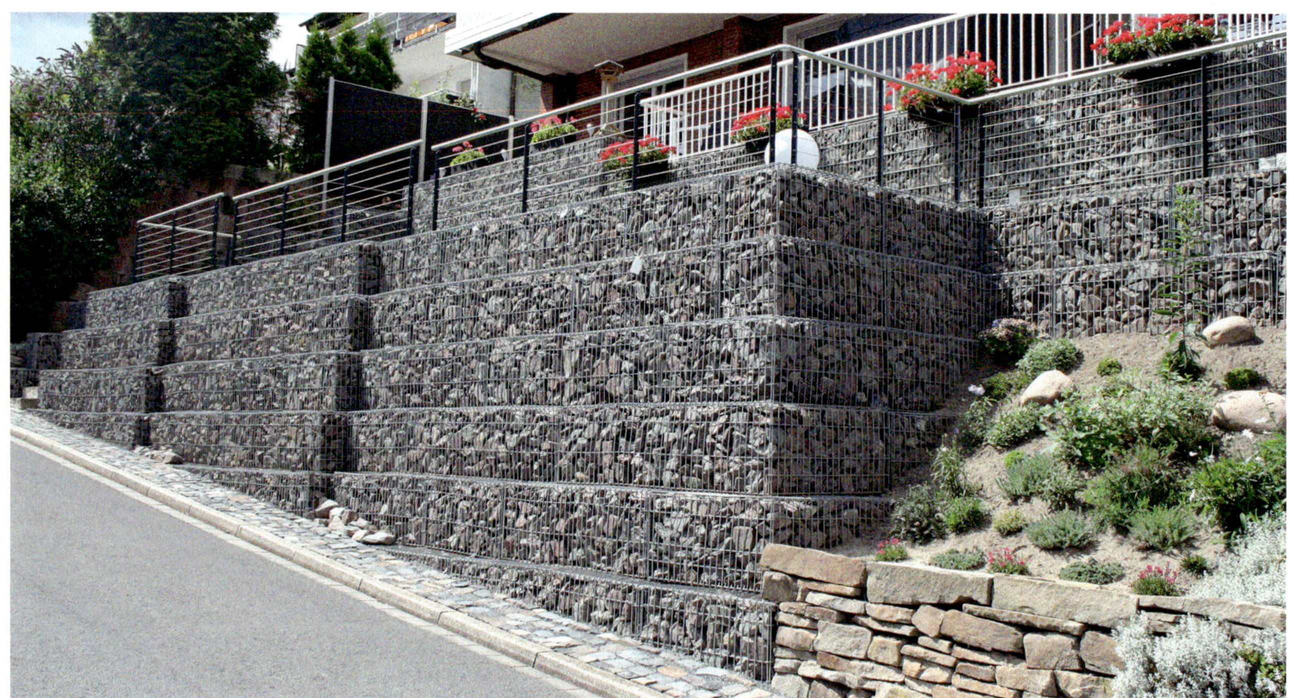

Gestufte bzw. getreppte Ausführung einer Stützwand aus werkseitig befüllten Gabionen in Wetter (EBECO®).

durch Kürzen von Matten problemlos zu realisieren.

Das obige Beispiel zeigt eine gestufte Gabionenkonstruktion, wobei durch die Stufung der Eindruck der Wandhöhe gemildert wird.

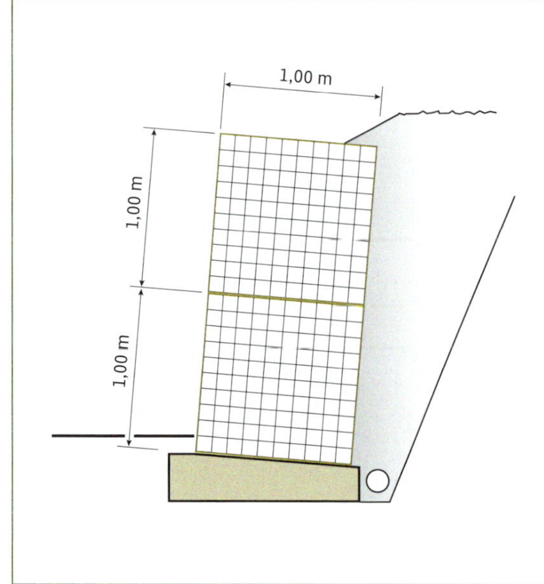

Gabionenstützwand mit Anlauf bzw. Dossierung.

Geneigte Variante

Die geneigte Ausführung ist bei geradem Verlauf oder sehr großen Radien einzusetzen, wenn keine Bermen (Stufen) gewünscht werden. Die Schrägstellung der Matten bedingt bei Radien allerdings Längendifferenzen im unteren und oberen Bereich.

Eine Wand mit Dossierung mildert die Höhenwahrnehmung ebenfalls, dient aber vor allem auch den statischen Erfordernissen, wie auch bei einer Wand mit Abtreppungen. Auch eine Kombination von Stufung und Dossierung kann eingesetzt werden.

Steinbefüllt

Die Steinfüllung sollte in der Regel aus einem Naturstein der Region bestehen. Eine Farbgestaltung durch verschiedene Natursteine ist der Umgebung anzupassen. Es gibt regionale Steinbrüche, die bei gleichem Natursteinmaterial große Farbnuancen aufweisen.

Eine weitere Gestaltungsmöglichkeit bieten Schütt- oder Schichtvarianten, die mittels Bänderungen und Schichtfolgen regionale Gegebenheiten widerspiegeln. So wird im Bild Seite 35 Mitte die Schichtung von Flözen im Bergbau angedeutet.

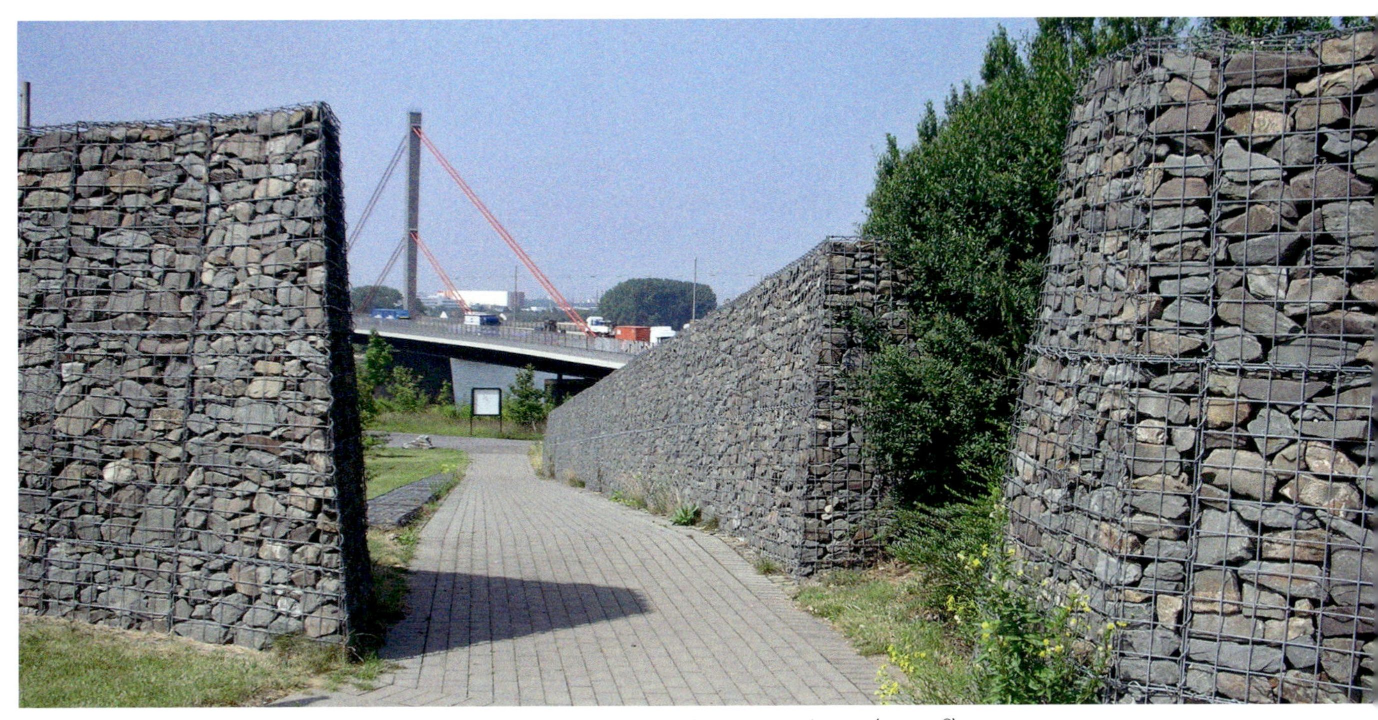

Geneigte Ausführung als freistehende Wände auf der Landesgartenschau in Leverkusen (EBECO®).

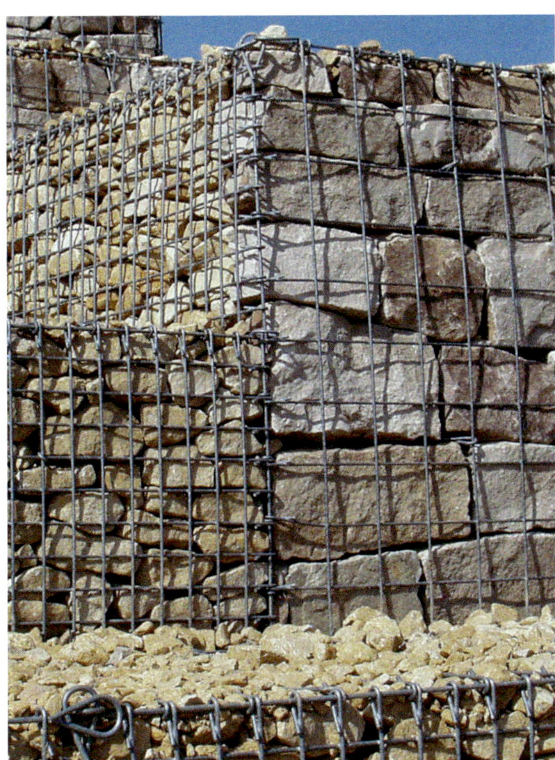

Kombination einer geschütteten (Maschenweite 50 × 50 mm) und geschichteten (Maschenweite 100 × 100 mm) Gabione.

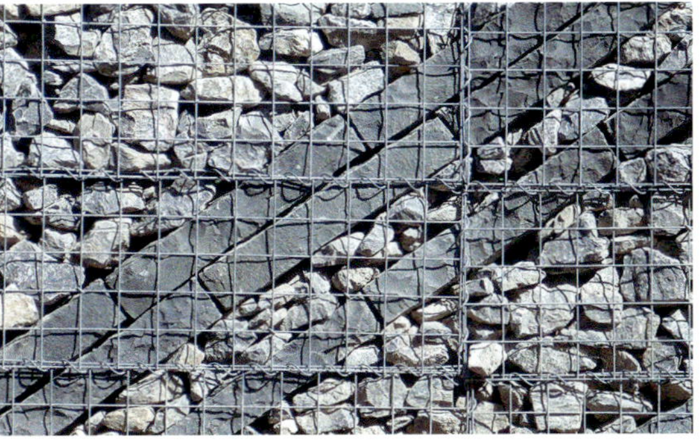

Geschüttete Gabione mit einer diagonalen Bänderung als Verkörperung eines Flözes aus dem Bergbau (EBECO®).

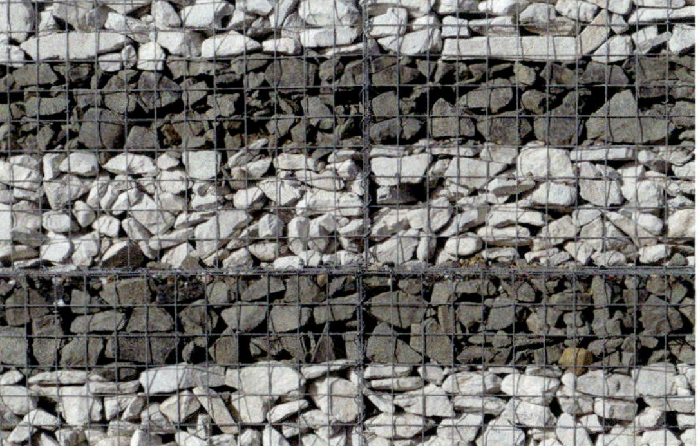

Geschüttete Gabione mit horizontaler Bänderung aus verschiedenfarbigem Natursteinmaterial.

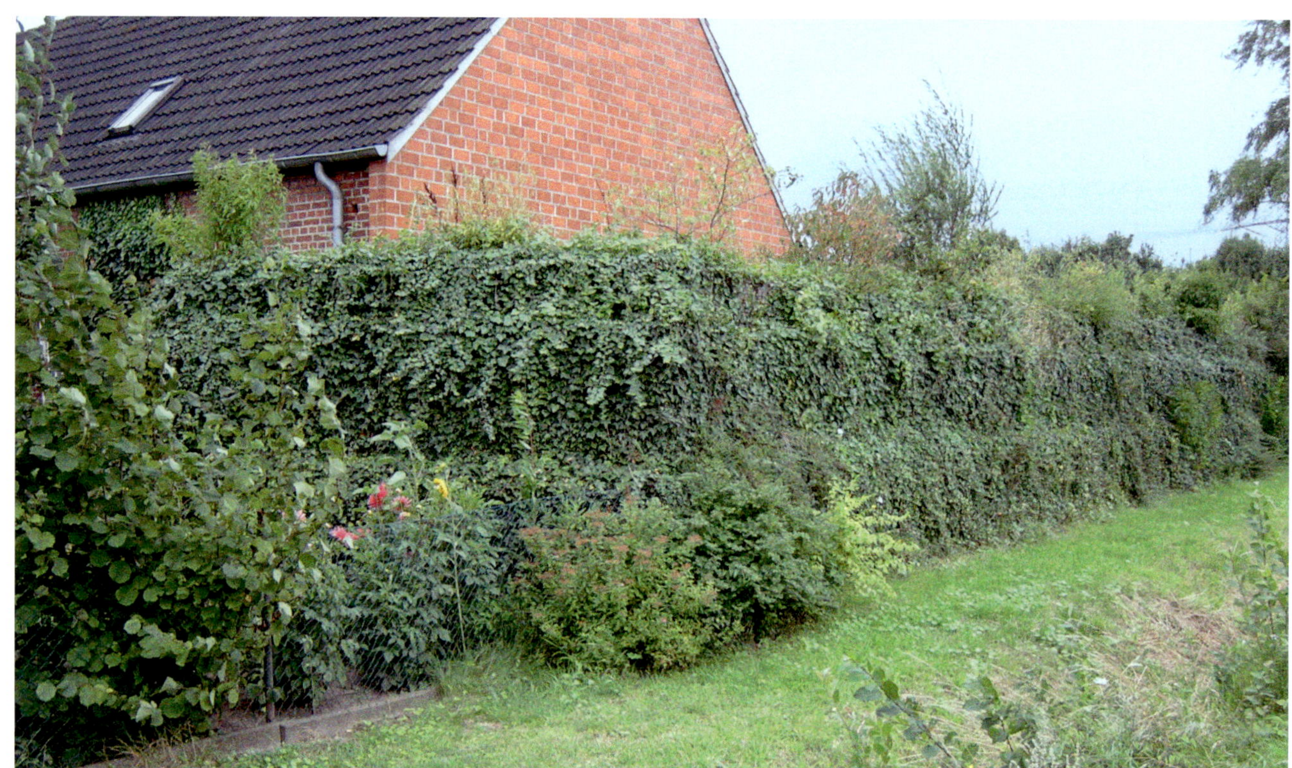

Erdbefüllter Lärmschutzstufenwall aus Gabionen mit dichter Bepflanzung aus Efeu zur B 63 bei Walstedde (EBECO®).

Kombination einer steinbefüllten und erdbefüllten Hangsicherung in flacher getreppter Ausführung mit Rückverhängung in Hilversum (EBECO®, Reanco).

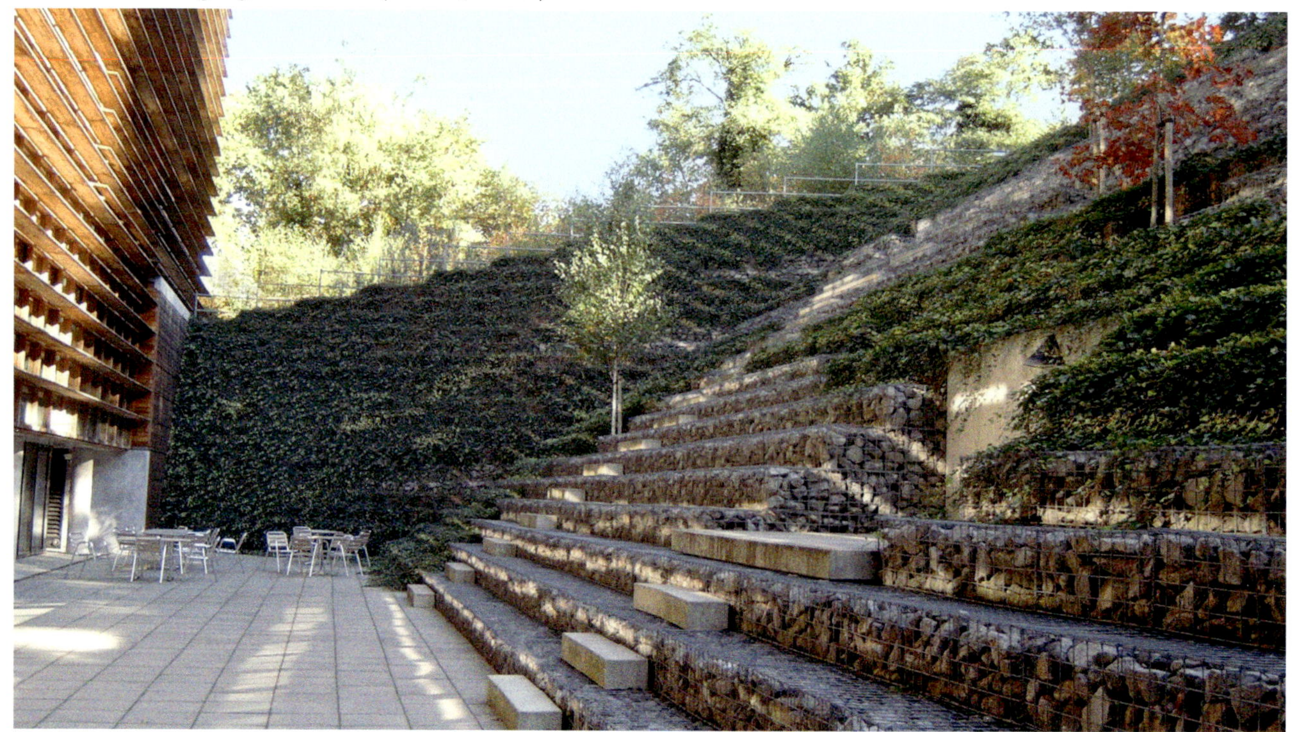

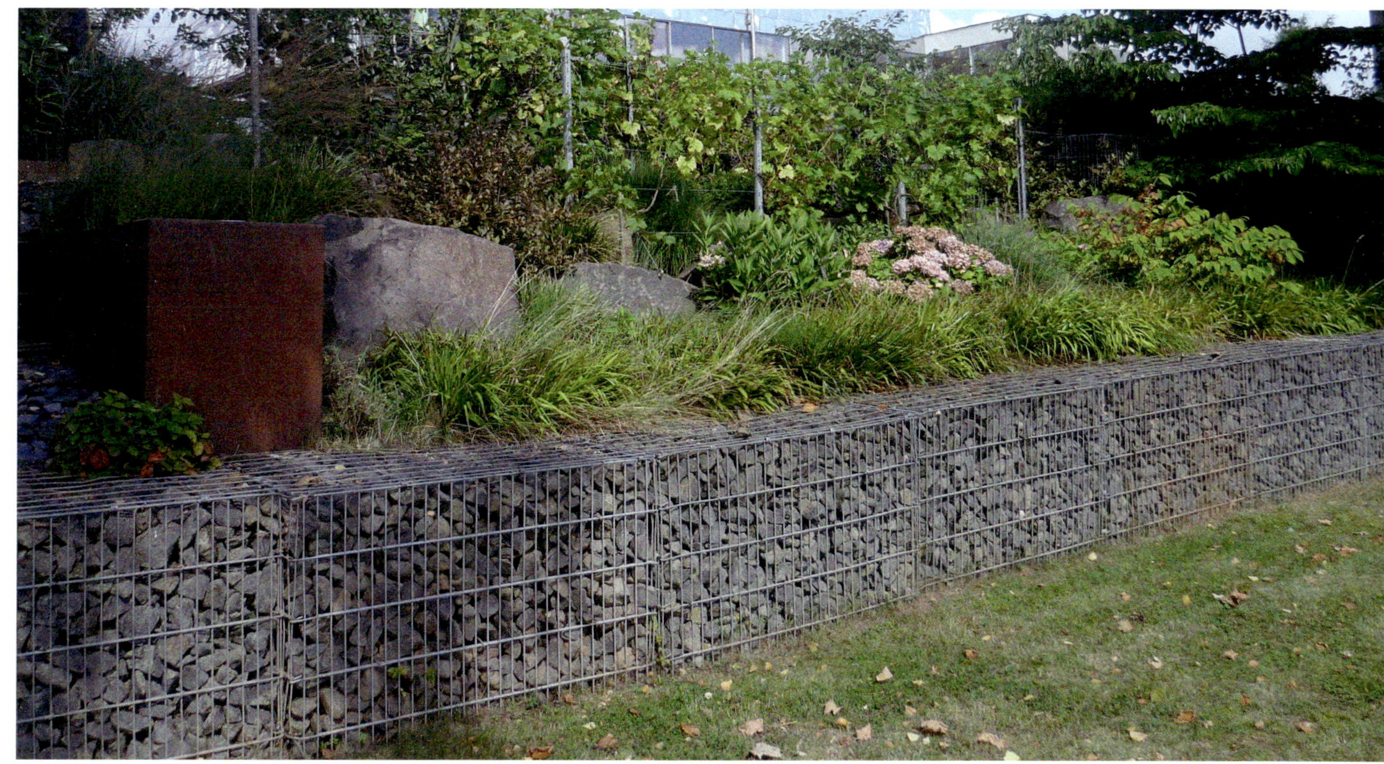

Werkseitig befüllte Gabionen als Abstützung einer Gartenanlage in Kombination mit Steinblöcken.

Recyclingmaterial kann bei Eignungsnachweis ebenfalls zum Einsatz gelangen.

Auch andere Materialien, wie Glas, Abbruchmaterial usw., können gestalterisch eingesetzt werden, wenn ihre Dauerhaftigkeit und damit die der Gabione gewährleistet ist.

Erdbefüllt

Erdbefüllte Gabionenwände sollten als Stufenwälle hergestellt und die Stufen anschließend begrünt werden. Eine solche Wand hat mehrere Pflanzzonen, die es zu berücksichtigen gilt.

Eine entsprechende Pflanzenauswahl muss diesen unterschiedlichen Standorten Rechnung tragen. Die dauerhafte deckende Bepflanzung ist für eine langlebige Funktionsfähigkeit notwendig.

Die Bepflanzung dieser Wände ist ein sehr wesentlicher Teil der Technik. Nur durch eine gesunde, dichte und standortgerechte Bepflanzung ist der UV-Schutz der Geotextilien und somit die Langlebigkeit der Anlage gewährleistet.

Kombinierte Ausführung

Aus gestalterischen Gründen ist auch eine kombinierte Bauweise von steinbefüllten und erdbefüllten Segmenten möglich. Wenn aus statischen Gründen keine Erdbefüllung zulässig ist, können auch Pflanztaschen aus Vlies eine Variante sein.

Diese kombinierte Aufbauform verhilft den Gabionen zu besonders vielen verschiedenen Gestaltungsmöglichkeiten. Durch die Flexibilität der Gabionen bieten Kombinationen mit anderen Bauteilen, zum Beispiel Steinblöcken und Findlingen, in Verbindung mit Begrünungen sehr reizvolle Objekte. Außerdem wirkt eine solche Einbindung in die Umgebung sehr natürlich.

Lärmschutz

Gabionen werden ebenfalls gern für Lärmschutzmaßnahmen eingesetzt. Die schalltechnischen Anforderungen an die Lärmschutzwand sind dabei einzuhalten.

Im folgenden Beispiel kam es nur auf die schalldämmende Eigenschaft und nicht auf eine absorbierende an. Auf der Seite zur Schallquelle

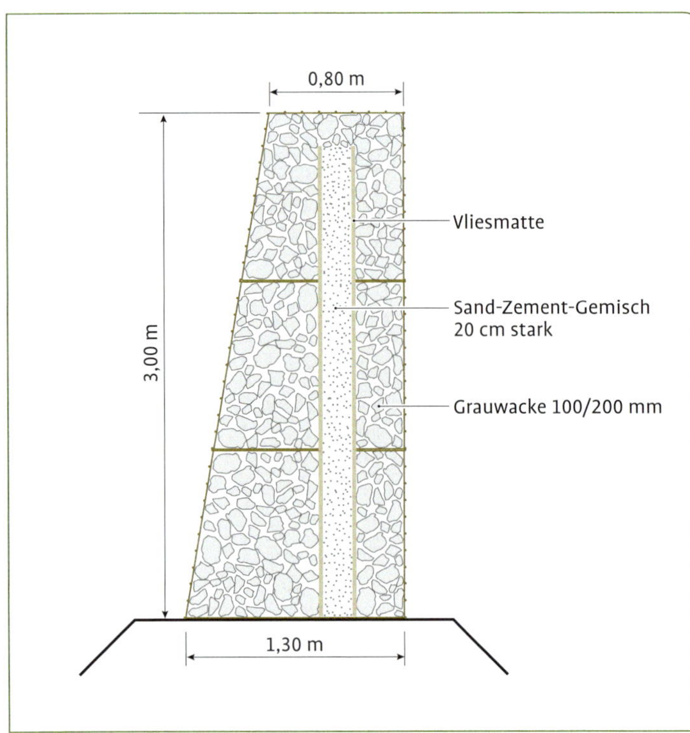

Schnitt durch eine Lärmschutzwand mit einem geschlossenen Kern zur Schalldämmung am Beispiel Objekt HSL Niederlande (nach EBECO®, Reanco).

sind die Gabionen mit einer Dossierung verbaut. Der Kern der Lärmschutzwand wurde aus stabilisiertem Sand (Sand-Zement-Gemisch 1 : 20) zwischen Vliesmatten gebildet.

Steinbefüllt senkrecht, gestuft oder mit Anlauf

Steinbefüllte Gabionensysteme können als Lärmschutzwand senkrecht, gestuft oder mit Anlauf (Dossierung) versehen errichtet werden.

Die folgenden Beispiele zeigen verschiedene Ausführungen von steinbefüllten Lärmschutzwänden.

Sonderbauweisen, individuell geplant für speziellen Standort

Die Lärmschutzwand Bingen (Seite 39 unten) stellt bauseitig eine Sonderform dar, sie ist zum Teil als Fangedamm mit integriertem Rad- und Fußweg konzipiert. Als Fangedamm bezeichnet man auf Abstand gegeneinander gestellte Stützwände, die mittels Zuggliedern verbunden sind und deren Zwischenraum verfüllt ist.

In diesem Fall wurden durch unterschiedliche Lasteintragungsbereiche höchste Ansprüche an Material und Verbau gestellt. Die Herausforde-

Senkrechte Lärmschutzwand, 2,50 m hoch, aus Steckstabgabionen mit geschichteter Ansicht und Nischen als Baumquartiere (EBECO®, Schröer).

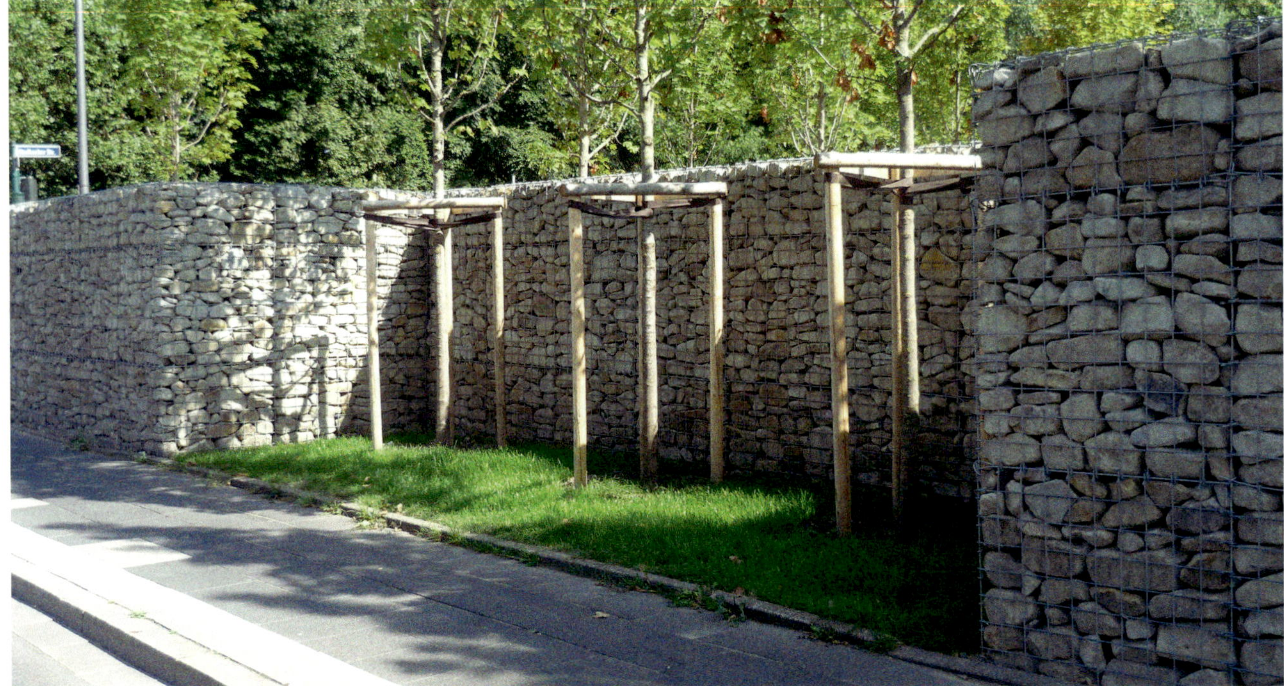

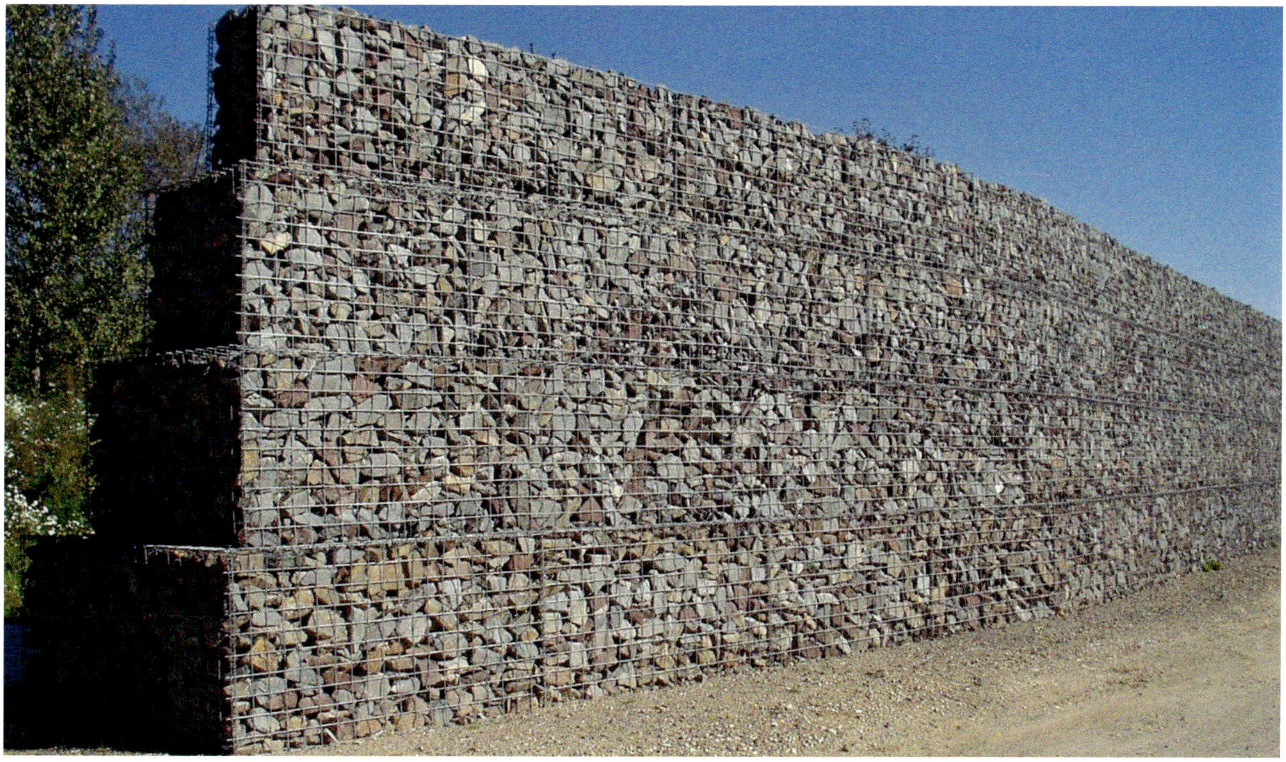

Lärmschutzstufenwall, 4,00 m hoch, aus Spiralgabionen mit dreiwindigen Spiralen und geschütteter Steinfüllung (EBECO®).

Sehr aufwendige Lärmschutzanlage als Fangedamm mit integrierten Fußwegen und Rampen in Bingen (Hoy).

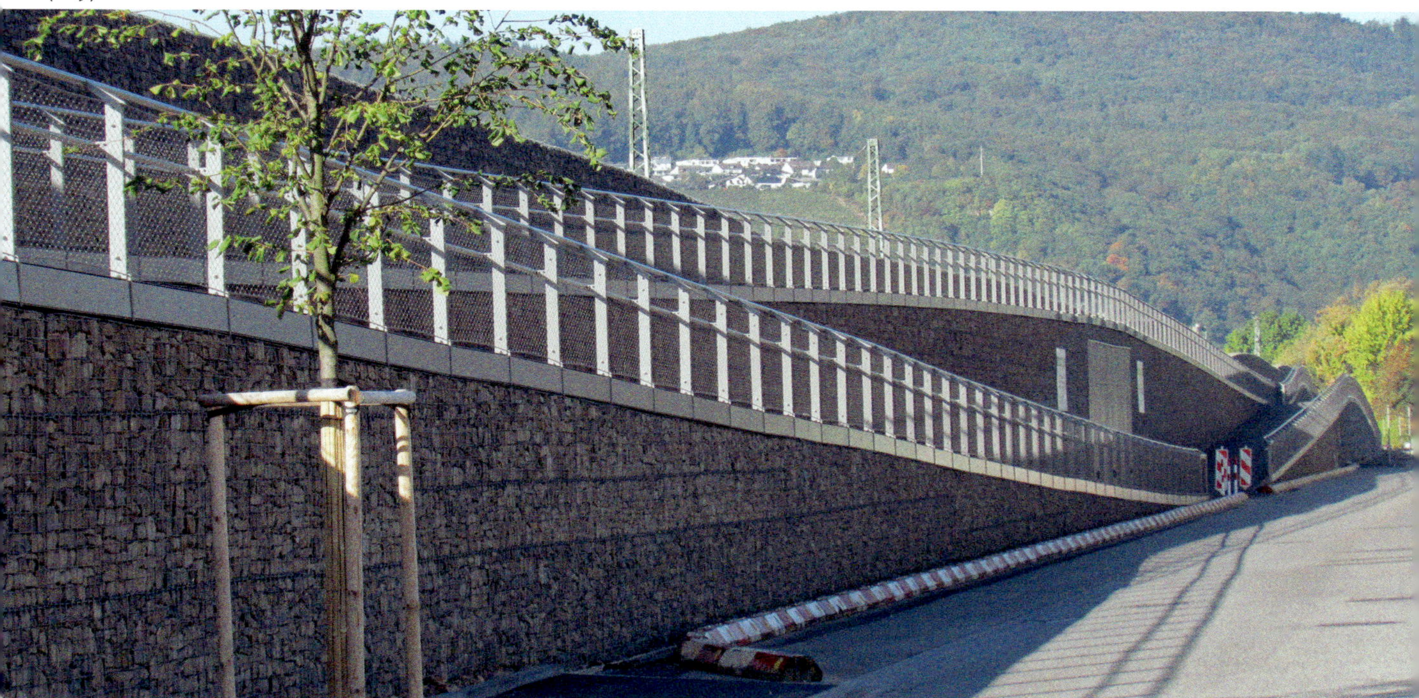

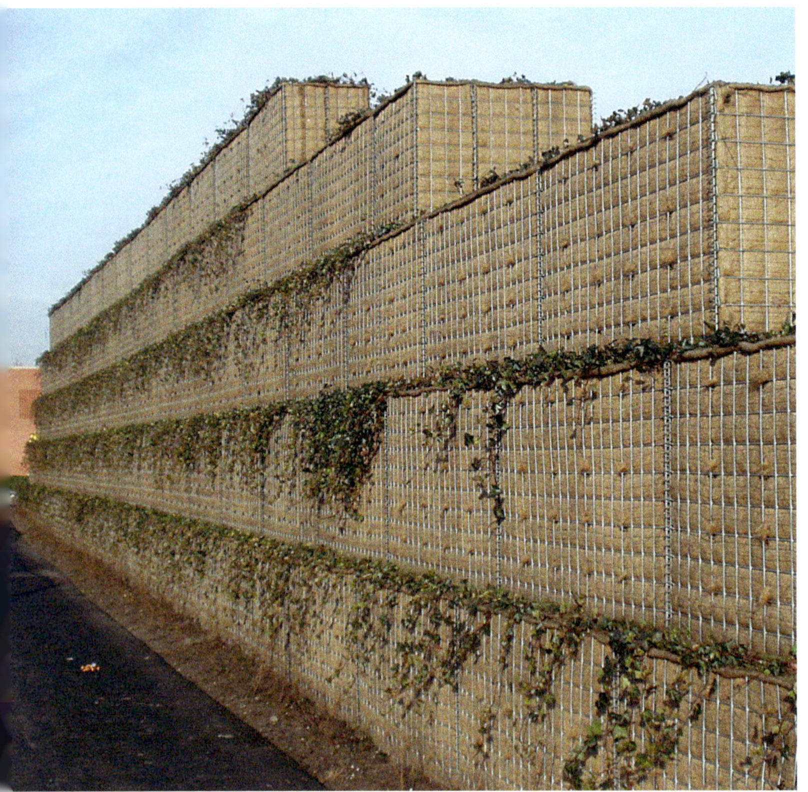

Neu erbauter, erdbefüllter Stufenwall mit Erstbepflanzung aus Efeu und Erweiterung in Länge und Höhe von 4,00 auf 5,00 m in Breda, Niederlande (EBECO®, Reanco).

rung des Planungsentwurfs erforderte beispielsweise eine sehr hohe Anzahl an Sondergittern.

Erdbefüllt und bepflanzbar

Erdbefüllte Gabionen werden zu Stufenwällen aufgebaut, um nicht nur am Gabionenfuß und auf der Gabionenkrone, sondern auch auf den Bermen bzw. Stufen eine Begrünung vorzunehmen.

Die Gittermatten erhalten rückseitig ein Vlies mit aufgenähter Kokosfaser zur Stabilisierung des Verfüllmaterials. Die Montage und Befüllung erfolgt entsprechend den Ausführungen im Kapitel „Montage von erdbefüllten Gabionen als Steinwall“ (Seite 87).

Kombinierte Ausführung

Im Bild auf Seite 41 oben wurde eine steinbefüllte Gabionenstützwand und gleichzeitige Hochwassersicherung mit erdbefüllten Gabionen

Lärmschutzstufenwall, 5,00 m hoch, mit sich entwickelnder Bepflanzung an einer Bahnlinie in Greven (EBECO®).

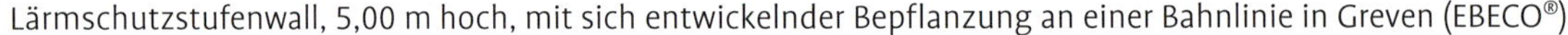

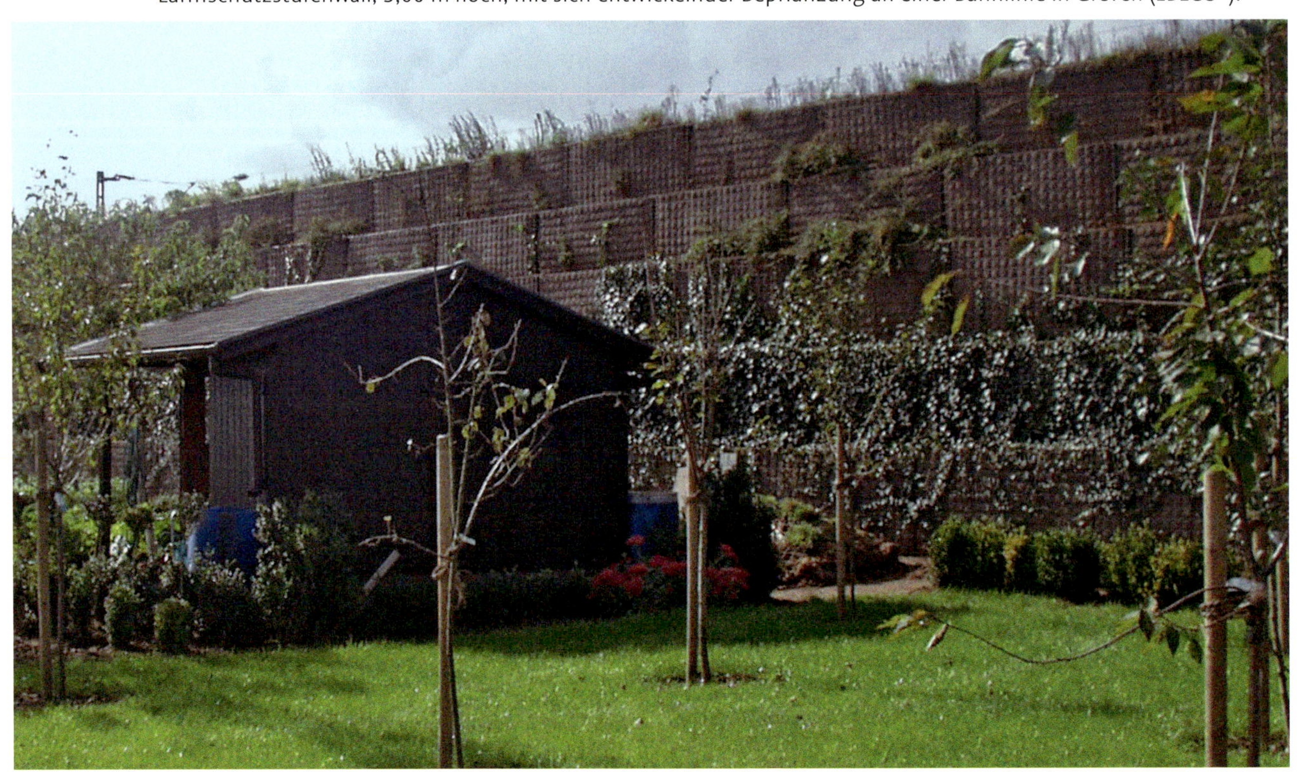

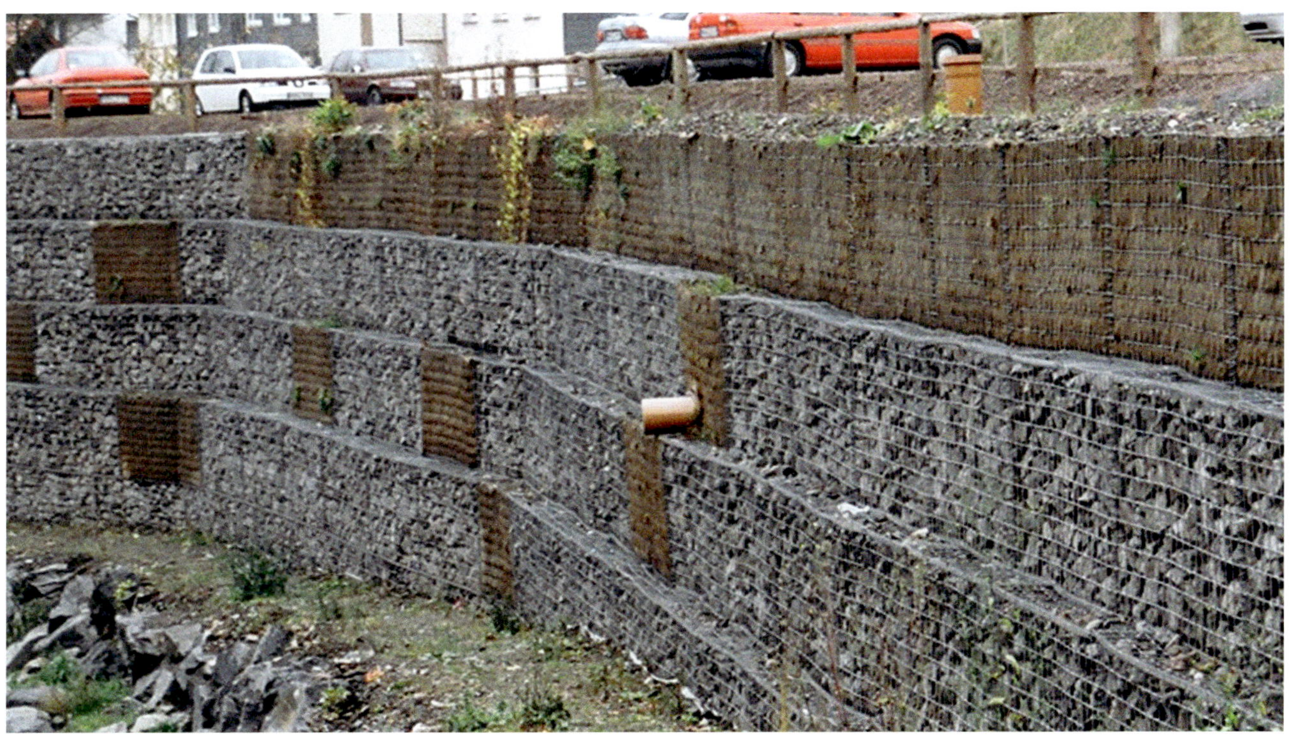

Kombination einer steinbefüllten Gabionenstützwand, die gleichzeitig der Hochwassersicherung dient, mit erdbefüllten Gabionen.

kombiniert. Die in der Wandfläche eingebauten erdbefüllten Körbe werden mit Stecklingen, zum Beispiel aus Weidenruten, begrünt und dienen zum Schutz der Körbe bei Hochwasser. Die oberen erdbefüllten Gabionen erhalten eine Bepflanzung auf der Gabionenkrone und liegen nicht im Hochwasserbereich.

Zaungabionen und Wandverkleidungen

Für die Verfüllung der Zaungabionen und Wandverkleidungen wird wegen der geringen Breite der Systeme ein kleinstückiges Steinmaterial verwendet. Auch ein Rundkorn mit entsprechendem Durchmesser eignet sich.

Gabionen in der Ingenieurbiologie

Die Ingenieurbiologie befasst sich mit technischen, ökologischen und gestalterischen Bereichen im Bauwesen hauptsächlich durch den Einsatz von lebenden Baustoffen, wie Pflanzen, Pflanzenteilen, Saatgut und Pflanzengemeinschaften (nach Schiechtl 2013).

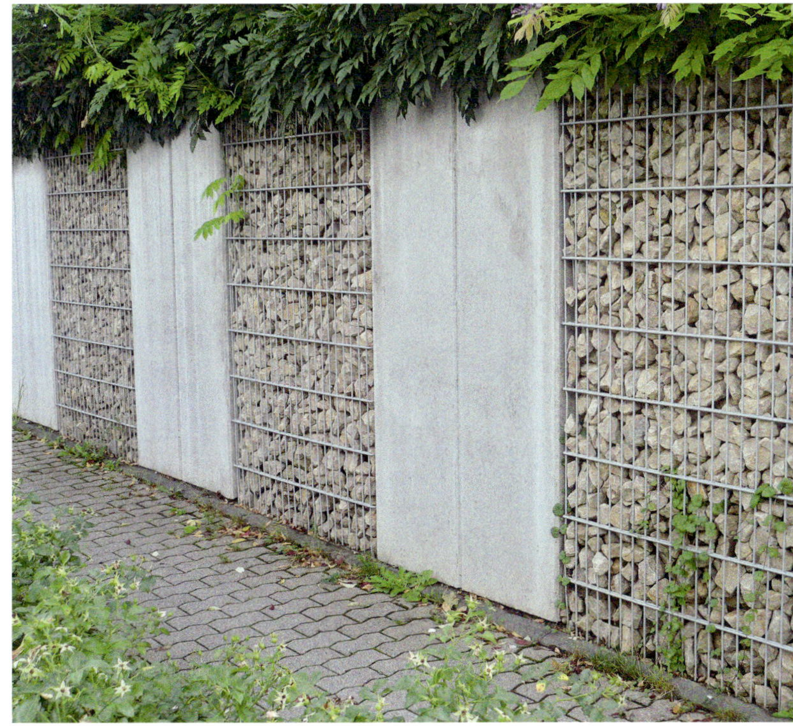

Zaungabione mit Betonstelen kombiniert auf dem Petrisberg in Trier.

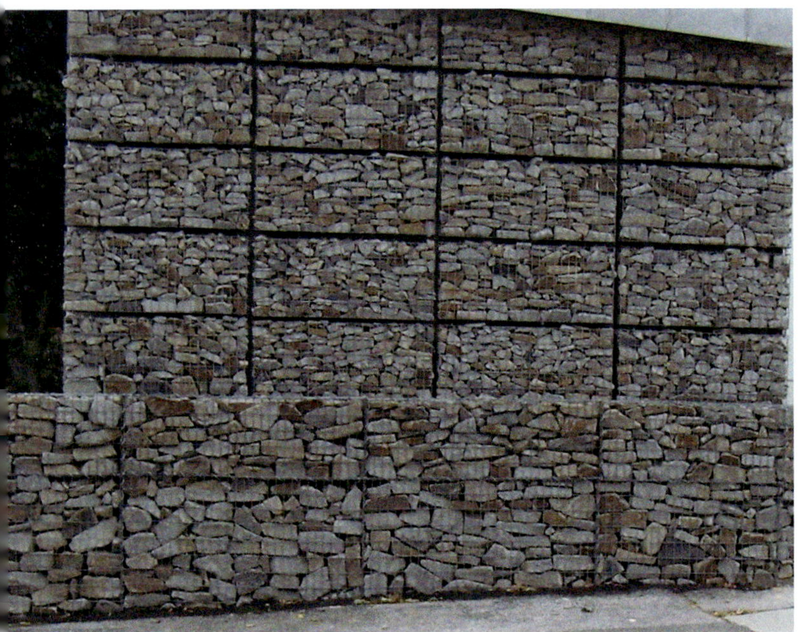

Wandverkleidung mit hängefähigen Gabionen der Breite 15,5 cm, eingehängt in vertikalen Lochschienen mit Lastabtragung über Fundament in Remscheid (EBECO®).

Ein Teil der Ingenieurbiologie sind Bauweisen, bei denen lebende mit nicht lebenden Baustoffen kombiniert werden.

Gabionen dienen in der Ingenieurbiologie als Stützkonstruktion und gleichzeitig in Verbindung mit dem zugehörigen Pflanzenmaterial zur Einbindung in das Landschaftsbild sowie, aufgrund der Wurzelbildung der Pflanzen, als zusätzliche Sicherung. Dazu werden in die Gabionen zwischen das Steinmaterial Steckhölzer eingebracht, die durch ihre Adventivknospen austreiben und Wurzeln und Grün bilden.

Gabionen mit Buschlagen

Als Hangfußsicherung können Gabionen Stützfunktion übernehmen und mit eingelegten Buschlagen für zusätzliche Entwässerung dienen. Durch die elastische Bauweise und ein leichtes

Hangsicherung in Kombination von lebenden und nicht lebenden Baustoffen durch den Einbau von Buschlagen in Form von Steckhölzern nach DIN 18918 zu ingenieurbiologischen Sicherungsbauweisen (links: nach SCHIECHTL und STERN 1992; rechts: nach FLORINETH 2004).

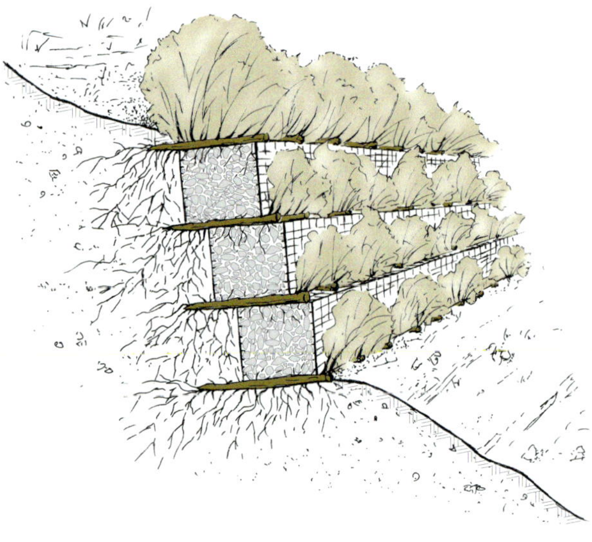

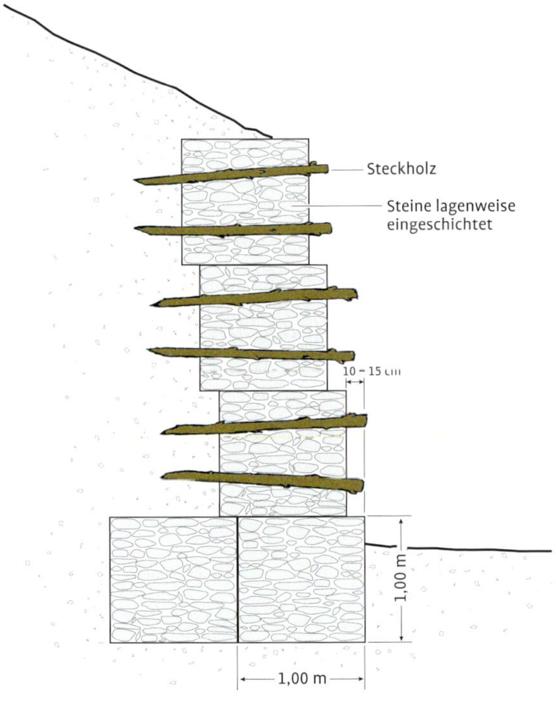

Steckholz
Steine lagenweise eingeschichtet
10 – 15 cm
1,00 m
1,00 m

Verformungsvermögen werden kleine Setzungen schadlos aufgenommen. Die eingelegten Buschlagen aus Weiden müssen sowohl Kontakt zur Hinterfüllung als auch zur Luftseite haben.

Die Wurzelbildung dient einer Verzahnung mit der Hinterfüllung und zur Entfeuchtung des anstehenden Bodens.

Für diese Bauweise eignen sich alle Systeme aus Gittermatten und Drahtgeflechten.

Drahtsteinwalzen und -matten

Drahtsteinwalzen werden im Gewässerbau als Ufersicherung eingebaut. Sie dienen der Sicherung gegen Ausspülen oder Unterspülen der Uferzone.

Als Material für die Drahtsteinwalzen dienen Drahtgeflechtmatten, wobei in neuerer Zeit auch Netze oder Gitter aus Polypropylen Verwendung finden.

Die Füllung der Drahtsteinwalzen besteht aus Grobschotter und ausschlagfähigen Ästen, zum Beispiel Weidenruten.

Die Durchwurzelung der Uferzone trägt zur zusätzlichen Stabilität bei.

Wesentlich für die Stabilität ist die unterspülsichere und auftriebsichere Bauweise. Die Drahtsteinwalzen werden deshalb mit Pfosten bis zur Durchwurzelung des Untergrundes gesichert. Sie dienen gleichzeitig zur Sicherung einer Hinterpflanzung aus Röhrichtarten und Ufersaumgehölzen.

Außer Grobschotter kann alternativ auch Erdmaterial mit einer Sicherung aus Kokosfasermatten, mit Weidenstecklingen versehen, eingesetzt werden.

Statt als Drahtsteinwalzen können Gabionen auch in Mattenbauweise, als sogenannte Steinmatratzen, hergestellt werden. Diese bestehen aus Drahtgeflechten oder auch Drahtgittern in einer Stärke von beispielsweise 20 cm. Sie werden zur Erosionssicherung auf flache Böschungen aufgebracht und mit Grobschotter verfüllt.

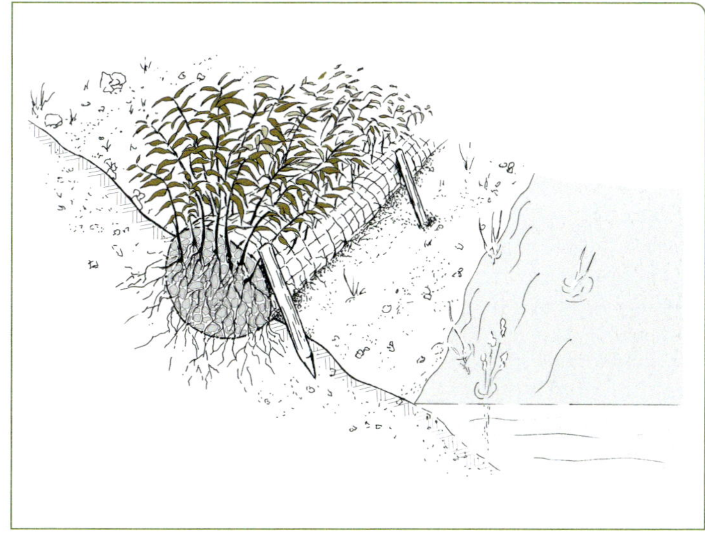

Drahtschotterwalze (Faschinensenkwalze) mit Steckhölzern als ingenieurbiologische Ufersicherung (nach ZEH 2007, verändert).

Bepflanzung

Da die Gabionen für die Pflanzen einen extremen Standort darstellen, sind für deren gesundes und üppiges Wachstum besondere Vorkehrungen zu treffen.

So sind die Zonen der Gabionenkonstruktionen unterschiedlich zu bepflanzen.

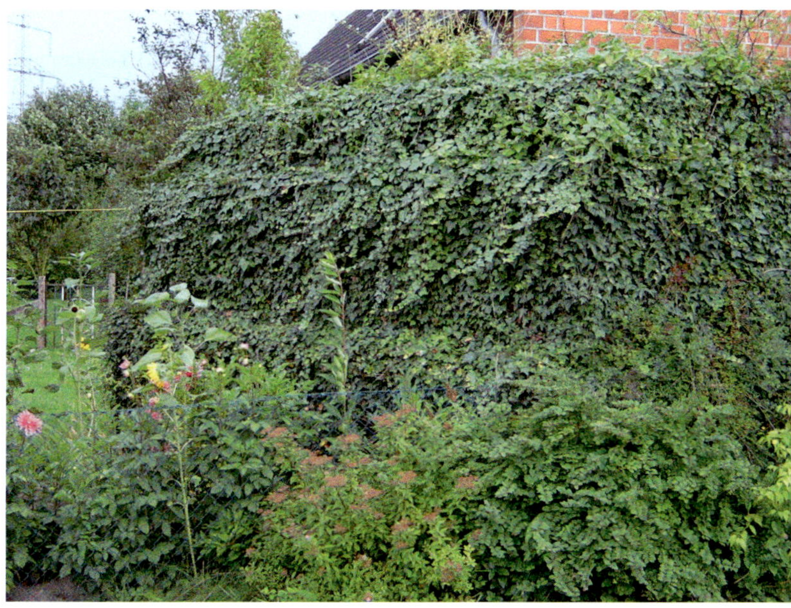

Pflanzzonen an einem erdbefüllten Lärmschutzstufenwall mit Sträuchern als Vorpflanzung am Wandfuß und auf der Wandkrone (EBECO®).

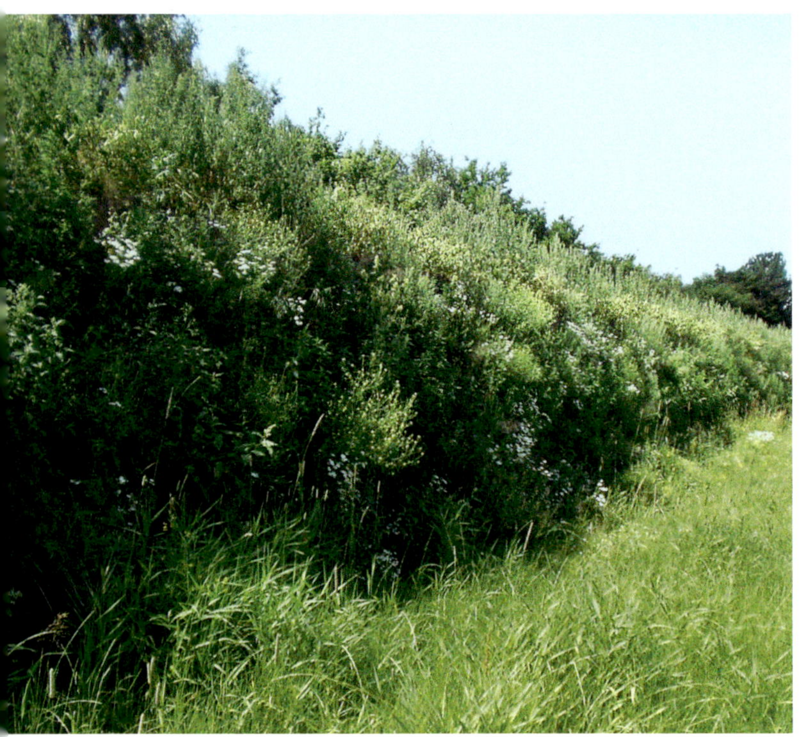

Ein gut eingegrünter Lärmschutzstufenwall mit Bepflanzung sowie Pflanzen aus Anflug und Samen im Füllmaterial in Gronau (EBECO®).

Es gibt eine Zone am Gabionenfuß, eine mittlere Zone als Ansichtsfläche bzw. Gabionenkörper in Form von Bermen und die Gabionenkrone der Gabione.

Steinbefüllte Gabionen lassen nur eine Bepflanzung am Wandfuß und an der Wandkrone zu.

Mittels Vliesen können aber Pflanztaschen ausgebildet werden.

Bei mit Boden oder Substraten befüllten Wänden sind besonders bei Stufenwällen in allen Wandzonen Bepflanzungen möglich. Hier sind die Standorte getrennt zu betrachten.

Vor allem in der mittleren Zone sind trockenresistente Pflanzen mit Klimm- oder Klettervermögen zu bevorzugen. Auch für die Fußbepflanzung sollten Kletterpflanzen als Selbstklimmer eingesetzt werden.

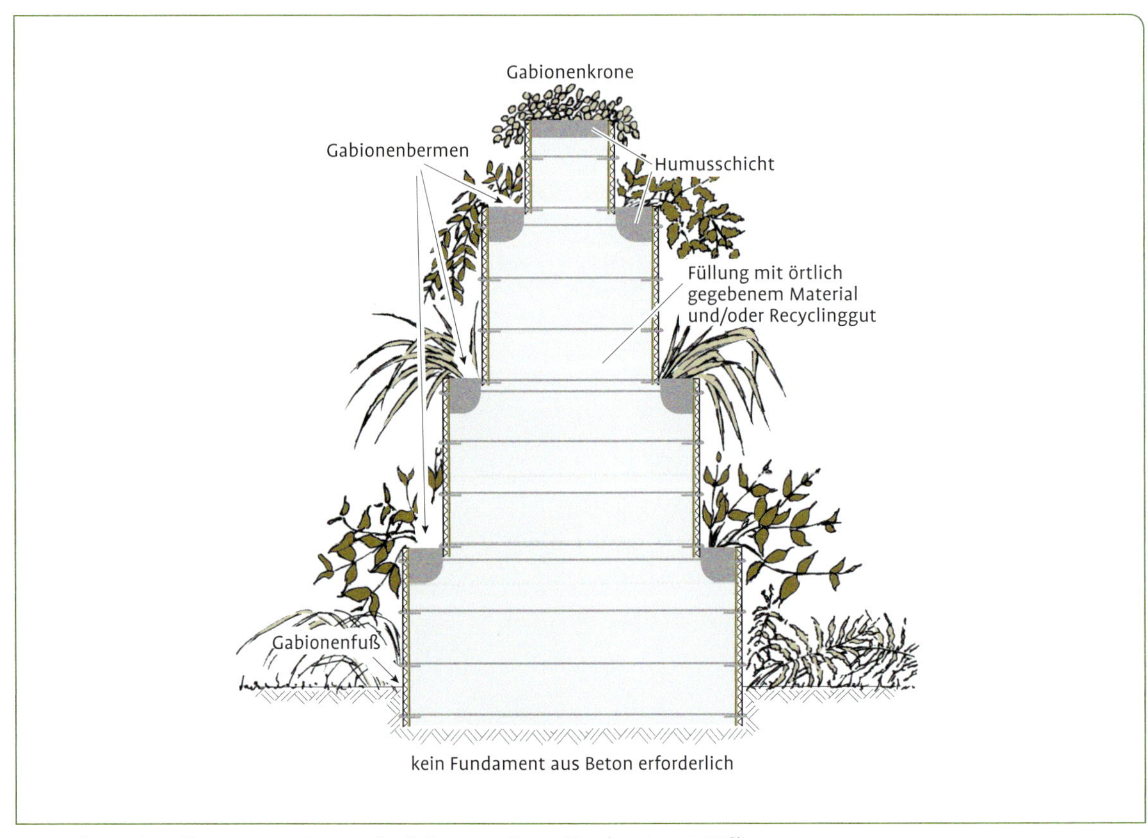

Darstellung der Pflanzzonen eines erdbefüllten Stufenwalles (nach EBECO®).

Tab. 3 Pflanzen für die Begrünung von Gabionen (nach AuGaLa 2009)

Botanischer Name	Deutscher Name	Standort	Immergrün	Wuchsform
Acer campestre	Feld-Ahorn	so bis hs	nein	St
Amelanchier ovalis	Gemeine Felsenbirne	so bis hs	nein	St
Berberis thunbergii	Grüne Hecken-Berberitze	so bis hs	nein	St
Clematis vitalba	Gewöhnliche Waldrebe	so bis hs	nein	K
Cornus sanguinea	Blutroter Hartriegel	so bis hs	nein	St
Corylus avellana	Hasel	so bis hs	nein	St
Crateagus laevigata	Zweigriffliger Weißdorn	so bis hs	nein	St
Crateagus monogyna	Eingriffliger Weißdorn	so bis hs	nein	St
Euonymus fortunei var. *radicans*	Japanischer Kletternder Spindelstrauch	so	ja	K
Frangula alnus	Faulbaum	so bis hs	nein	St
Hedera helix	Efeu	hs bis sch	ja	K
Ligustrum vulgare	Rainweide, Gewöhnlicher Liguster	so bis hs	z. T.	St
Lonicera caprifolium	Echtes Geißblatt, Jelängerjelieber	hs	nein	K
Lonicera korolkowii var. *zabelli*	Blaugrüne Heckenkirsche	so bis sch	nein	St
Lonicera periclymenum	Wald-Geißblatt	hs	nein	K
Lonicera xylosteum	Rote Heckenkirsche	so bis hs	nein	St
Parthenocissus quinquefolia	Jungfernrebe, Wilder Wein	so bis sch	nein	K
Parthenocissus tricuspidata	Dreilappige Jungfernrebe, Wilder Wein	so bis hs	nein	K
Prunus spinosa	Schlehe, Schwarzdorn	so bis hs	nein	St
Rosa canina	Hunds-Rose	so bis sch	nein	St
Rosa rubiginosa	Wein-Rose	so bis sch	nein	St
Rosa spinosissima	Bibernell-Rose	so	nein	St
Vitis amurensis	Amur-Rebe, Weinrebe	so bis hs	nein	K
Vitis vinifera subsp. sylvestris	Wilde Weinrebe	so bis hs	nein	K

so = sonnig, hs = halbschattig, sch = schattig, K = kletternd/kriechend, St = Strauch

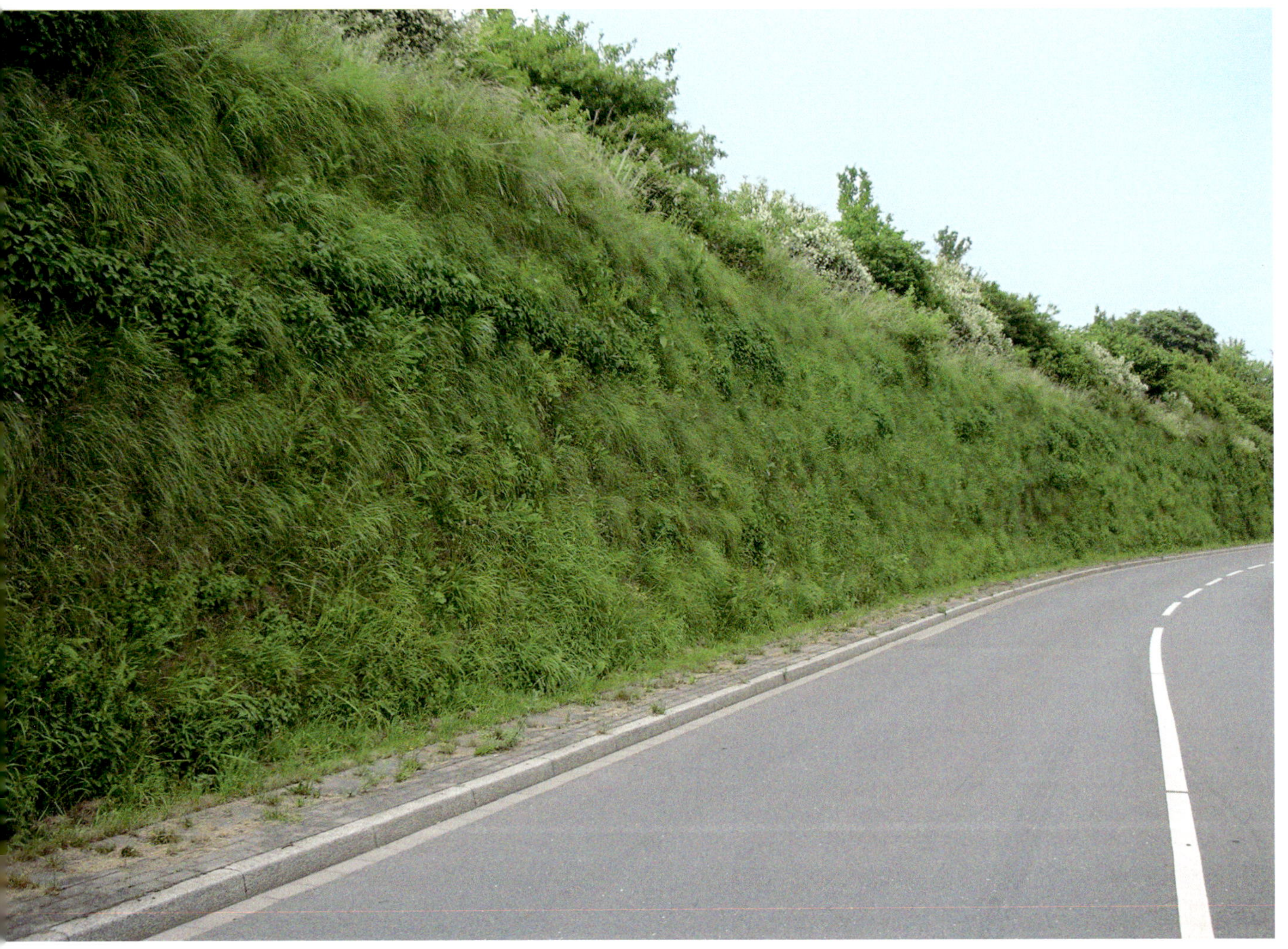

Erdbefüllter Stufenwall mit einer Vegetation aus Anfangsbepflanzung und Wildbewuchs aus Samen im Füllmaterial sowie Anflug, Wickede Sportplatz (EBECO®).

Klimatische, bodenphysikalische und -chemische sowie biologische Faktoren des Pflanzenstandortes müssen berücksichtigt werden.

Insbesondere sollten folgende Kriterien Berücksichtigung finden:

- Zusammenarbeit zwischen Planer, Landschaftsarchitekt und GaLaBauer.
- Pflanzen nach Pflanzenstandorten auswählen.
- Geeignete regionale Pflanzen bevorzugen.
- Je nach Pflanzfläche und Pflanzzeit Jungpflanzen, Stecklinge, Ansaaten oder Containerpflanzen auswählen.
- Kletternde und rankende Pflanzen bevorzugen.
- Keine Bäume oder Großgehölze verwenden.
- Fertigstellungs- und Entwicklungspflege beachten.
- Bewässerung für mehrere Vegetationsperioden vorsehen.

Die Tabelle 3 zeigt eine Auswahl von Pflanzen für die Begrünung von Gabionen für unterschiedliche Standorte.

Technische Anforderungen

Baugrund und Gründung

Der Baugrund muss hinsichtlich der Gründung und Tragfähigkeit bestimmte Anforderungen erfüllen.

- Er ist auf ausreichende Tragfähigkeit für die Gründung zu untersuchen, um ausreichende Sicherheiten hinsichtlich der Versagensmechanismen zu gewährleisten.
- Die Frostempfindlichkeit sollte keine Auswirkungen auf Setzungen der Konstruktion haben.
- Setzungen müssen im Rahmen der leicht flexiblen Gabionenkonstruktion schadensfrei bleiben.
- Rohrleitungen und Kabeltrassen sowie Bauwerke dürfen nicht gefährdet sein.

Die Baugrundverhältnisse und Grundwasserstände sind aufgrund dieser Forderungen zu überprüfen und zu beurteilen. Diese Untersuchungen sind gemäß DIN 4020 und DIN EN 1997-2 durchzuführen.

Zu Beginn der Arbeiten ist der Oberboden bzw. die Vegetationsschicht bis auf den tragfähigen Baugrund abzutragen. Die Gründung erfolgt in der Regel auf einer Schottertragschicht aus Mineralgemisch mit entsprechender Verdichtung. Die Tragschicht kann aus gebrochenem Korn oder Kies-Sand-Gemisch mit entsprechender Kornabstufung bestehen. Bei entwässerungsfähigem Baugrund ist eine frostfreie Gründung nicht erforderlich. Die Stärke der Tragschicht richtet sich nach den Belastungen und der daraus berechneten Statik. In ungünstigen Fällen kann die Tragschicht mit einer Ausgleichsschicht aus Beton mit mindestens Güte C 12/15 in einer Dicke ≥ 15 cm hergestellt werden.

Bei extremen Bedingungen wird ein Betonfundament herzustellen sein.

Freistehende Lärmschutzwände sind grundsätzlich frostfrei zu gründen und mit einer Ausgleichsschicht aus Beton mit einer Dicke von ≥ 15 cm herzustellen.

Erdbefüllte Lärmschutzstufenwälle können nach Abtrag der Vegetationsschicht bei tragfähigem Baugrund nach Herstellung eines verdichteten Planums ohne Tragschicht ausgeführt werden. Voraussetzung ist Wasserdurchlässigkeit und keine Frostgefährdung.

Jede Tragschicht inklusive Ausgleichsschicht ist mit einem Überstand von ≥ 10 cm nach jeder Seite des Wandquerschnittes zu versehen, soweit eine statische Berechnung keinen anderen Wert vorgibt.

Gabionen aus Drahtgeflecht oder Drahtgittern

Allgemeine Anforderungen, die bei der Entscheidung für ein bestimmtes System zu beachten sind, sind folgende:

- Drahtdurchmesser und -material,
- Maschenweite,
- Matten- und Korbabmessungen,
- Mattenverbindung,
- Oberflächenbeschaffenheit,
- Korrosionsschutz.

Drahtdurchmesser

Grundsätzlich ist zwischen Gabionen aus geschweißten Drahtgittern und Gabionen aus Drahtgeflecht zu unterscheiden.

Gabionen aus geschweißten Drahtgittern bestehen aus Drahtdurchmessern von ≥ 3,5 mm. Der minimale Durchmesser von 3,5 mm sollte jedoch nur bei untergeordneten Bereichen oder gering belasteten Bauwerken zum Einsatz kommen.

Vor Ort befüllte Gabionen bestehen in der Regel aus Drahtdicken mit einem Durchmesser von 4,5 oder 5 mm, werkseitig befüllte aus Drahtgeflecht mit einem Durchmesser von 5,6 mm. Bei verzinkten Drahtmatten kann der Durchmesser durch die etwas dickere Zinkschicht 5,8 mm betragen, Durchmesser von 6,0 mm sind in der Regel aufgerundete Angaben.

Als Material wird:

- kohlenstoffarmer Stahl gemäß DIN EN ISO 16120-2 oder
- nichtrostender Stahl gemäß DIN EN 10088-1 mit Mindestzugfestigkeit gemäß DIN EN 10223-8 eingesetzt.

Die Mindestzugfestigkeit des Drahtes beträgt 450 N/mm².

Gabionen aus Drahtgeflecht bestehen aus sechseckmaschigen, mehrfach gedrillten Matten

Tab. 4 Richtwerttabelle für Drahtdurchmesser (Draht-Ø) und Maschenweiten (MW)

Wandtyp	Gabionenmaterial	Verfüllung (Mindestkorndurchmesser)
Freistehende senkrechte Wand, bis 1,00 m Tiefe, Höhe bis 2,00 m	Drahtgittermatten punktgeschweißt; Draht-∅ 4,5 mm; Steckstab, Spiralen, Hakenverbindung; MW 100 × 100, 50 × 100, 50 × 200 mm	Steinschüttung 63/125 mm
	6-Eck-Drahtgeflecht mehrfach verdrillt; Verbindungsdraht 2,7 mm ∅; Draht-∅ 3,0 mm; MW 80 × 100 mm	Steinschüttung 90/125 mm
Freistehende senkrechte Wand, bis 1,00 m Tiefe, Höhe bis 4,00 m	Drahtgittermatten punktgeschweißt; Draht-∅ 4,5 mm; Steckstab, Spiralen, Hakenverbindung; MW 50 × 100, 50 × 200 mm	Steinschüttung 63/125 mm
	6-Eck-Drahtgeflecht mehrfach verdrillt; Verbindungsdraht 2,7 mm ∅; Draht-∅ 3,9 mm; MW 80 × 100 mm	Steinschüttung 90/125 mm
Freistehende senkrechte Wand, bis 1,50 m Tiefe, Höhe bis 6,00 m	Drahtgittermatten punktgeschweißt; Draht-∅ 5,0 mm; Steckstab, Spiralen, Hakenverbindung; MW 50 × 100, 50 × 200 mm	Steinschüttung 63/125 mm
Stützwand mit Dossierung/ Versatz 1 : 10, Höhe bis 2,00 m	Drahtgittermatten punktgeschweißt; Draht-∅ 4,5 mm; Steckstab, Spiralen, Hakenverbindung; MW 100 × 100, 50 × 100, 50 × 200 mm	Steinschüttung 63/125 mm
	6-Eck-Drahtgeflecht mehrfach verdrillt; Verbindungsdraht 2,7 mm ∅; Draht-∅ 3,0 mm; MW 80 × 100 mm	Steinschüttung 90/125 mm
Stützwand mit Dossierung/ Versatz 1 : 10, Höhe 2,00 bis 4,00 m	Drahtgittermatten punktgeschweißt; Draht-∅ 4,5 mm; Steckstab, Spiralen, Hakenverbindung MW 50 × 100, 50 × 200 mm	Steinschüttung 63/125 mm
	6-Eck-Drahtgeflecht mehrfach verdrillt; Verbindungsdraht 2,7 mm ∅; Draht-∅ 3,9 mm; MW 80 × 100 mm	Steinschüttung 90/125 mm
Stützwand mit Dossierung/ Versatz 1 : 10, Höhe 4,00 bis 6,00 m	Drahtgittermatten punktgeschweißt; Draht-∅ 5,0 mm; Steckstab, Spiralen, Hakenverbindung; MW 50 × 100, 50 × 200 mm	Steinschüttung 63/125 mm

Diese Werte sind Anhaltspunkte und bedürfen einer statischen Überprüfung.
Die Stützwände sind reine Schwergewichtswände. Innenliegende Matten sind in MW 100 × 100 bzw. 100 × 200 ausführbar.

mit den gleichen Anforderungen wie geschweißte Gitter, jedoch sind die Drahtdicken mit ≥ 2,7 mm geringer. Drahtdicken mit einem Durchmesser von 2,2 mm sind für Steinwalzen im ingenieurbiologischen Bereich noch zuzulassen.

Der Durchmesser der Drahtdicken bewegt sich bei Gabionen aus Drahtgeflecht im Bereich von 2,7 bis 3,9 mm.

Maschenweiten

Maschenweiten betragen bei geschweißten Gittern 50, 100 und 200 mm. Entweder wird die Maschenweite festgelegt und der Steindurchmesser entsprechend gewählt oder der Steindurchmesser liegt bereits vor und die Maschenweite wird entsprechend festgelegt.

Die Standard-Maschenweiten sind 50 × 100, 100 × 100 oder 50 × 200 mm.

Sonder-Maschenweiten können 50 × 50 oder auch 100 × 200 mm betragen. Dies ist abhängig vom Füllmaterial oder wird aus Gründen der Materialersparnis bei Trennwänden oder Boden- bzw. Deckelmatten vorgesehen.

Die Maschenweite ist nach der Art der Verfüllung, das heißt geschüttet oder geschichtet, und nach den Korngrößen zu wählen.

Bei Drahtgeflechtmatten sind Maschenweiten von 60 × 80 oder 80 × 100 mm üblich.

Matten- und Korbabmessungen

Die Maße der Gittermatten für die Spiralgabionen und C-Klammergabionen werden mit dem Achsmaß der Endstäbe angegeben. Eine Gittermatte mit zum Beispiel 1000 mm Länge hat 1000 mm plus einen Drahtdurchmesser von 4,5 mm, also eine Länge von 1004,5 mm.

Gittermatten für Steckstabgabionen sind über das Maß Mitte Öse bis Mitte Öse definiert. Dabei sind Mattengrößen in der Regel beginnend bei 500 bis 3000 mm in Sprüngen von 500 mm im Handel.

Die Angaben für Korbmaße beziehen sich auf die Achsmaße der Mattenabmessungen.

Somit ist bei der Planung eine leichte Übergröße zu berücksichtigen.

Es ist hilfreich, während der Planung und Bestellung sowie dem Bau von Gabionen alle Maße in der Reihenfolge Länge × Breite (Tiefe) × Höhe anzugeben.

Mattenverbindung

Bei sechseckgedrillten Gabionen besteht die Verbindung durch verstärkte Drähte, Ringklammern oder Bindedraht.

Drahtgittergabionen unterscheiden sich hinsichtlich der Steckstabverbindungen, der Spiralen in verschiedenen Windungen (ein- bis dreifach pro 10 cm) und der Klammer- bzw. Hakenverbindungen.

Die Mattenverbindungen sind durch Prüfzeugnisse zu belegen und bei der Nachweisführung zu berücksichtigen.

Oberflächenbeschaffenheit

Die Drähte der Gabionen sind doppelt feuerverzinkt nach DIN EN ISO 1461 oder bestehen aus einer Beschichtung mit Zink-Aluminium-Legierung nach DIN EN 10244-2.

Zusätzliche Beschichtungen können als Kunststoff- oder Pulverbeschichtung ausgeführt sein.

Kunststoffbeschichtungen müssen den Anforderungen der DIN EN 10245 in den Teilen 1 bis

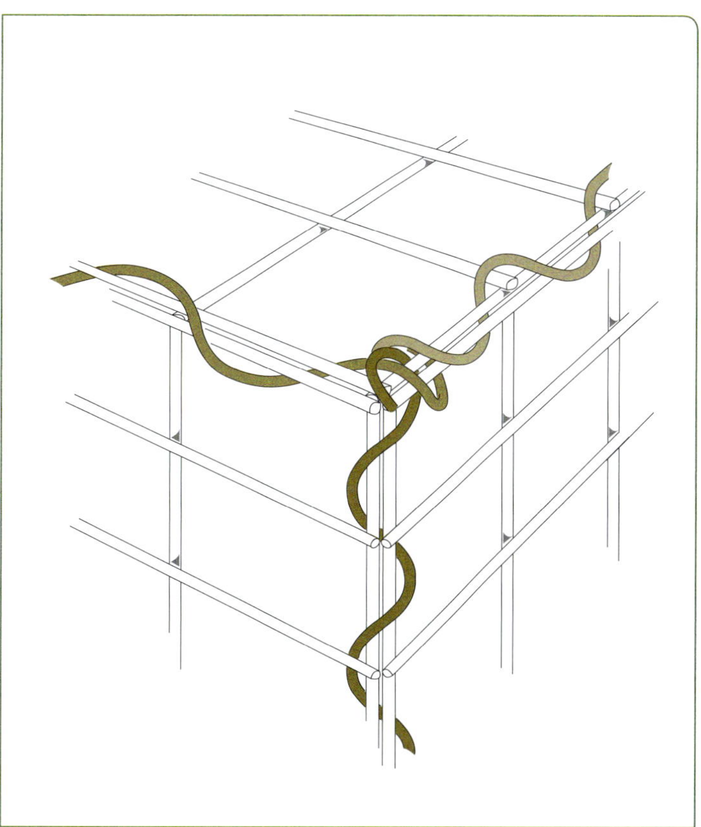

Eckverbindung einer Spiralgabione mit verschlungenen Spiralenden.

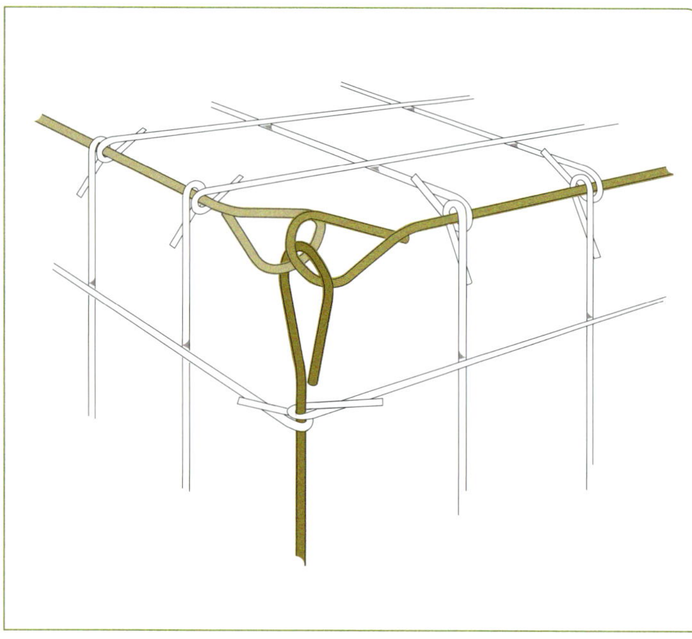

Eckverbindung einer Steckstabgabione mit ineinandergedrehten Endschlaufen.

3 entsprechen und Pulverbeschichtungen der DIN EN 15773.

Sechseckmaschige Gabionen werden häufig mit diesen Beschichtungen versehen.

Alle Bauteile einer Gabione sollten die gleichen Eigenschaften aufweisen.

Korrosionsschutz

Der Korrosionsschutz dient der Verhinderung des Abrostens.

Die Beständigkeit des Korrosionsschutzes wird mittels des Salzsprühnebeltests nach der DIN EN ISO 9227 mit mindestens 2000 Stunden ermittelt (derzeit wird häufig mit 3000 Stunden gerechnet).

Der Korrosionsschutz ist abhängig von der Korrosionsbelastung und der Dicke der Schutzschicht. Je nach Dicke der Schutzschicht und Drahtstärke ist die Langlebigkeit einzuordnen.

Die Feuerverzinkung wird nach der DIN EN ISO 1461 geregelt.

Zink-Aluminium-Beschichtung regelt die DIN EN 10244-2.

Nichtrostender Stahl wird nach DIN EN ISO 14713-1 geregelt und ist nur bei extrem hohen Anforderungen einzusetzen.

Weitere Beschichtungen, zum Beispiel Kunststoffbeschichtungen, müssen der DIN EN 10245-1 bis 3 oder Pulverbeschichtungen der DIN EN 15773 entsprechen.

Für die Wahl des Korrosionsschutzes ist die DIN 4030-1 heranzuziehen.

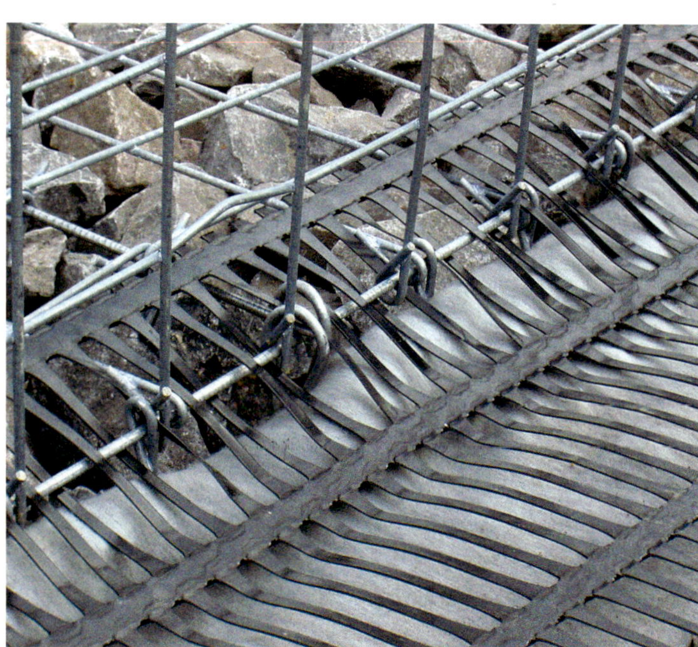

Anschluss der Geogitter für Rückverhängung von Steckstabgabionen (Hoy).

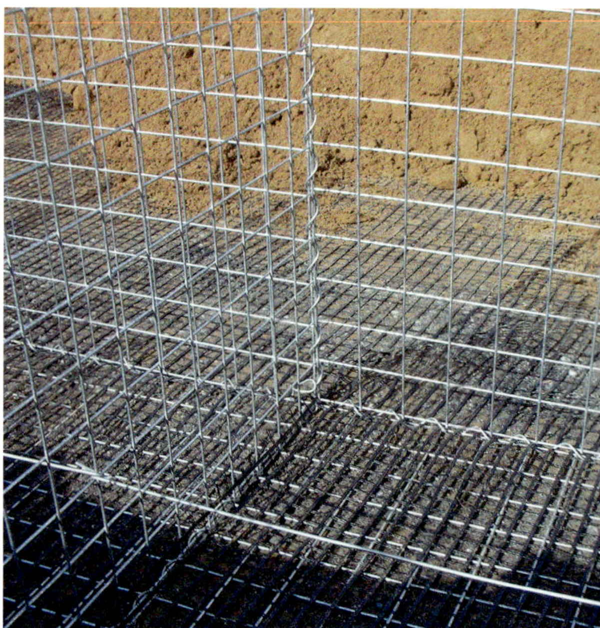

Die Geogitter der Rückverhängung sind ganzflächig auf den Bodenmatten verlegt (EBECO®).

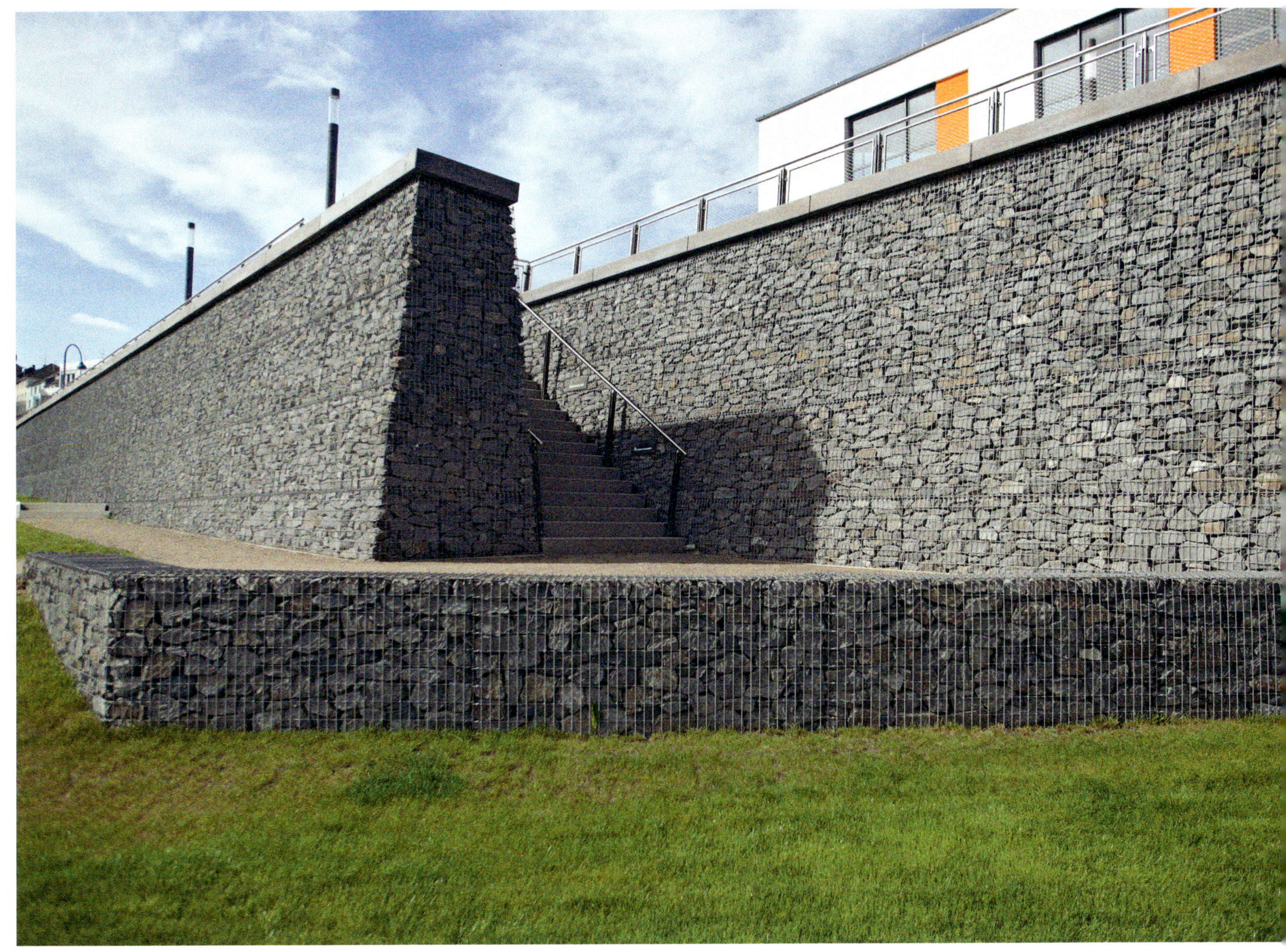

Verschiedene Konstruktionsmodelle im Innenstadtbereich Remscheid (Hoy).

Bewehrungselemente

Aus statischen Gründen kann eine Gabione auch rückverhängt ausgeführt werden.

Die Bewehrungselemente können aus Geokunststoffen (Geogitter) oder Drahtgittermatten bestehen. Bei Drahtgittermatten für die Rückverhängung gilt der gleiche Korrosionsschutz wie bei den Gabionen. Eine Rückverhängung ist nur bei einer entsprechend großen Baugrube oder bei einem aufzuschüttenden Damm möglich, da große Rückverhängungslängen notwendig sind.

Für Bewehrungselemente aus Geokunststoffen sind das „Merkblatt über die Anwendung von Geokunststoffen im Erdbau des Straßenbaus“ und die „EBGEO“ zu beachten.

Ermittlung der Grundlagen

Hangsicherungen

Höhenprofile (Querprofile)

Für die Planung einer Gabionenwand sind die Gegebenheiten des Einbauortes bezüglich Höhen, Böschungsneigungen und Geländeverlauf im Querprofil darzustellen.

Wandquerschnitte nach Planung und statischer Vorbemessung sollten im Querprofil dargestellt werden. Angaben für die Art der Gründung, das Material der Hinterfüllung und Korbabmessungen sollten enthalten sein.

Der entsprechende Lastfall muss angegeben sein.

Längen und Längsneigungen

Die Längsneigung ist für eine Abtreppung in Längsrichtung in der Gründungsebene ebenso wie für das Versetzen der Gabionenkörbe von Bedeutung. Geringe Längsneigungen bis maximal 3 % können ohne Abtreppung errichtet werden.

Der Geländeverlauf ist für Höhenversatz und Anzahl der Abtreppungen maßgebend.

Im Längsprofil kann schematisch die Wand dargestellt und die Anzahl der unterschiedlichen Körbe kann in einer Abwicklung ermittelt werden.

Der Wandverlauf ist in Gefälle bzw. Steigung in Prozent sowie in Einzellängen nach verschiedenen Wandhöhen und Abwinkelungen (Knicken) mit Winkeln oder Radien anzugeben.

So kann eine Wand wie folgt aussehen: 10,00 m lang, 1,00 m hoch, Steigung 5 %; 16,00 m lang, 2,00 m hoch, Steigung 4 %; Abwinkelung 30°; 10,00 m lang, 2,00 m hoch und 6,00 m lang, 1,50 m hoch, Gefälle 5 %.

Baugrunduntersuchung

Zur statischen Berechnung der Gabionenwand sind Bodenkennwerte zu ermitteln.

Ein einfacher Nachweis der Wichte und des Reibungswinkels sind bei einfachen Bauvorhaben schon ausreichend. Anhaltswerte gibt die DIN 1055-2.

Ansonsten ist ein Bodengutachten zu erstellen.

Für die Bodenart ist die Wichte zu ermitteln, unterteilt in bindige oder nichtbindige Böden,

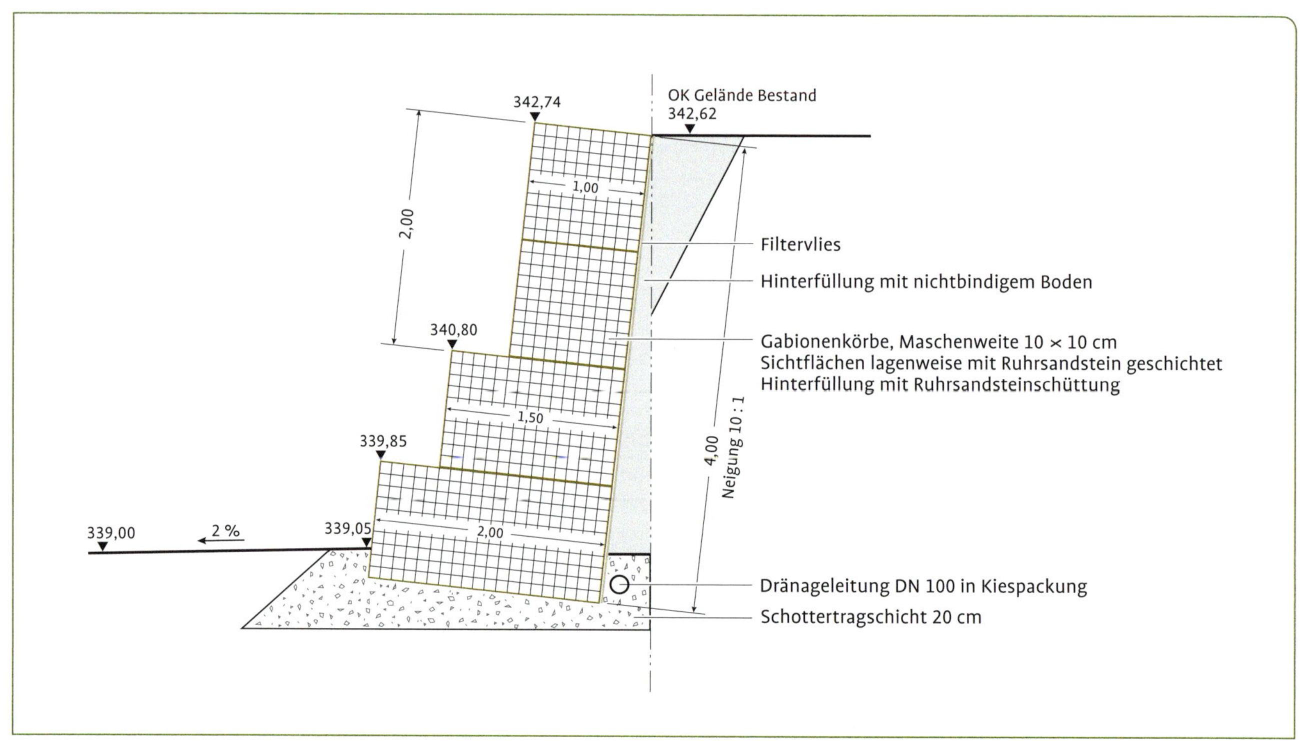

Beispielhafte Darstellung eines möglichen Querprofils – gilt nur als Information (OK = Oberkante).

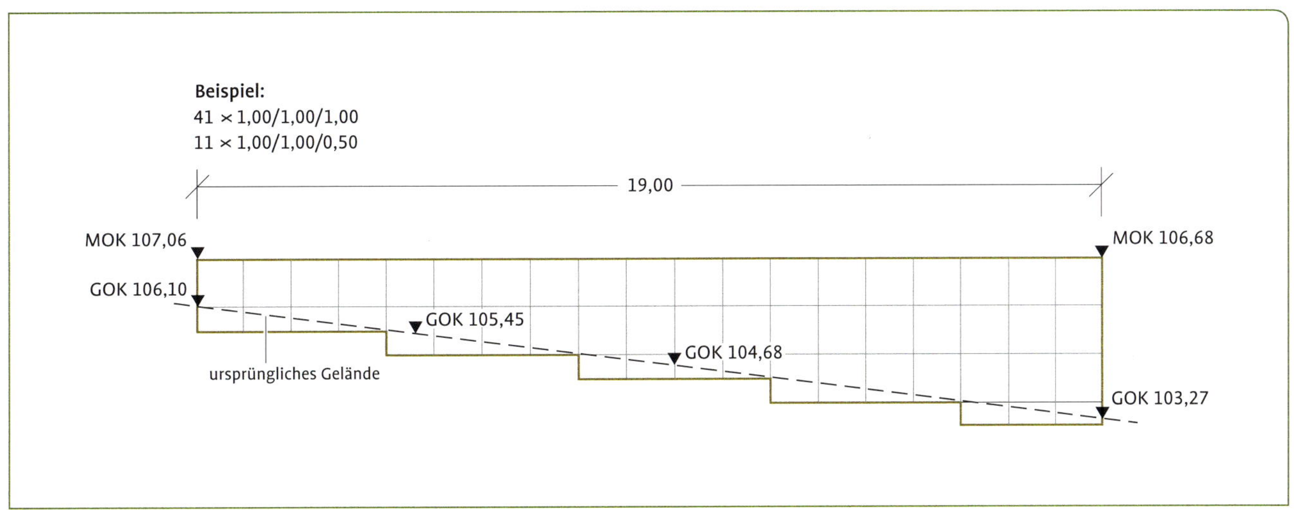

Beispiel einer Ansicht mit Aufteilung der Gabionenkörbe (Maßangaben in m; GOK = Geländeoberkante; MOK = Maueroberkante).

und sie ist abhängig vom Feuchtigkeitsgehalt des Bodens, erdfeucht oder wassergesättigt oder unter Auftrieb, wenn die Wand im Wasser steht.

Die Kohäsion gibt bei bindigen Böden den inneren Zusammenhalt der Bodenteilchen und damit die Haftfähigkeit an.

Bei nichtbindigen Böden wird der Reibungswinkel ermittelt, der die Reibungskräfte zwischen den Körnern des Bodens angibt, je nach Kornform und Oberflächenstruktur.

Lastannahmen

Die Belastung oberhalb der Wand ist durch Verkehrsbelastung oder ruhende Lasten gegeben. Die Verkehrsbelastung kann von Personen teils mit Pflegegeräten über Personenkraftwagen bis hin zu Lkw-Schwerlastverkehr reichen.

Ruhende Lasten sind Schüttgüter oder gestapelte Güter bei Lagerflächen sowie Gebäude und Gebäudeteile.

Sichtschutz – Lärmschutz (freistehende Gabionen)

Baugrund

Die Tragfähigkeit der Gründungssohle muss nachgewiesen werden. Oberboden ist bis auf tragfähigen Boden abzutragen. Eine Schottertragschicht mit eventueller Betonauflage ist herzustellen. Eine frostfreie Gründung ist bei schmalen freistehenden Wänden erforderlich, um keine seitlichen Neigungen durch Frosthebungen zu erreichen. Eine Ausgleichsschicht aus Beton gewährleistet eine ebene Aufstandsfläche.

Längs- und Querprofile

Längsprofile müssen die Längen und die Längsneigungen enthalten, um Abtreppungen planen zu können. Querprofile mit Höhenangaben sind für den Lärmschutz relevant (siehe Zeichnung oben).

Schalltechnische Erfordernisse

Bei freistehenden Wänden für Lärmschutzanlagen müssen der geforderte Wert der Schalldämmung und über die Höhe die erforderliche Pegelminderung und eine eventuelle Schallabsorption ermittelt werden. Gabionen sind nicht Gegenstand der ZTV-Lsw 06, jedoch können die dort geforderten Werte zumindest für die Schalldämmung in einem Leistungsverzeichnis Vertragsbestandteil sein. Absorption ist nur über ein entsprechendes Verfüllmaterial, zum Beispiel Schaumlava, zu erreichen, wobei die Werte aus dem Hallraum keiner In-Situ-Messung standhalten.

Eine geforderte Pegelminderung des Schalles für bestimmte Baugebiete nach Bundesbaugesetz muss im Einzelfall über die Schallemission, den Abstand der Schallquelle zur Schallschutzwand, den Abstand zum schützenden Objekt und dessen Höhe ermittelt werden.

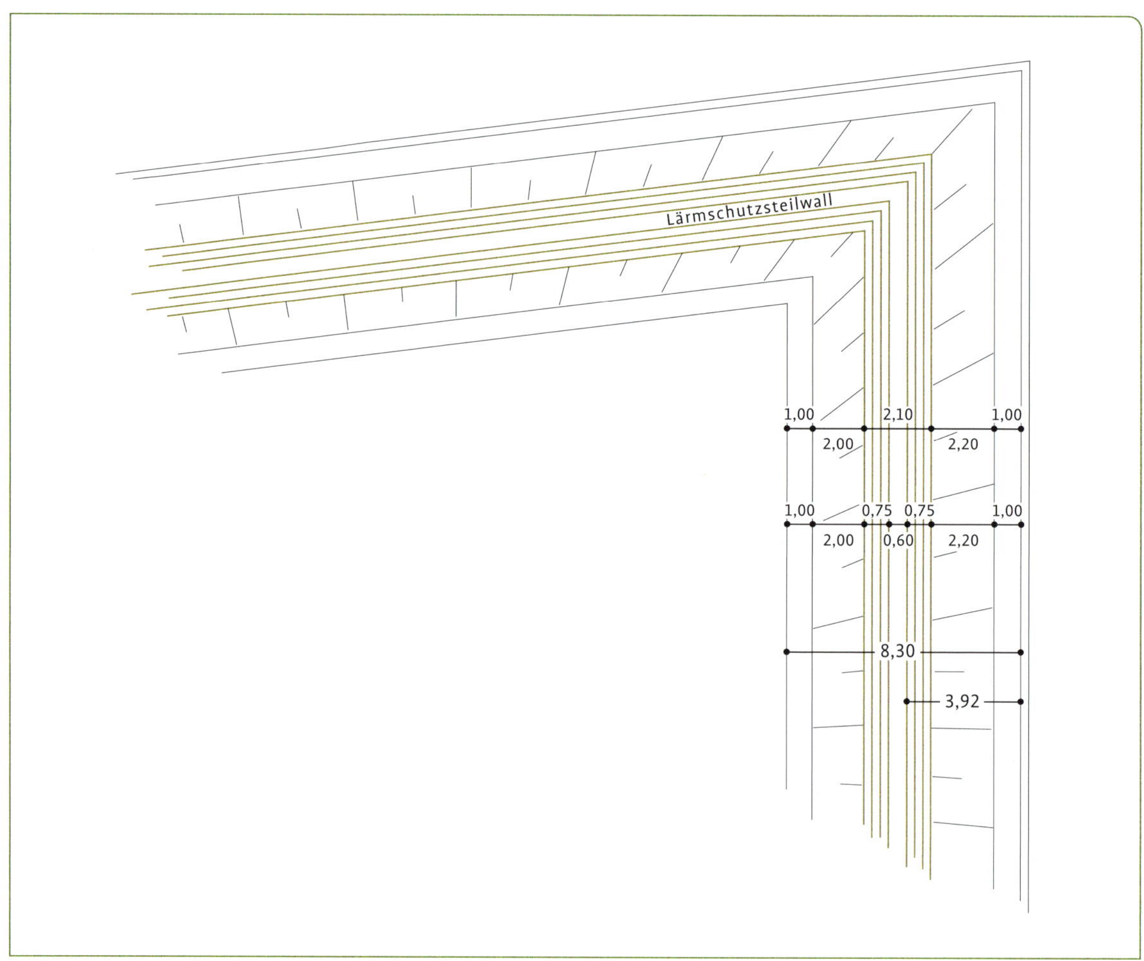

Grundrissbeispiel eines Lärmschutzstufenwalles auf einem leichten Erdwall (Maßangaben in m).

Einfriedungen (Zaungabionen)

Höhe

Die notwendigen oder gewünschten Höhen sind in Übereinstimmung mit den örtlichen oder landesüblichen Vorschriften zu bestimmen. Genehmigungsfreie Höhen sind länderspezifisch unterschiedlich. Größere Höhen bedürfen zumindest einer Bauanzeige.

Länge

Die Längen sind durch Aufmaß mit allen Abschnitten zu ermitteln. Eine Längenaufteilung mit Standardlängen ist in der Regel kostengünstiger. Zwischenlängen, d. h. Puffer, können gut bei Abknickungen eingesetzt werden.

Gefälle

Für mögliche Höhenversprünge ist das Längsgefälle aufzumessen. An Höhenversprüngen sind andere Pfostenlängen vorzusehen. Ein Versetzen im Längsgefälle ist nur bei geringem Längsgefälle zu empfehlen, da eine schräg verlaufende Masche optisch nicht gut wirkt.

Verlauf

Der Zaunverlauf mit allen Abknickungen oder möglichem Bogenverlauf (wenn möglich als Polygon) ist für die Elementlängen und die Anzahl der Pfosten von Bedeutung. Je mehr Abknickungen und unterschiedliche Elementlängen vorkommen, umso größer wird auch die Zahl der Pfosten.

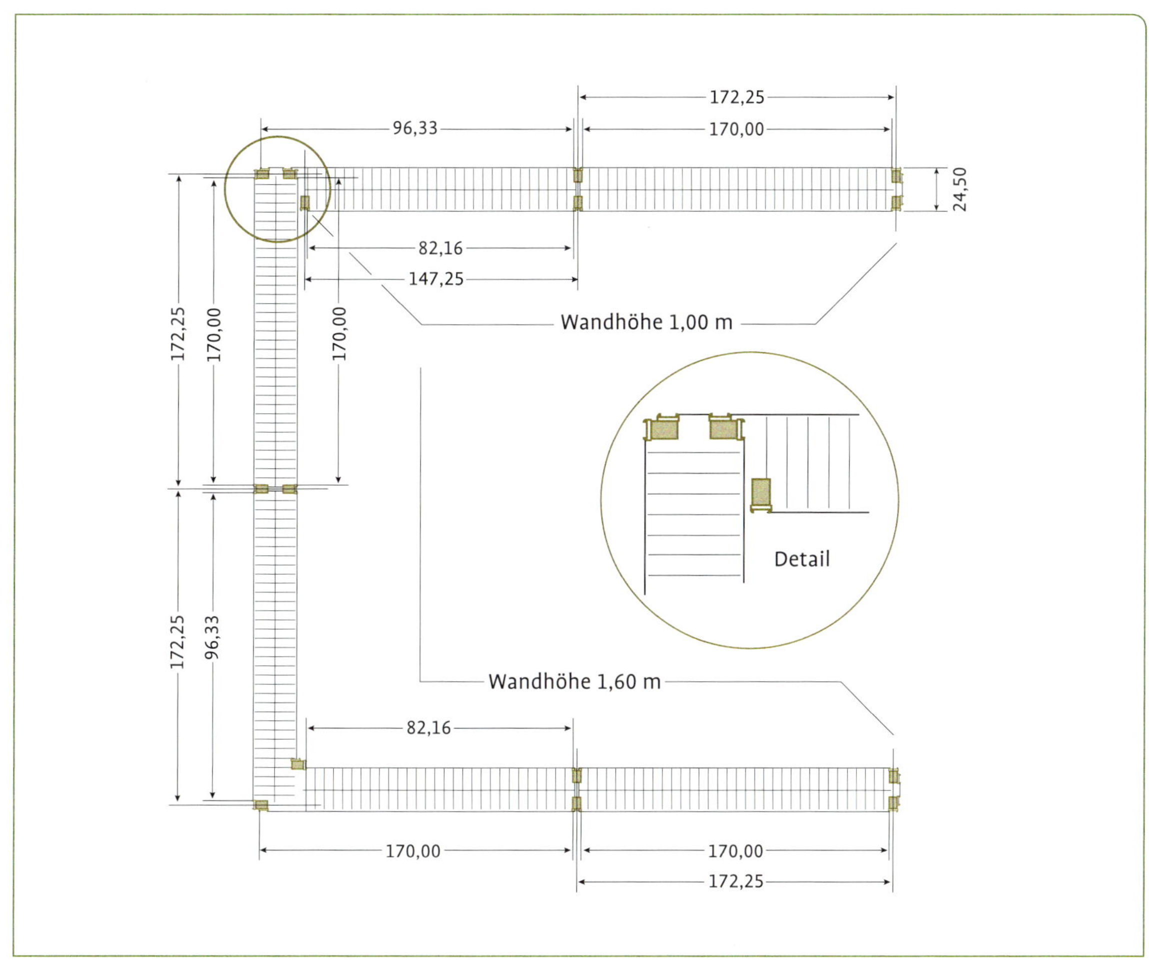

Grundrissbeispiel einer Zaungabione in U-Form mit Eckdetail (Maßangaben in cm).

Konstruktionsmerkmale

Allgemeine Konstruktionsmerkmale

Die Wandenden einer Gabione sind mit ca. 1 : 1 bis 1 : 1,5 abzustufen oder in die Böschung zu verschwenken. Die Kopfböschungen, das heißt die Böschungen oberhalb der Gabionen, sind nicht steiler als maximal 1 : 1,5 anzulegen. Durch die Bodenparameter (Reibungswinkel, Wichte und Kohäsion) sind keine verlässlichen statischen Nachweise möglich. Die Reibungswinkel laut DIN 1055-2 liegen in der Regel bei maximal 35 bis 37,5°. Die Böschungsneigung von 1 : 1,5 ergibt 33,7° und darf nicht höher als der Reibungswinkel sein.

Oberflächenwasser ist gefahrlos abzuleiten und die Sohle ist zu dränieren.

Eine Dränageleitung wird hinter der Tragschicht am tiefsten Punkt angeordnet und das Wasser seitlich abgeleitet.

Eine frostsichere Gründung ist nicht generell notwendig, ansonsten sind gesonderte Untersuchungen zu veranlassen. Gabionen sind leicht dynamische Bauwerke und können, vor allem auch wegen ihrer Wasserdurchlässigkeit in der Wand wie auch in der Schottertragschicht, Bewegungen durch Frost aufnehmen.

Kopfböschungen sollen an der Hinterkante der Gabione anschließen.

Gabionen als Stützkonstruktionen sind durch Neigung, Abtreppung oder durch eine Kombination aus beidem mit einer Frontneigung zu versehen.

Hinter den Gabionen ist der nähere Bereich nur mit leichtem Gerät zu verdichten (hier gilt das „Merkblatt über den Einfluss der Hinterfüllung auf Bauwerke“).

In der Gabionenwand können Nischen für Masten oder Bäume vorgesehen werden.

Konstruktive Anforderungen an Gabionen

Gabionen werden aus Drahtgittern mit Füllung aus frost- und druckbeständigem Steinmaterial zu einem druckstabilem und formbeständigem Körper verbaut.

Sie müssen standsicher und verformungsarm stapelbar sein.

Gabionen sind also nicht verformungsfrei, sondern nur verformungsarm herzustellen.

Gabionen aus Drahtgeflecht sind verformbarer

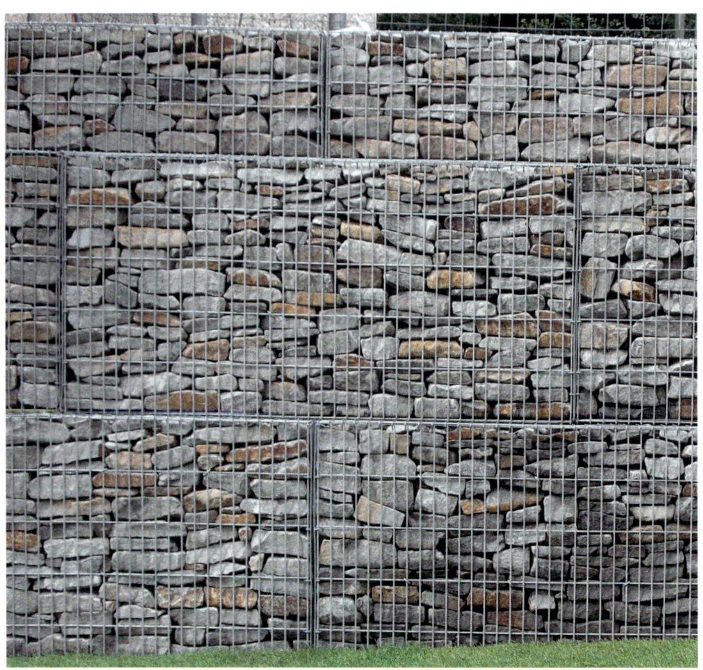
Werkseitig befüllte tragfähige Gabionen im Verband versetzt, das heißt, die vertikalen Fugen sind versetzt.

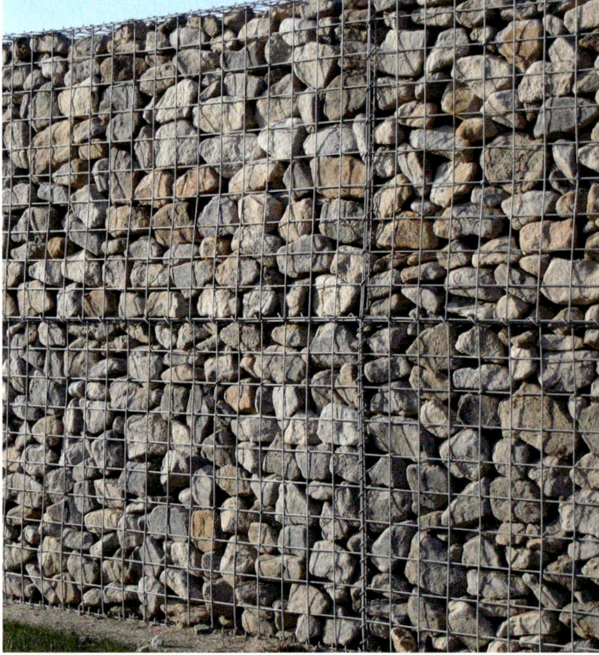
Vor Ort befüllte Gabionen im Verbund versetzt, das heißt, horizontale und vertikale Matten bilden eine Kreuzfuge.

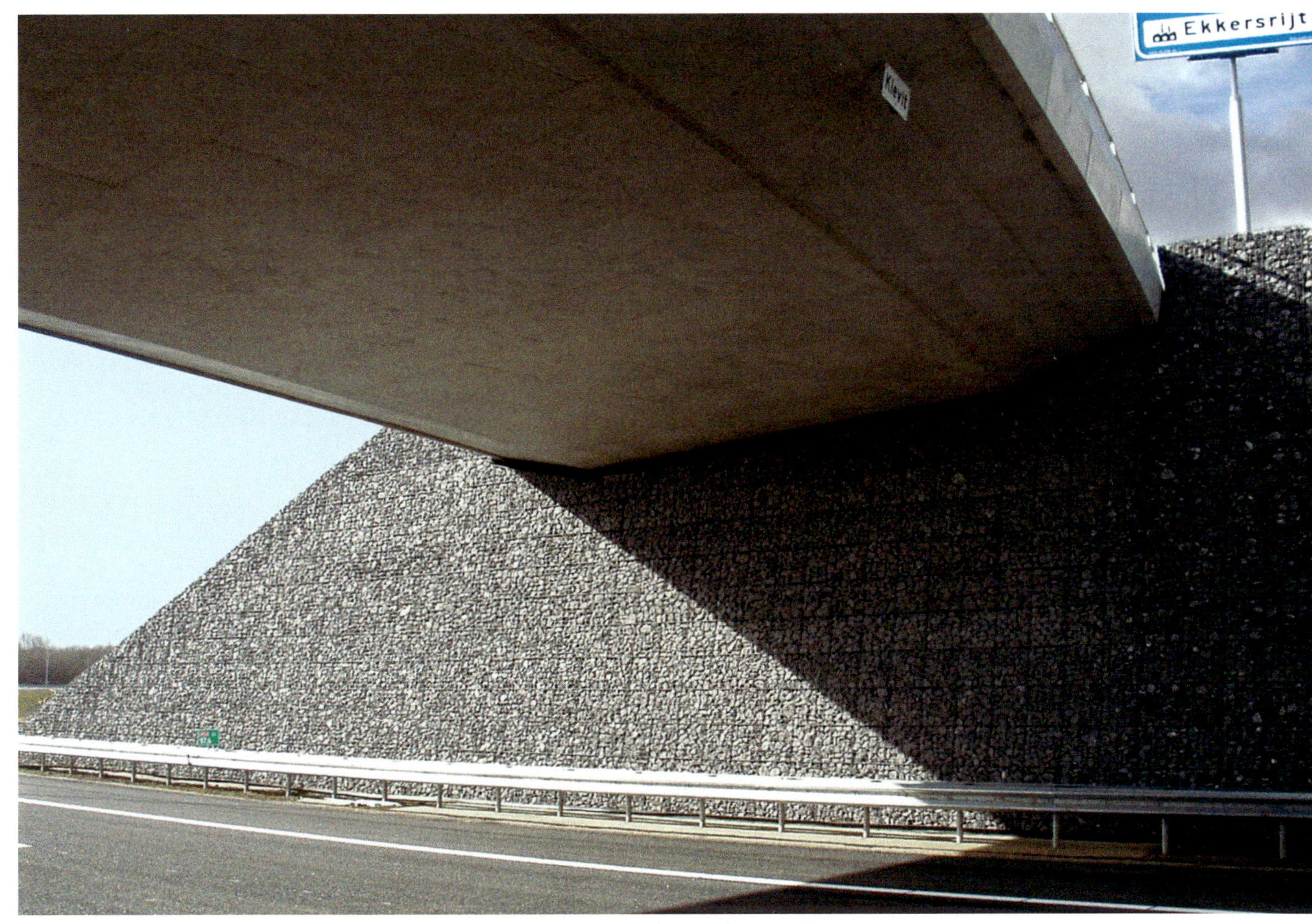

Wandverkleidung von Brückenwiderlagern in Ekkersrijt, Niederlande (EBECO®, Reanco).

als Drahtgittergabionen, verkraften aber eine starke Verformung besser. Ein Maß der zulässigen Verformung ist aufgrund der unterschiedlichen Mattenart und Drahtdurchmesser kaum möglich.

Bei entsprechend sorgfältiger Bauweise kann jedoch sehr verformungsarm gebaut werden. Um dies zu erreichen, sind besondere Vorkehrungen bezüglich Befüllung und Montagehilfen zu treffen. So sind je nach statischer Beanspruchung die entsprechenden Drähte und Stäbe, Maschenweiten und Verfüllmaterialien zu wählen.

Die Lastübertragung hat ausschließlich über das Füllmaterial zu erfolgen. Ein Nachfüllen des mit der Deckelmatte geschlossenen Korbes ist aus Kontaktgründen zwischen Verfüllung des unteren und Verfüllung des oberen Korbes unbedingt nötig, bevor der obere verfüllt wird.

Die Drahtmatten können keine vertikalen Druckbelastungen übertragen.

Sind Verfüllboden, Hinterfüllboden und anstehender Boden nicht filterstabil, das heißt, dass ein Vermischen bzw. Durchrieseln aufgrund der Korngrößen möglich ist, so müssen geotextile Filter (Vliese) eingebaut werden.

Gabionen sind je nach System, im Verband bzw. im Verbund, zu versetzen. **Bauseitige Gabionen** sind im Verbund untereinander verbunden und daher mit Kreuzfuge zu bauen.

Werkseitig befüllte Gabionen sind ausschließlich im Verband zu versetzen, das heißt, es darf keine vertikal durchlaufende Fuge (Mauerverband) entstehen.

Statische Voruntersuchungen

Äußerer Standsicherheitsnachweis

Je nach Ausführungsform, Gelände- und Bodenbeschaffenheit, Füllmaterial und Lastannahmen ist ein Standsicherheitsnachweis zu führen.

Gabionen als Stützkonstruktionen sind statisch wie Schwergewichtswände zu behandeln.

Die Nachweise sind nach den Merkblättern über Gabionen der FGSV oder FLL zu führen.

Bei steinbefüllten Gabionen ist auf eine dichte hohlraumarme Befüllung zu achten, bei erdbefüllten ist verdichtungsfähiger Boden zu verwenden. Der verdichtungsfähige Boden ist ein Boden nach Tabelle 9 (Seite 64), er darf keine verrottbaren Bestandteile, wie Pflanzenreste, Wurzeln oder Fremdstoffe, aufweisen. Die Erd- bzw. Bodenfüllung muss zwar wasserdurchlässig sein, sollte aber geringe Speicherkapazität für eine Bepflanzung ermöglichen. Bei freistehenden Stufenwällen kann die Wasserspeicherkapazität höher liegen.

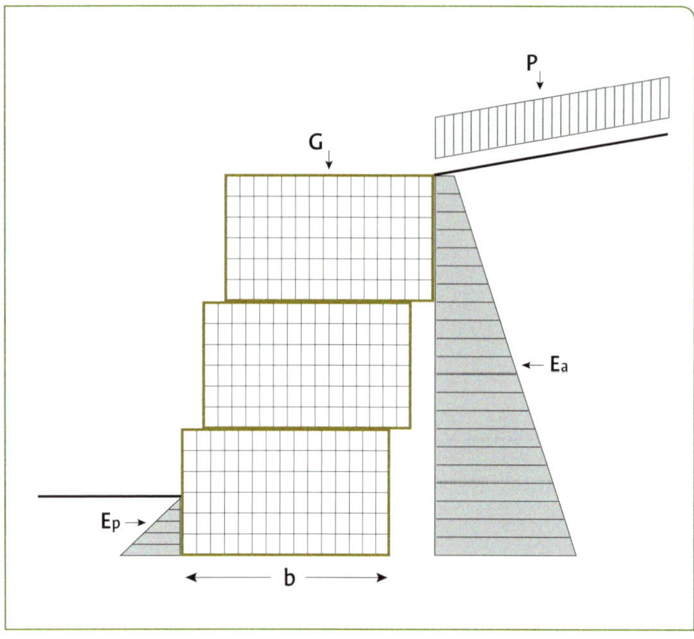

Skizze des statischen Systems einer Schwergewichtswand; b = Gabionenbreite; E_a = aktiver Erddruck; E_p = passiver Erddruck; G = Wandgewicht; P = Verkehrslast (nach FGSV 2014).

Lastannahmen

Es ist zwischen ständigen und veränderlichen Lasten zu unterscheiden. Ständige Lasten sind Eigenlasten aus dem Gewicht der Wandkonstruktion, ständig wirkende Auflasten aus Aufbauten, wie zum Beispiel Garagen- und Gartenhäuser, und Erddrücke sowie Wasserdrücke bei Ufermauern mit gleichbleibendem Wasserspiegel.

Veränderliche Lasten sind Verkehrslasten und Erd- und Wasserdrücke, die wechseln, beispielsweise bei Hoch- und Niedrigwasser (DIN 1055-2, Verwaltungsvorschrift DIN 1072ErgBestEErl ND, DIN EN 1990).

Zu den Verkehrslasten zählen zum Beispiel Lasten aus Pkw- und Lkw-Verkehr und Lagerflächen mit Verkehr und wechselnden Lagermengen.

Ein Erdwiderstand sollte nur dann in Ansatz gebracht werden, wenn gewährleistet ist, dass keine Abgrabungen vor der Wand erfolgen werden, wie beispielsweise Aufgrabungen für Rohrleitungen oder Tieferlegen des Geländes vor der Wand. Der Erdwiderstand ist die Masse an Boden vor der Gründung (die Höhe der Einbindung ins Gelände plus Tragschichthöhe).

Für die Eigenlast sind Werte aus der DIN 1055-2 oder der Tabelle 5 anzusetzen.

Bei allen freistehenden Wänden ist die Windlast in Ansatz zu bringen. Sie ist abhängig von dem Standort innerhalb Deutschlands, zum Beispiel Küstenregion oder Binnenland. Die Lastannahmen regelt die DIN EN 1991-1-4.

Nach der gleichen DIN werden die Windsogkräfte von Wandgabionen geregelt.

Lastannahmen von ingenieurbiologischen Bauvorhaben unterliegen den Regeln der Hydrostatik und Hydrodynamik.

Die Ingenieurbiologie befasst sich mit technologischen, ökologischen und gestalterischen Bauweisen, die hauptsächlich mit lebenden Baustoffen, wie Pflanzen, Pflanzenteilen, Saatgut und Pflanzgruppen, arbeiten. Das Zusammenwirken von nicht lebenden und lebenden Baustoffen und Bauteilen trifft auf den Gabionenbereich bei Sackgabionen (Drahtschotterwalzen), Matratzen und Böschungssicherungen mit Einlagen, zum Beispiel aus Weidenruten, zu.

Berechnungskriterien

Zu den Berechnungskriterien zählen das Eigengewicht, welches sich aus der Wichte des Gabionenkorbes, je nach Füllmaterial und Lagerdichte, berechnet und der Wandreibungswinkel des Materials an der Kontaktzone. Mit Letzterem ist die Reibung beschrieben, die zwischen Wandrückseite und Hinterfüllung entsteht, wenn sich die Wand durch den aktiven Erddruck geringfügig bewegt.

Die Bodenparameter des anstehenden Bodens bzw. des Hinterfüllmaterials, das sind Reibungswinkel und Wichte des Bodens, sowie die Verkehrslasten sind zu ermitteln.

Diese Kriterien werden der Berechnung zugrunde gelegt und sind bei der Ausführung auf Einhaltung zu überprüfen.

Der Rechenansatz der Wichte kann nur mittels einer Bodenprobe im Labor ermittelt oder durch einen Bodengutachter festgestellt werden. Bei untergeordneten Bauvorhaben kann man deshalb die Wichte der nachfolgenden Tabelle 5 entnehmen.

Nachweis der Versagensmechanismen

Gabionen werden wie Schwergewichtswände behandelt.

Nach DIN 1054 haben wir es mit Gabionen als Stützkonstruktionen zu tun. Sie werden als Stützbauwerke eingesetzt und müssen die auftretenden Lasten aufnehmen, die aus der Erddruckbelastung und der Verkehrsbelastung entstehen. Diese Stützbauwerke bestehen aus dem Gabionenkörper, der Hinterfüllung und dem Gelände mit Auflast oder Verkehrslast sowie der Fundamentierung. Die statische Wirksamkeit wird über das Eigengewicht erreicht.

Für die Gewährleistung der äußeren Standsicherheit sind deshalb folgende Nachweise erforderlich:

- Gleiten in der Sohlfuge (Gleitsicherheit gemäß DIN EN 1997-1 und DIN 1054),
- die Lage der Resultierenden im Kern (1. und 2. Kernweite),
- Grundbruch (gemäß DIN EN 1997-1 und DIN 4017) und
- Geländebruch (gemäß DIN 4084).

Die **Gleitsicherheit** wird nach DIN 1054 geregelt und wird in der Gründungssohle geführt.

Die Gleitsicherheit gibt an, ob sich die Wand in der Gründungssohle aufgrund der Belastung aus Erddruck verschieben (gleiten) kann.

Der Reibungsbeiwert zwischen Tragschicht (Fundament) und Korb spielt dabei eine wesentliche Rolle, ebenso wie das Wandgewicht und die Bodenkennwerte (siehe Seite 60).

Die **Außermittigkeit der Resultierenden** (**Kippsicherheit**) muss nachgewiesen werden. Die Resultierende ist vereinfacht dargestellt die Kraftlinie aus Erdruck und Eigengewicht. Infolge ständiger Last muss die Resultierende luftseitig in der 1. Kernweite (b/6) liegen, das heißt, es darf keine klaffende Fuge auftreten. Die Resultierende darf zur Hinterfüllung die 1. Kernweite verlassen und innerhalb der 2. Kernweite (b/3) liegen.

Dies nennt man klaffende Fuge und bezeichnet ein Kippen der Wand (siehe Seite 60).

Die **Grundbruchsicherheit** wird nach DIN 4017 ermittelt. Ein Grundbruch entsteht, wenn der Boden unter der Gründung die Last

Tab. 5 Richtwerte für Rechenansatz der Wichten (nach Merkblatt FLL 2012)

Befüllart Gabionen	Körnung	Werkseitig befüllt	Vor Ort befüllt
Stein- oder Schotterfüllung	60/120 mm, 80/200 mm	15 bis 18 kN/m³	14 bis 17 kN/m³
Handgepackte Vorsatzschicht	100/300 mm	14 bis 17 kN/m³	14 bis 17 kN/m³
Hohlraumarme Steinschichtung	Vollständig befüllt	20 bis 28 kN/m³	20 bis 28 kN/m³
Boden nach DIN 1055-2 Stein-Boden-Gemisch	Bodengruppe	16 bis 18 kN/m³	16 bis 18 kN/m³

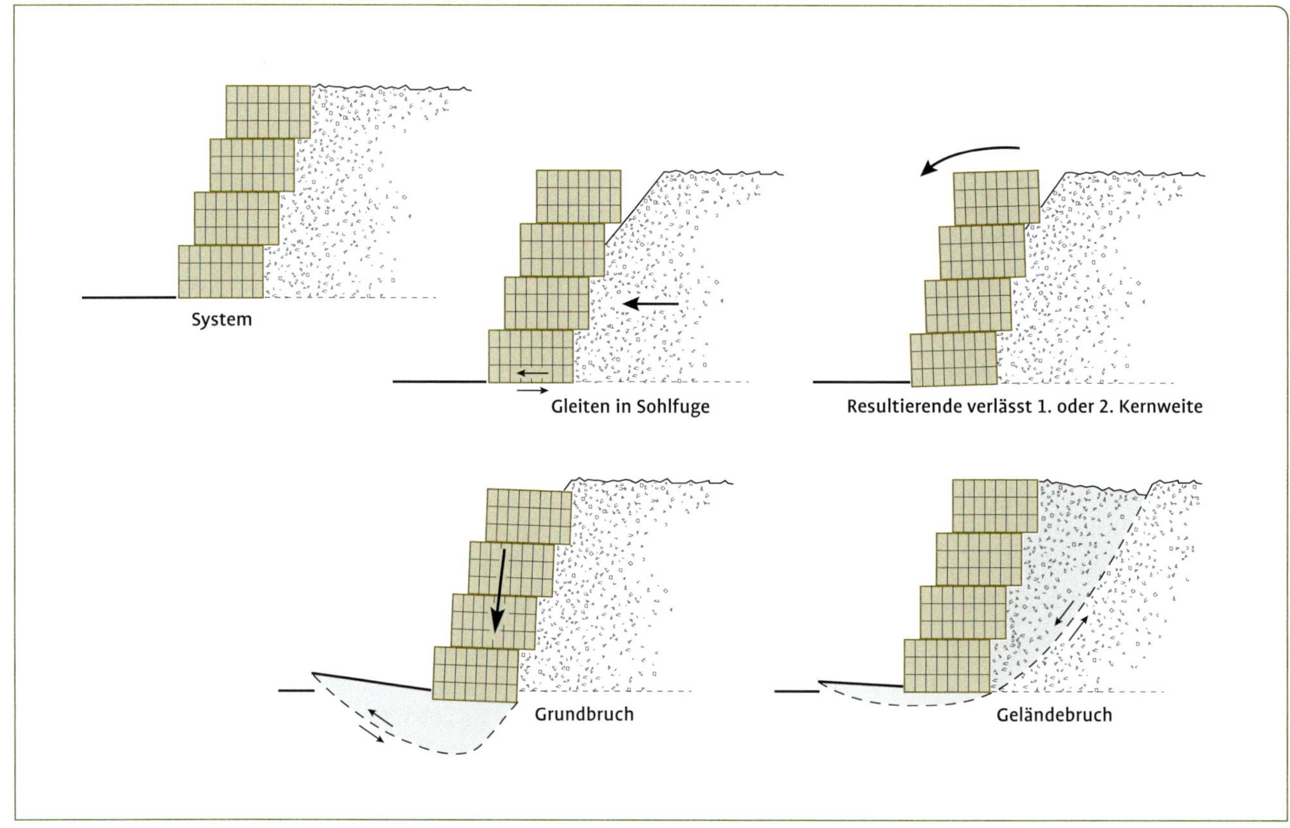

Versagensmechanismen der äußeren Standsicherheit (nach FGSV 2014).

der Stützkonstruktion nicht aufnehmen kann (siehe oben).

Der **Nachweis des Geländebruchs** wird in der DIN 4084 geregelt.

Der Geländebruch entsteht durch ein Ausgleiten der Stützkonstruktion über einen Gleitkreis durch die Hinterfüllung und den Untergrund (siehe oben).

Gabionen, die vor einer standsicheren Felswand oder einem gesichertem Geländesprung als Futtermauer zum Witterungsschutz eingesetzt werden, sind auf eventuellen Silodruck zu überprüfen. Der Zwischenraum, ab Hinterkante Gabionenwand bis zum anstehenden Fels oder bis zur Mauer, sollte 30 cm nicht überschreiten.

In diesem Buch soll vorrangig auf die Montage und die Einsatzmöglichkeiten eingegangen werden, deshalb sollten die ausführlichen Berechnungsmethoden bzw. -ansätze den Merkblättern der FGSV sowie FLL entnommen werden.

Innere Standsicherheit

Zurzeit ist noch kein verlässlicher Nachweis der inneren Standsicherheit möglich. Durch das Zusammenwirken der Drahtgitter, Zuganker und Verfüllmaterialien müssen über Druckversuche von Körben Rechenwerte ermittelt werden, um auf diese Weise einen Nachweis der inneren Standsicherheit zu ermöglichen, was jedoch bisher kaum möglich ist.

Gegenwärtig kann deshalb ein Berechnungsansatz nach der DIN EN 1992-1-1 für Betondruckfestigkeit angesetzt werden, wenn über Belastungsversuche ein äquivalenter Wert zu ermitteln ist.

Bisherige Belastungsversuche sind aufgrund der unterschiedlichen Verfüllungen sehr schwer auf allgemeine realistische Ansätze zu übertragen.

Ein Forschungsauftrag soll dieses Problem lösen helfen.

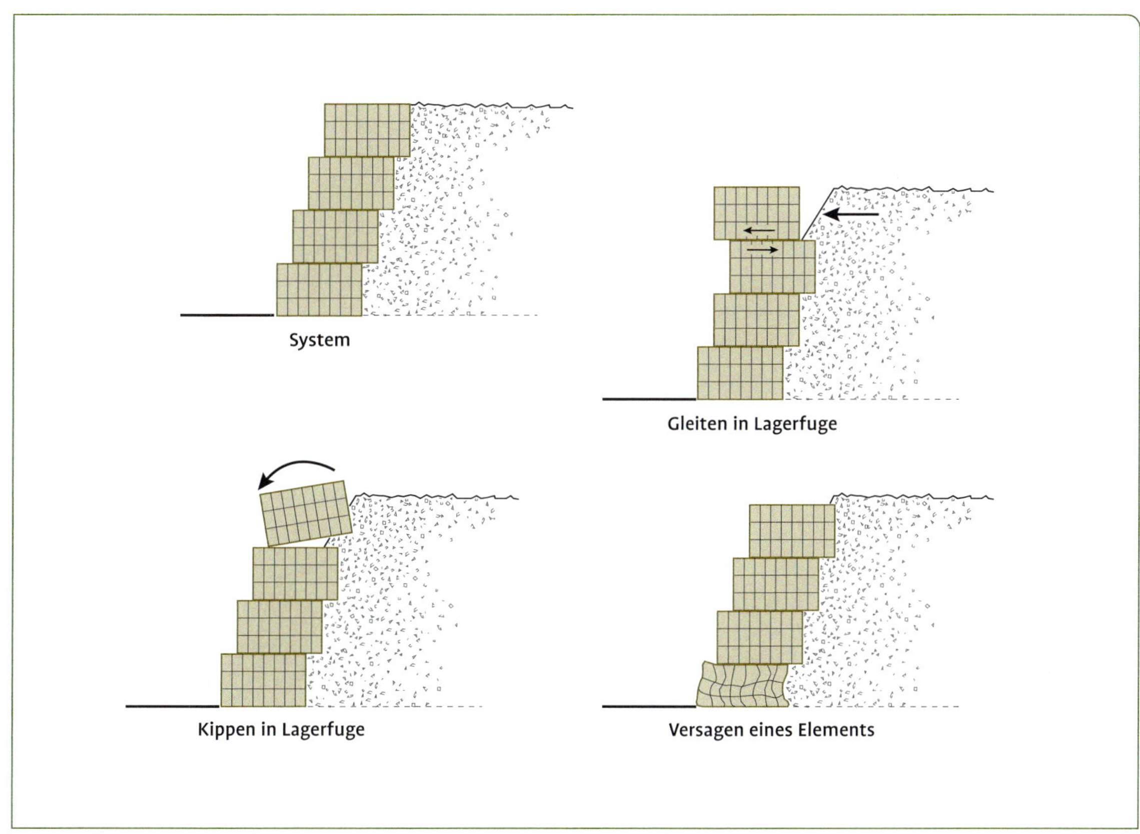

Versagensmechanismen der inneren Standsicherheit. Gleiten und Kippen in der Lagerfuge sind bei monolithischer Bauweise ausgeschlossen (nach FGSV 2014).

Für die innere Standsicherheit sind folgende Nachweise zu führen:

- Gleiten in der Lagerfuge,
- Kippen in der Lagerfuge und
- Versagen eines Elements.

Nachweise über Gleiten und Kippen in den einzelnen Lagerfugen sind zu führen.

Das Versagen eines Elements ist derzeit nicht ausreichend nachzuweisen.

Bei monolithischer Bauweise können die Nachweise des Gleitens und Kippens in den Lagerfugen entfallen. Das Versagen eines Korbelementes muss über die Füllung und Festigkeit des Steinmaterials sowie die Anzahl und Zugfestigkeit der Queranker ermittelt werden.

Auch dieses ist zurzeit zuverlässig rechnerisch nicht möglich und soll über Belastungsversuche ermittelt werden.

Bei weitergehenden statischen Überlegungen und Berechnungen sollten die Merkblätter der FGSV und FLL zugrunde gelegt werden.

Ver- und Hinterfüllmaterialien

Verfüllung mit Steinen

Eine vollständige, hohlraumarme Verfüllung der Gabionen ist herzustellen, wobei zwischen geschütteten oder geschichteten Füllungen unterschieden wird.

Diese wiederum werden nach bauseitigen oder werkseitigen Befüllungen unterteilt.

Standsicherheit und Druckfestigkeit

Werkseitig maschinell befüllte Gabionen haben Vorteile hinsichtlich der inneren Standsicherheit und des Verformungsverhaltens.

Die gesamte Lastabtragung muss über das Verfüllmaterial erfolgen. Aus diesem Grund sind bei allen Gabionenwänden entsprechende mineralische Füllungen vorzusehen.

Eine ausreichende Druckfestigkeit des Steinmaterials muss nachgewiesen werden, siehe dazu auch Tabelle 6.

Auch die Art des Füllens, handelt es sich also um eine geschüttete oder geschichtete Füllung, und somit die Lagerdichte ist entscheidend für Standsicherheit und Druckfestigkeit.

Frost- und Witterungsbeständigkeit

Die Frostbeständigkeit ist ausschlaggebend für die Dauerhaftigkeit des Systems. Sie ist für Grobkies und Steine gesondert zu ermitteln. Die Lieferfirmen müssen diese Nachweise führen und auf Anfrage mitteilen. Ein entsprechender Nachweis ist nach DIN EN 1367-1 zu führen.

Eine Frost-Tausalz-Beständigkeit ist nur in Bereichen erforderlich, in denen auch Frost-Tausalz auftritt, beispielsweise in der Nähe von Straßen.

Außerdem sollte das Befüllmaterial keine auslaugbaren Stoffe enthalten, die den Korrosionsschutz negativ beeinflussen können (manche Steinmaterialien sondern Stoffe ab, die den Anschein von Rost auf dem Gitter hervorrufen).

Größe des Steinmaterials

Die Größe des Steinmaterials ist im Wesentlichen von der Maschenweite der Drahtgitter abhängig. Bei geschütteten Füllungen ist eine kleinere Korngröße in Verbindung mit einer kleinen Maschenweite von Vorteil, es entstehen kleinere Hohlräume und das Steinmaterial verteilt sich gleichmäßiger.

Über- und Unterkorn

Alle Mineralgemische weisen einen Prozentsatz an Über- und Unterkorn auf. Dies ist bei der Verfüllung zu beachten, indem kleinere Steine in der Ansichtsfläche zu entfernen und größere Steine von Hand nachzulegen sind (Tab. 7).

Sichtflächen

Bei geschütteten Füllungen ist ein bestimmter Aufwand für von Hand nachzuschichtendem Material einzukalkulieren. Von Hand nachgeschichtet werden muss, um eine Verbesserung der Sichtseite zu erhalten und um eine hohlraumarme Lagerung zu gewährleisten.

Bei geschichteten Füllungen werden in der Regel nur die Sichtflächen aus Bruchsteinen geschichtet und der übrige Bereich geschüttet, wobei die Filterstabilität zwischen den Fugen der

Tab. 6 Druckfestigkeit (nach TL Gab-StB By 11, Teil 1, 2012)

Gestein/Gesteinsgruppe	Mindestwert für die Druckfestigkeit β_D [MPa]*)
Granit, Basalt, Diabas, Grauwacke, Quarz, Gneis	120
Basaltlava, Kalkstein	60
Muschelkalk	40
Sandstein	30
Recycling-Baustoff Beton	25

*) Bei anderen Baustoffen ist die Druckfestigkeit zu überprüfen.

Tab. 7 Anforderungen an Über- und Unterkorn gemäß TL Gestein-StB 04

Überkorn		Unterkorn	
D	1,4 D	d	d/2
Masse-%			
0 bis 20	0	0 bis 20	0 bis 5

D = obere Siebkorngröße, d = untere Siebkorngröße

Tab. 8 Steinmaterial zur Gabionenfüllung

Material	Festigkeiten [N/mm²]	Rohdichte [Megagramm/m³]
Granit	160 bis 240	2,60 bis 2,80
Basalt	250 bis 400	2,85 bis 3,05
Diabas	180 bis 250	2,75 bis 2,95
Kalkstein	80 bis 180	2,65 bis 2,85
Grauwacke	120 bis 300	2,60 bis 2,75
Gneis	160 bis 280	2,65 bis 3,10
Kies	–	2,55 bis 2,75
Recycling-Baustoffe	–	2,10 bis 2,60

Schichtung und der Korngröße der Schüttung gewährleistet sein muss. Die Filterstabilität ist gegeben, wenn die Korngrößen des Schüttmaterials größer sind, als die Fugen der Schichtung.

Porenraum

Der Porenraum bei geschütteten Füllungen kann auch mit Oberboden oder Substrat gefüllt werden. Dabei ist auf Erosionsschutz zu achten, der mittels eingelegter Netze oder Gitter erreicht werden kann. So ist auch eine leichte Begrünung der Steingabionen möglich.

Recyclingmaterial muss zu fast 100 % aus einem Baustoff bestehen, der keine sich zersetzenden Bestandteile enthält. Betonrecycling darf zum Beispiel keine Mörtel- oder Putzreste aufweisen, die sich zersetzen können und zu einem nicht tragfähigen Gabionenkorb führen.

Verfüllung mit Erdmaterial

Erdbefüllte Gabionen bieten die Möglichkeit der Begrünung. Sie werden besonders bei Lärmschutzstufenwällen eingesetzt. Bei Belastung durch Erddruck ist eine besonders sorgfältige Bauweise und Ausführung anzuwenden, da diese Gabionen auch bei guter Verdichtung bei Überbeanspruchung verformbarer als steinbefüllte sind.

Böden nach DIN 18196

Gabionenbauwerke benötigen eine ausreichende Verdichtung in allen Korbschichten. Eine solche Verdichtung ist mit Oberboden als alleinigem Füllmaterial nicht zu erreichen. Als Füllboden ist deshalb ein gut verdichtbarer gemischt- oder grobkörniger Boden zu wählen. Bestens geeignet sind dafür die folgenden Bodenarten nach der DIN 18196: GU, SU, SE = Sand, Kiessand, Kies, schwach schluffiger Kies, weit oder intermittierend gestuft.

Tab. 9 Verfüllboden: Wichte und Reibungswinkel (vereinfachter Auszug aus DIN 1055-2)

Bodenart	Zeichen nach DIN 18196	Wichte erdfeucht cal γ [kN/m³]	Reibungswinkel cal φ' [Grad]
Sand, Kies-Sand eng gestuft	SE sowie SU	17,0 bis 19,0 je nach Lagerung	30; 32,5; 35
Kies, Geröll, Steine eng gestuft	GE	17,0 bis 19,0 je nach Lagerung	32,5; 35; 37,5
Sand, Kies-Sand, Kies weit gestuft oder intermittierend	SW, SI, SU, GW, GI mit $6 < U \leq 15$	18,0 bis 20,0 je nach Lagerung	30; 32,5; 35
Sand, Kies-Sand, Kies, schwach schluffiger Kies weit gestuft oder intermittierend	SW, SI, SU, GW, GI mit $U > 15$ sowie GU	18,0 bis 22,0 je nach Lagerung	30; 32,5; 35

Folgende Bodenarten können ebenfalls verwendet werden:

- GE = Sand, Geröll, Steine mit geringem Sandanteil, eng gestuft.
- GW, SW, SI = Sand, Kiessand, Kies, schwach schluffiger Kies, weit oder intermittierend gestuft.
- GI = Sand, Kiessand, weit oder intermittierend gestuft.

Die in Tabelle 9 aufgeführten Werte sind Richtwerte nach DIN 1055-2. Sie können nach Begutachtung des vorhandenen Bodens durch eine kundige Person für einfache Bauvorhaben in einer statischen Vorberechnung angesetzt werden. Es sollten jedoch keine Annahmen durch Nichtfachleute zur Standsicherheit getroffen werden.

Für eine prüffähige statische Berechnung sollte eine Bodenprobe untersucht oder die Werte sollten durch einen Bodengutachter bestätigt werden.

Ein Eignungsnachweis muss vor dem Einbau vorgelegt werden.

Andere Böden oder Substrate sind nach Vorlage eines Eignungsnachweises ebenfalls einbaubar.

Erdbefüllte Wände ohne statische Funktion können mit Substraten aus der Dachbegrünung je nach Eignung befüllt werden. Auch Böden nach DIN 18915 sind nach Eignung einsetzbar.

Vertikale Sichtflächen

Vertikale Sichtflächen sind mit Erosionsschutzmatten zu versehen. Diese können aus Vliesstoff bzw. Geotextilien oder Geogitter, aber auch aus Vliesstoff mit aufgenähter Kokosmatte bestehen. Wesentlich ist, dass aus dem verdichteten Boden eine Kraftübertragung auf die Gabione erfolgt. Die Dauerhaftigkeit der Erosionsschutzmatten in Bezug auf Witterungsbeständigkeit, Funktionsfähigkeit, Filterstabilität zum Boden, Wasserdurchlässigkeit und Festigkeit ist zu gewährleisten.

Eine dauerhafte Bepflanzung der erdbefüllten Wände ist für den UV-Widerstand von großer Bedeutung. Das Kokosmaterial dient in erster Linie der Optik und als Schutz des Vlieses gegen UV-Belastung in noch nicht bepflanztem Zustand. Erst mit einer geschlossenen Begrünung ist diese Wand langlebig und voll funktionsfähig.

Einbau und Verdichtung

Der Einbau des Bodens hat lagenweise, Höhe der Lagen je nach Füllboden, zu erfolgen.

Eine Verdichtung erfolgt mittels Vibrationsrüttler oder -stampfer, abgestimmt auf den Verdichtungsgrad und die Verdichtungsfläche. Je nach Füllboden kann ein Verdichtungsgrad gefordert werden.

Es ist unbedingt notwendig, dass die Queranker während Einbau und Verdichtung nicht in das Füllmaterial eingedrückt werden. Dies würde zu einem Einbeulen der Längsmatten führen. Daher sind während des Befüllvorganges vorbeugend die Queranker nach oben zu ziehen.

Der Verdichtungsvorgang erfolgt zwischen und unter den Querankern.

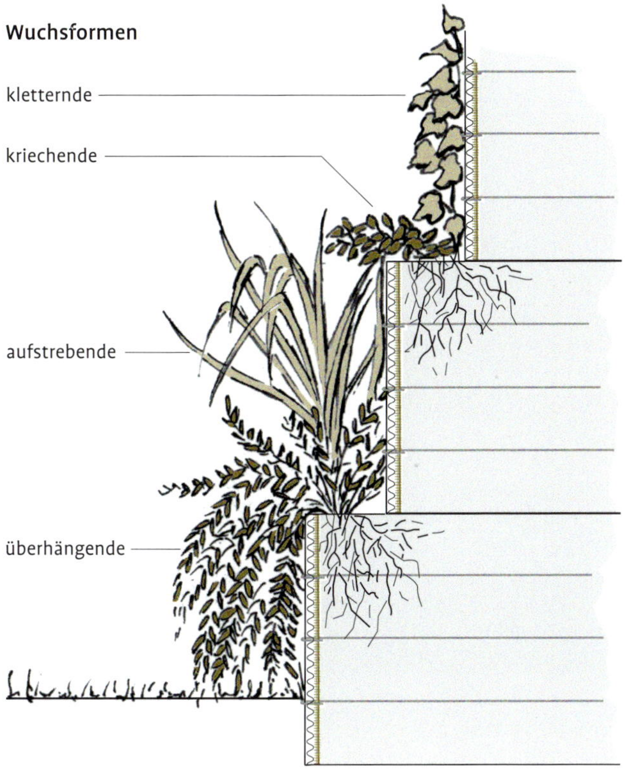

Wuchsformen

kletternde

kriechende

aufstrebende

überhängende

Wuchsformen für die verschiedenen Pflanzzonen bei Stufenwällen (nach EBECO®).

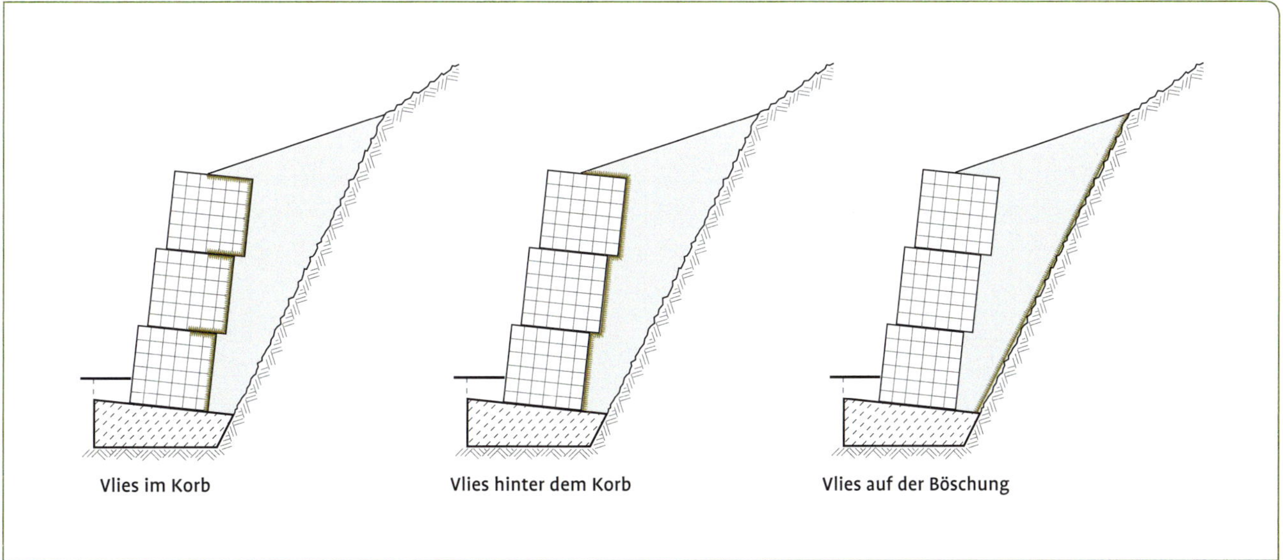

Ein geotextiler Filter sollte immer eingebaut werden, je nach Füllung und Hinterfüllung auch bei Filterstabilität (nach FGSV 2014).

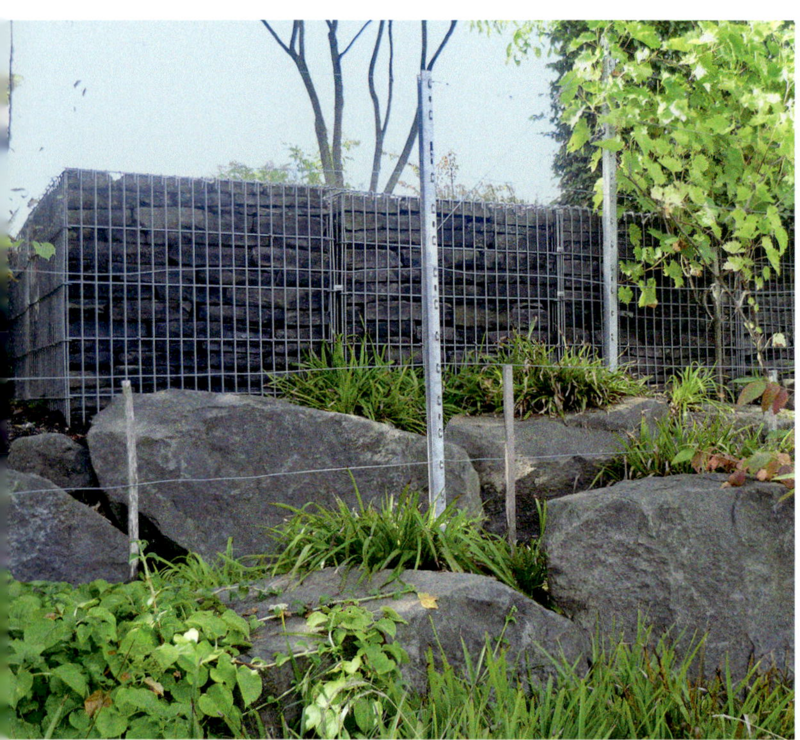

Kombinierte Hangsicherung aus Gabionen und Natursteinblöcken, Petrisberg Trier (GartenLandschaft).

Begrünungsbereich
Im Begrünungsbereich, auf den Bermen oder dem Gabionenkopf, ist Oberboden nach der DIN 18915 unterzumischen oder einzubringen. Achtung: Die Oberbodenuntermischung darf die statische Wirksamkeit nicht beeinträchtigen.

Verträglichkeit
Böden und Substrate müssen frei von schädlichen Bestandteilen sein. Das bedeutet, dass, um nachträgliche Setzungen zu vermeiden, keine Bestandteile an verrottungsfähigem Pflanzenmaterial enthalten sein dürfen. Außerdem darf das Füllmaterial keine Stoffe, die eine Bepflanzung schädigen können, enthalten. Weiterhin ist bei Erdbefüllung auf Verträglichkeit (bezüglich Korrosion) zu achten. Aggressive Böden, die eine Korrosion hervorrufen können, sind deshalb zu vermeiden.

Hinterfüllung

Die Hinterfüllung kann mit anstehendem oder Aushubboden erfolgen, wenn dieser nach einem Eignungsnachweis als einbaufähig anzusehen ist.

Ansonsten ist ein geeigneter Boden mit den Anforderungen nach ZTV E-StB 09 bzw. dem „Merkblatt über den Einfluss der Hinterfüllung auf Bauwerke" einzubauen. Dies gilt in besonderem Maße auch für die Verdichtung und das Verdichtungsgerät.

Für den Hinterfüllbereich gelten die gleichen bodenmechanischen Eigenschaften wie für das Füllmaterial.

Wenn keine Filterstabilität zwischen Füllung, Hinterfüllung, anstehendem Boden und Böschungsboden besteht, muss in den Kontaktzonen ein geotextiler Filter eingebaut werden.

Allgemeine Montageanweisungen

Gabionen müssen einen belastbaren und formstabilen Körper ergeben. Bauseits montierte Gabionen werden im Verbund versetzt, das heißt, dass alle Matten der Körbe miteinander durch Spiralen oder Steckstäbe verbunden sind.

Die Bodenmatten und Seitenmatten werden dazu auf der Tragschicht ausgelegt, die Böden benachbarter Körbe werden mit einbezogen. Die Seitenteile und Trennwände werden hochgeklappt und benachbarte Seitenteile mit ein-

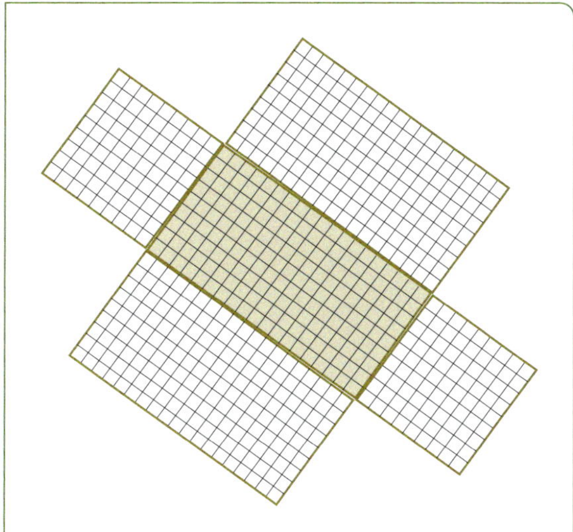

Auslegen der Gittermatten für den ersten Gabionenkorb.

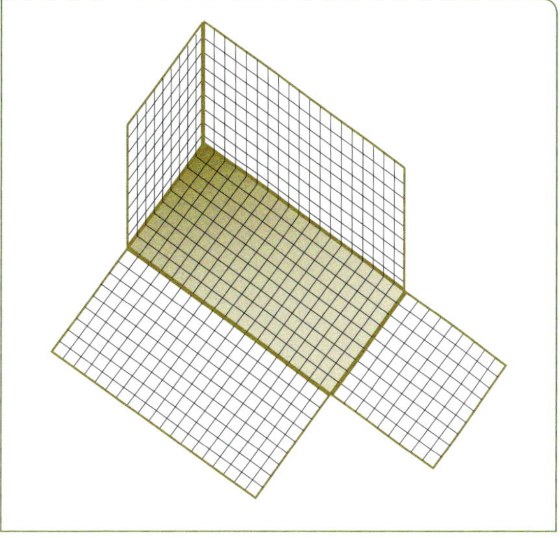

Hochklappen der ersten Seitenmatten.

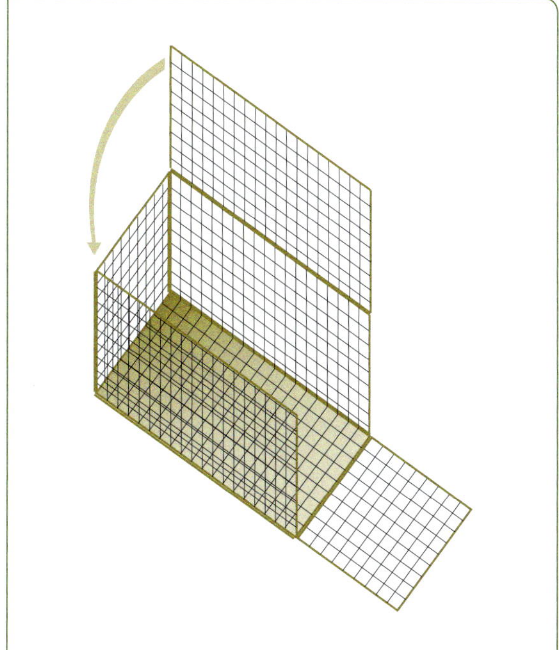

Zuklappen des Deckels bei mehrlagiger Bauweise unter Einbeziehung der oberen Längsmatten.

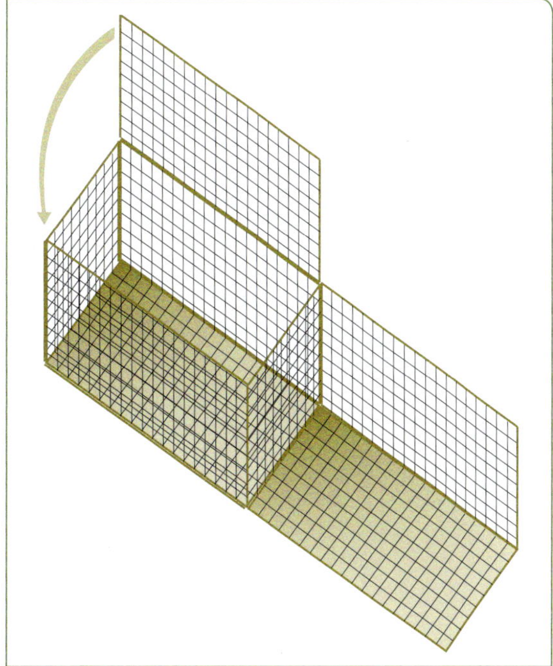

Schließen des ersten Korbes unter Einbeziehung der Matten des nächsten Korbes.

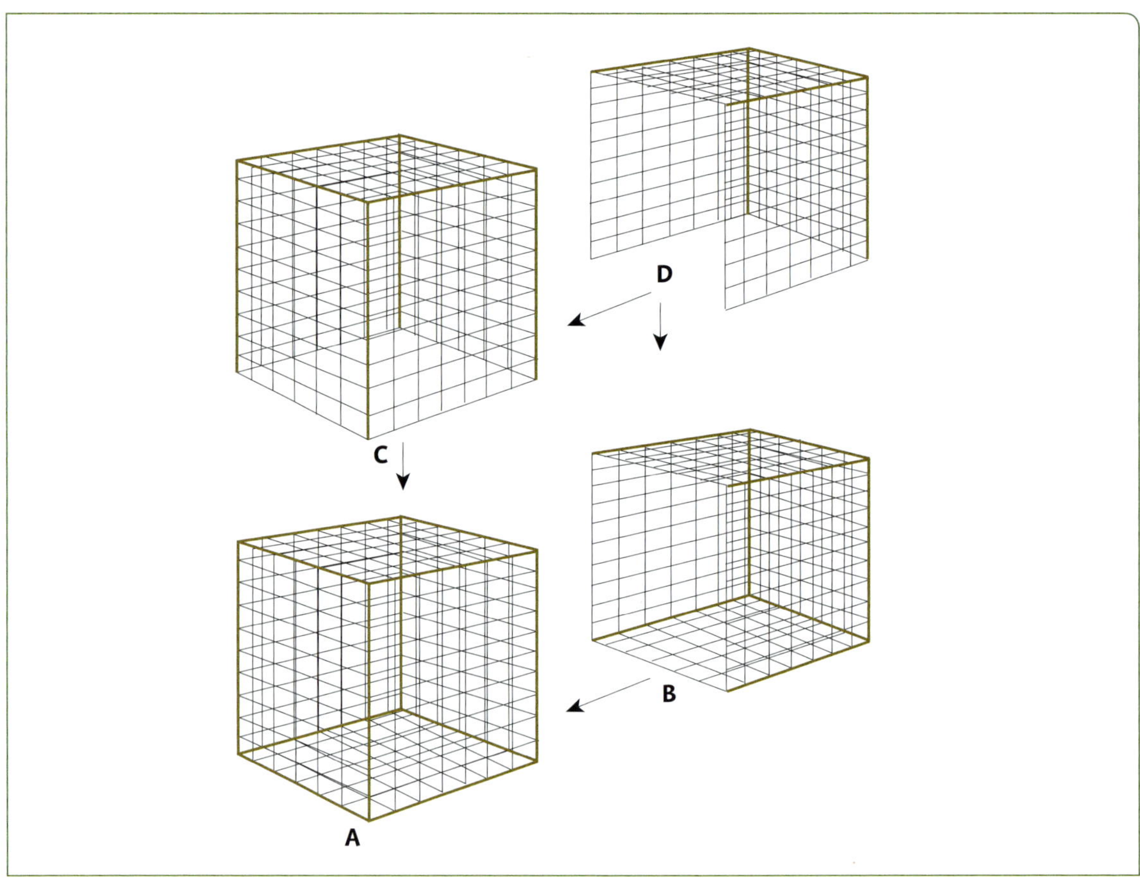

Darstellung der Matteneinsparung bei übereinanderliegenden Gabionen (nach EBECO®).

geschlossen und mit Spiralen, Steckstäben oder C-Klammern verbunden.

Es ist empfehlenswert, lagenweise auf Länge zu arbeiten.

Bei Montage der Deckelmatten ist bei der Montage der nächsten Lage auf die Einbeziehung der oberen Seitenwände zu achten.

Durch das Einbinden der Matten der benachbarten Körbe sind Matteneinsparungen möglich.

So gibt es Körbe mit 4 Seiten- und je 1 Boden- und Deckelmatte, Körbe mit 3 Seitenmatten und je 1 Boden- und Deckelmatte, Körbe mit 4 Seitenmatten plus 1 Deckelmatte und Körbe mit 3 Seitenmatten und 1 Deckelmatte.

Vor der Befüllung müssen Queranker, Distanzhalter und eventuell Vlies oder Einbauteile für Geländer nach Ankerplan und Herstellerangaben eingebaut werden. Die Haken der Anker sollen zugebogen werden.

Eine Montagehilfe in Form von Winkel- oder U-Eisen, Schalungsträgern, Aluleitern oder Ähnlichem ist anzubringen und mit den Matten zu verbinden, um Verformungen sowie Aus- oder Einbauchen bei der Befüllung zu unterbinden. Das Ausbauchen entsteht durch den Innendruck durch die Befüllung beziehungsweise Belastung. Das Einbauchen entsteht durch Belastung (nach unten drücken der Queranker).

Bei freistehenden Gabionen sind auf beiden Seiten Montagehilfen zu montieren. Bei Stützwänden ist eine gleichzeitige lagenweise Verfüllung und Hinterfüllung anzustreben, dabei kann die erdseitige Montagehilfe entfallen.

Eine Verfüllung benachbarter Körbe verhindert zumindest teilweise eine Verformung der Trennwände.

Nach der Befüllung werden die Körbe mit den Deckelmatten geschlossen. Aufgehende Seitenwände sind wiederum einzubeziehen.

Vor dem Befüllen der oberen Körbe sind die unteren mit feinerem, jedoch filterstabilem Kornmaterial nachzufüllen. Dadurch soll die Lastübertragung über das Steinmaterial erfolgen.

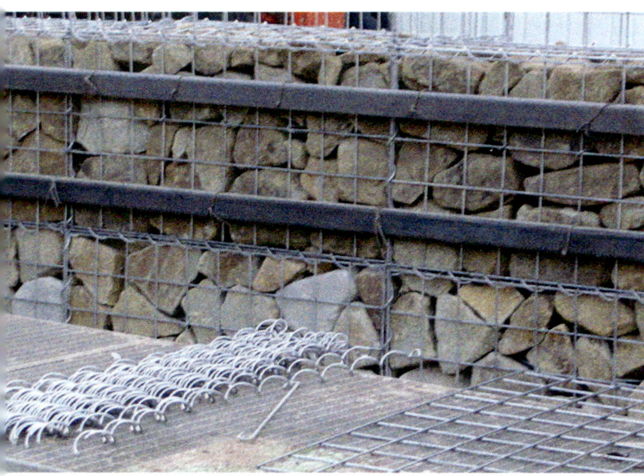
Beispiel einer Montagehilfe während der Befüllung, diese kann aus Aluleiter, Schalungsträger oder Formstahl in U- oder L-Form bestehen.

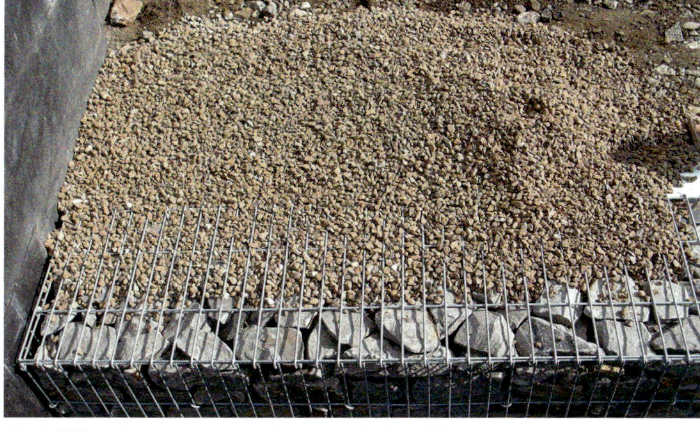
Nachfüllen des unteren Korbes zwecks Lastübertragung nach Schließung der Deckelmatte, dabei unbedingt auf Filterstabilität achten (Fa. Volker Hellbeck).

Beim Aufbau der Gabionen sind die berufsgenossenschaftlichen Regeln (BGR) und Vorschriften (BGV) zu beachten, unter anderem

- BGV C22 „Unfallverhütungsvorschriften Bauarbeiten",
- GBG 21 „Arbeitsschutz im Garten-, Landschafts- und Sportplatzbau",
- GBG 21.1 „Bau und Montage von Fertigteilen im Gartenbau" sowie
- entsprechende Vorschriften für Gerüstbau, Betreiben von Arbeitsmitteln und Absturzsicherungen.

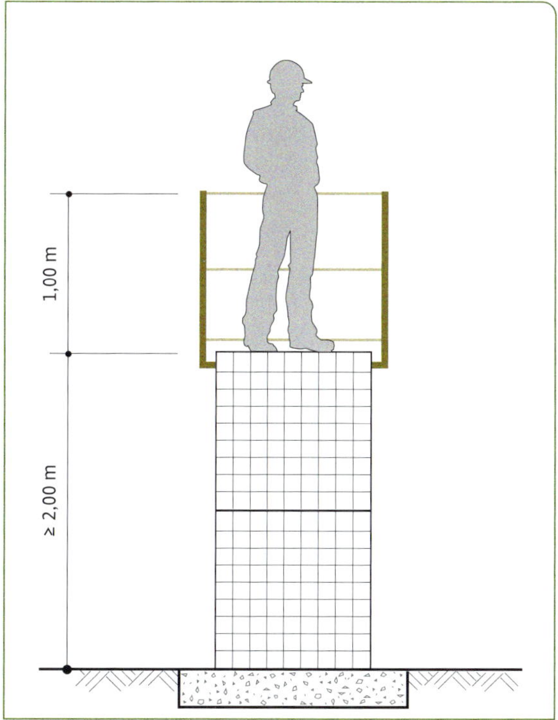

Schutzgeländer auf Bauwerken (nach Merkblatt FLL 2012).

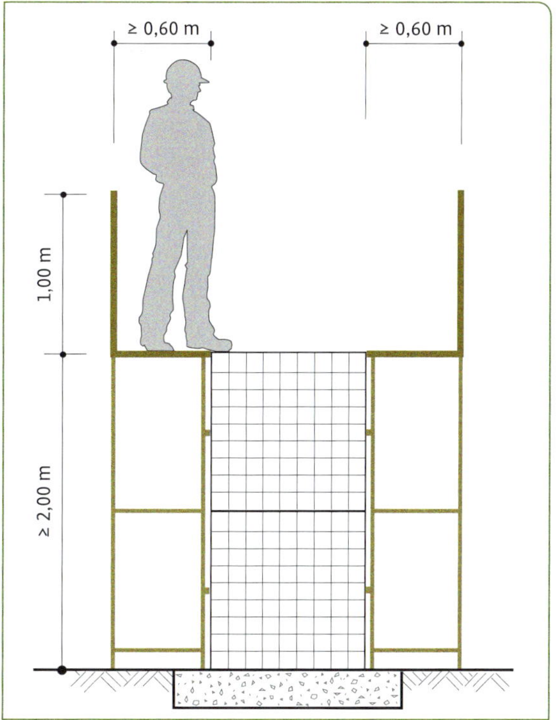

Standgerüst als Arbeitsgerüst (nach Merkblatt FLL 2012).

Montageanweisungen für den Bau von Gabionensystemen

Grundsätzlich gelten für den Bau von Gabionen die Angaben in den Ausführungsplänen und der statischen Berechnung. Alle weiteren Angaben sind als Ergänzungen zur Statik und den Ausführungsplänen gedacht, sofern darin Hinweise zum jeweiligen System fehlen.

Die Montagevorschriften der Hersteller sind zu beachten und eventuell als Vertragsbestandteil zu betrachten. Dies gilt vor allem für die Anordnung wie auch die Anzahl der einzelnen Korbelemente, wie Matten, Queranker, Mattenverbindungen usw.

Ein Plan mit der Verteilung der Queranker bzw. Distanzhalter sollte für jeden Drahtkorb vorliegen und den Verbauern zur Verfügung stehen.

Die Verfüllung erfolgt in Lagen von maximal 30 bis 35 cm. Jede Lage muss von Hand nachgerichtet und verteilt werden. Benachbarte Körbe sind immer zum Teil mit zu befüllen und es muss auf die Verformung der Queranker geachtet werden.

Im Detail gelten bei der Montage von Gabionensystemen für Steckstabgabionen andere Montagekriterien als für Spiralgabionen, C-Klammergabionen usw.

Montagekriterien für Spiralgabionen

Die Vorteile der Spiralgabionen liegen in der Anpassung vor Ort, das heißt, dass alle Matten im Raster der Maschen einkürzbar sind und über die Endstäbe mittels Spiralen verbunden werden können.

So können an der Baustelle individuelle Konstruktionen unkompliziert den örtlichen Gegebenheiten angepasst werden.

Dies ermöglicht auch eine Radienverlegung als Polygonzug. Trapezförmige Körbe lassen sich so mühelos herstellen. Auch ein Ineinanderfügen der Matten und eine Überlappung ist möglich.

Eine abgeschrägte Oberkante bedingt allerdings die Herstellung von trapezförmigen Matten und ist in der Herstellung in Handarbeit mit entsprechenden Mehrkosten verbunden. In diesem Fall muss die Matte gekürzt und ein zusätzlicher Endstab aufgeschweißt werden. Runde Formen sind aufgrund schwer herzustellender Deckelmatten ebenfalls sehr aufwendig und kostenintensiv.

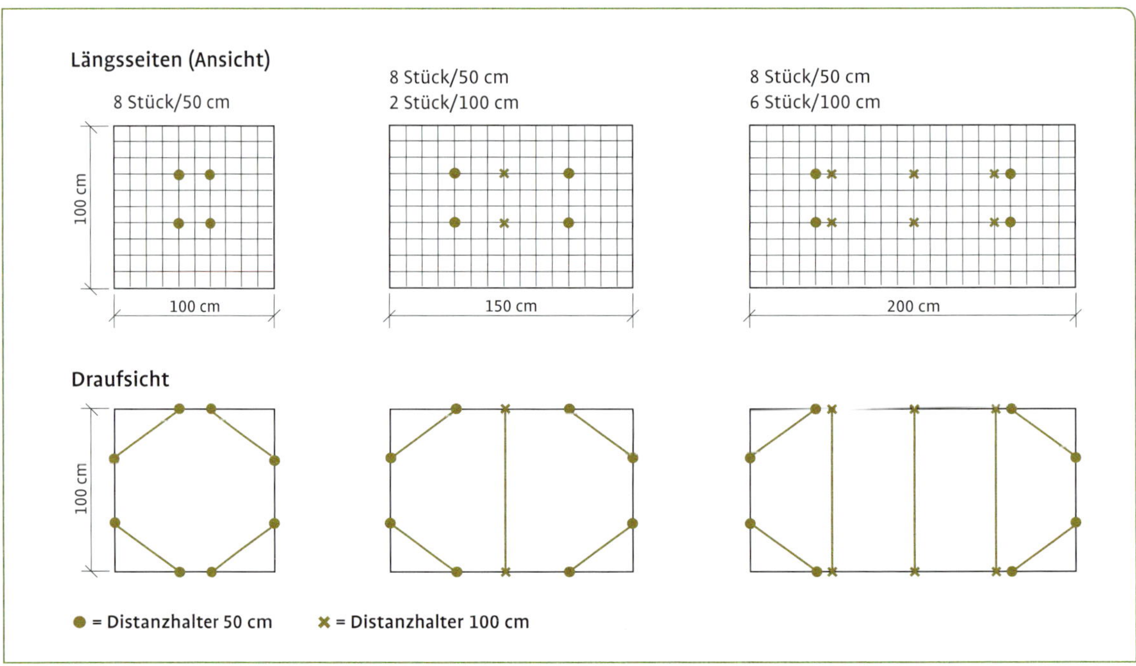

Querankerplan von Gabionen 100 × 100 × 100, 150 × 100 × 100 und 200 × 100 × 100 cm (nach EBECO®).

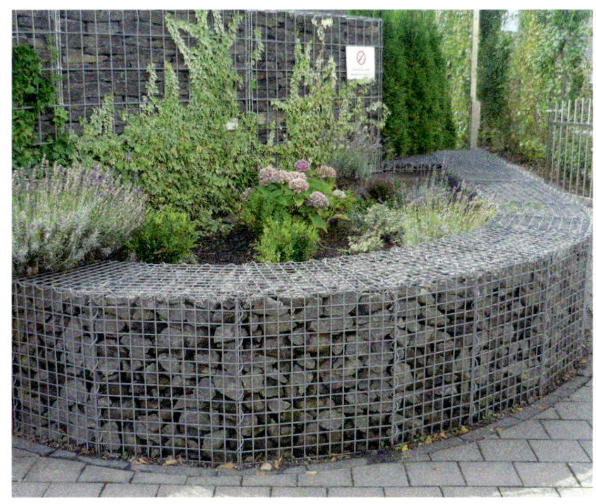

Beispiel einer Radienverlegung polygonal, wobei Deckelmatten geschnitten oder überlappt verbaut werden (Beispiel Petrisberg Trier).

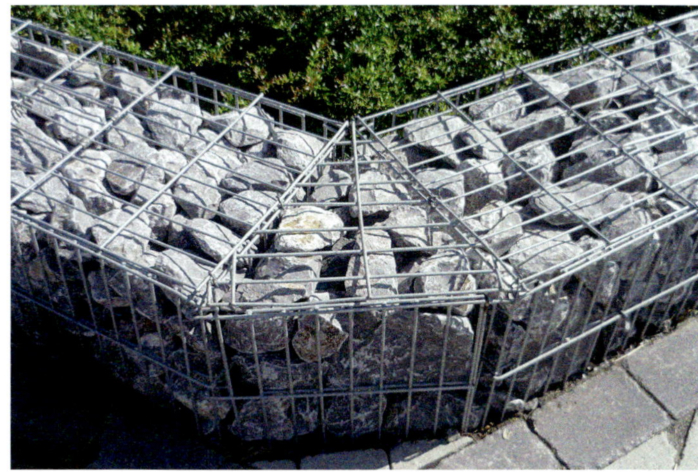

Ecklösung bei einer Pflanzbeetbegrenzung aus werkseitig befüllten Gabionen. Die diagonale Verbindung wird durch geschnittene Matten vor Ort gebildet.

Eine Staffelung der Gabionen in Höhe und Tiefe vermittelt eine lebhafte und abwechslungsreiche Gestaltung und einen aufgelockerten Gesamteindruck. Große Wandhöhen werden auf diese Weise optisch gemildert.

Bei senkrecht übereinanderstehenden Körben sind Matteneinsparungen (Deckel des unteren Korbes = Boden des oberen Korbes) möglich. Durch die Spiralmontage sind Matteneinsparungen bei Rückversprüngen im vorderen wie hinteren Bereich zu erreichen, da an jedem Stab einer Matte mittels Spirale weitere Matten verbunden werden können.

Durch entsprechend tiefere Deckelmatten mit hinterem Überstand ist bei einer Staffelung auch die Einsparung der Bodenmatte des oberen Korbes möglich.

Die Haken der Ankerstäbe müssen am Kreuzungspunkt der vertikalen und horizontalen Stäbe – diagonal und nach unten zeigend – eingesetzt werden.

Alle Haken der Ankerstäbe sind mittels geeigneten Werkzeugs zu schließen. Spiralen sind, soweit möglich, gegen Herausdrehen zu sichern.

Für das Zubiegen der Ankerstäbe kann ein Rohrstück oder aber ein besonderes Biegewerkzeug Verwendung finden.

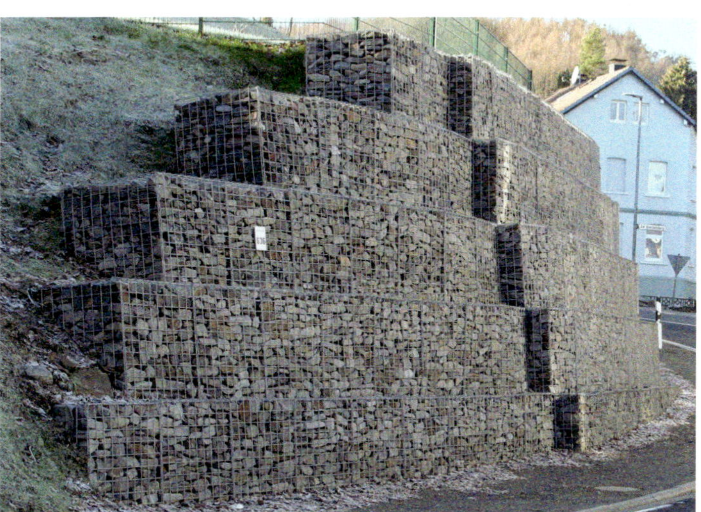

Beispiel einer 5,00 m hohen Stützwand aus Spiralgabionen mit horizontal zurückversetzten oberen Lagen und mit leichter Dossierung in Lüdenscheid Halver (EBECO®, Schröer).

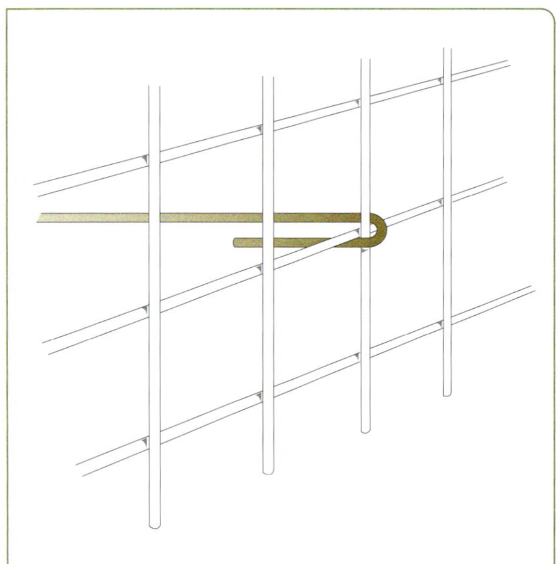

Einsetzen der Ankerstäbe immer diagonal über die Kreuzungspunkte horizontaler und vertikaler Stäbe (nach Rothfuss).

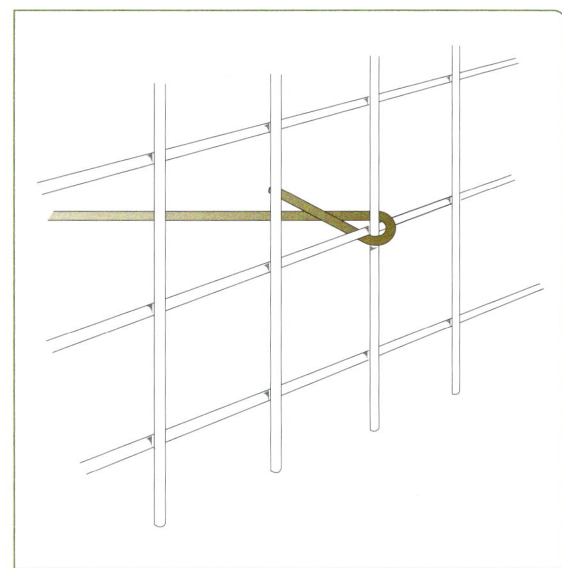

Die Ösen der Ankerstäbe sind zuzubiegen, um Zugbelastung zu halten (nach Rothfuss).

Montagekriterien für Steckstabgabionen

Steckstabgabionen zeichnen sich wegen der geraden Stäbe durch eine klare Gliederung in der Ansicht aus. Die Kraftübertragung ist etwas günstiger. Eckausbildungen lassen sich bei besonderer Anordnung der Matten in gewissem Maße auch ohne Sonderteile ausführen.

Trapezförmige Matten obliegen einer speziellen Fertigung, da alle eingekürzten Stäbe eine Öse erhalten müssen. Radien werden zweckmäßig als Polygonzug verlegt, wobei die Körbe ineinander zu fügen sind.

Die Steckstäbe sind möglichst immer von einer Seite einzustecken, um die Ösen der Steckstäbe ineinander zu sichern.

Die Steckstäbe müssen am Ende umgebogen werden, um ein Herausziehen zu verhindern.

Bei senkrecht übereinanderstehenden Körben sind wie bei Spiralgabionen Matteneinsparungen

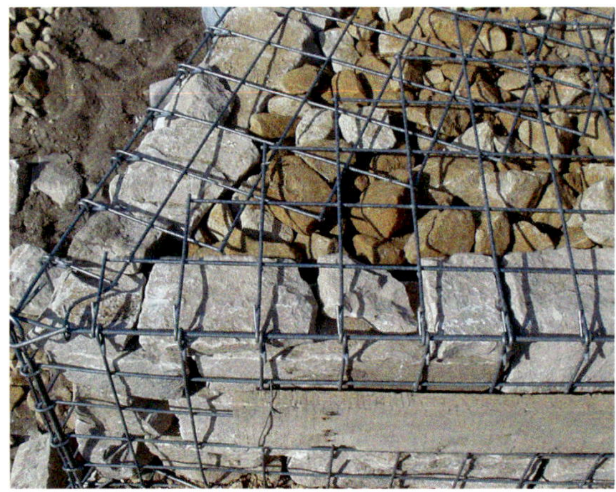

Ausbildung einer spitzwinkeligen Ecke bei Steckstabgabionen.

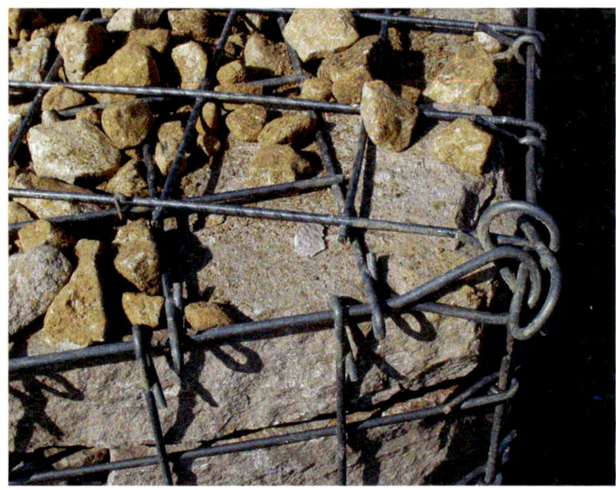

Ausbildung einer stumpfwinkligen Ecke bei Steckstabgabionen.

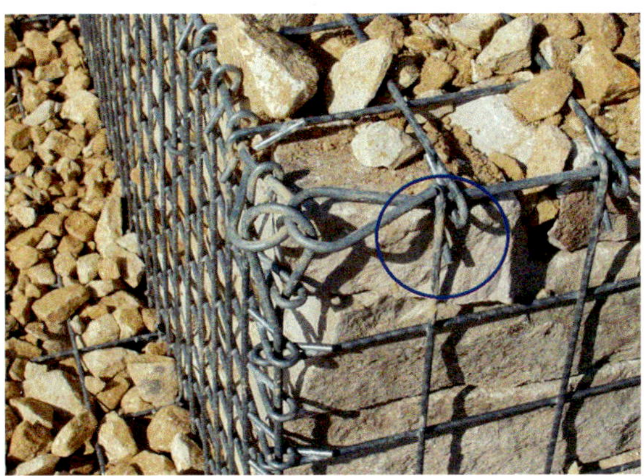

Detail einer standardmäßigen Steckstabgabione mit nach außen liegenden Drahtüberständen.

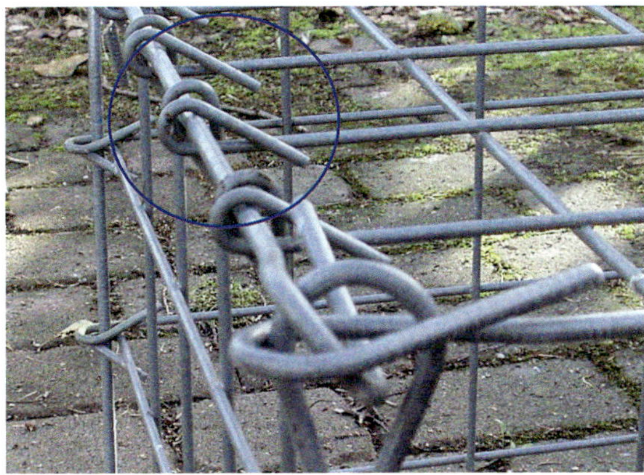

Beispiel einer Ösenanordnung mit nach innen liegenden Drahtüberständen für gering belastende Wände.

(Deckel des unteren Korbes = Boden des oberen Korbes) möglich. Bei Staffelung der Körbe entfällt die Matteneinsparung der Boden- bzw. Deckelmatte.

Steckstabgabionen besitzen nach außen stehende Überstände der Ösen.

Bei kleineren privaten Bauvorhaben können die Matten, je nach Standort und um Verletzungen zu vermeiden, gedreht werden. Optisch stehen dann die Ösen etwas vor.

Die Ösen der Steckstäbe werden dann ineinandergedreht, um sie gegen Herausziehen zu sichern.

Für Gabionen in der Nähe von Schulen und Kindergärten sowie an Gehwegen oder ähnlichen Bauvorhaben werden Steckstabgabionen als Sicherheitsgabionen eingebaut. Bei diesen sind die Ösen ohne die überstehenden Drahtenden gefertigt.

Sicherheitsgabionen gibt es in verschiedenen Ausführungen. Je nach Hersteller sind die Ösen verschieden geformt und angeordnet, was meist fertigungsbedingt ist.

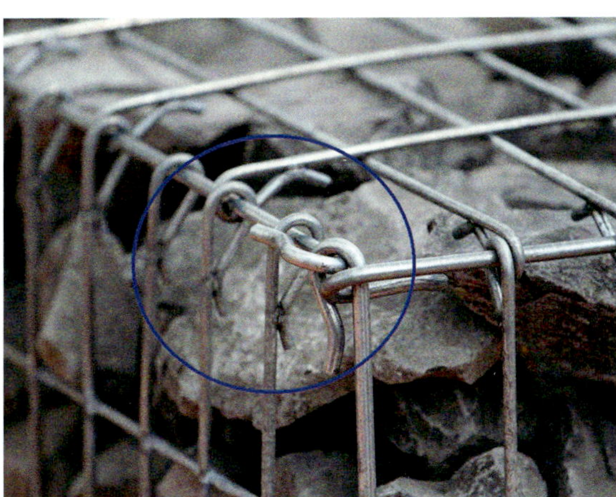

R-Gabione ohne Drahtüberstände nach außen (Best Gabion).

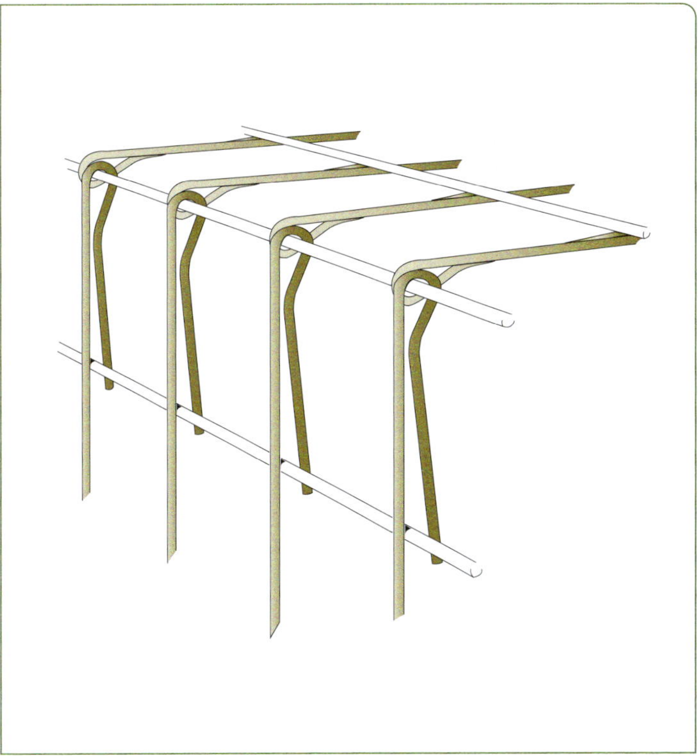

Ösenausbildung einer S-Gabione, d. h. Sicherheitsgabione ohne vorstehende Drahtenden (nach Rothfuss).

Montagekriterien bei C-Klammergabionen

Die Matten der Spiralgabionen finden auch bei den C-Klammergabionen Anwendung. Jedoch wird die Mattenverbindung statt mit Spiralen mit C-Klammern ausgeführt. Diese werden mittels pneumatischer Zange alle 10 cm gesetzt. Ein Nachweis der Zugfestigkeit ist zu erbringen. Die C-Klammern müssen die gleichen Anforderungen an Zugfestigkeit und Korrosionsschutz erfüllen.

Ansonsten gelten die gleichen Bedingungen wie bei Spiralgabionen. Eine etwas zeitgünstigere Montage kann angenommen werden. Auch eine Kombination aus Spirale und C-Klammer kann bei entsprechenden Bauwerken aus wirtschaftlichen Gründen zur Anwendung kommen.

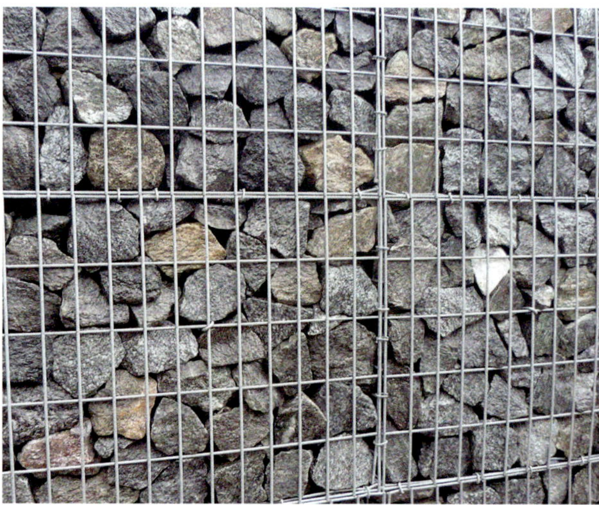

Detailansicht einer C-Klammer-Gabione. Die Klammern sollten alle 10 cm gesetzt werden.

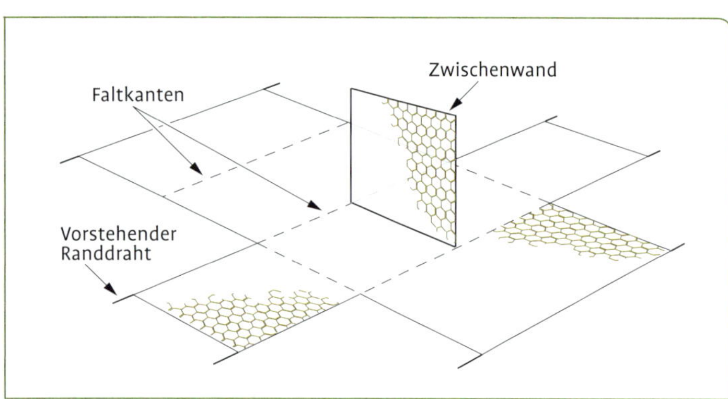

Auslegen eines vorgefertigten Gabionenkorbes aus Drahtgeflechtmatten (nach Maccaferri).

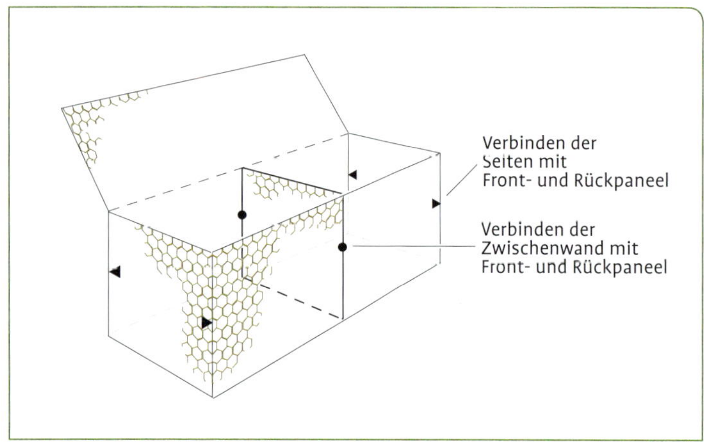

Zusammenbinden des Drahtgeflechtkorbes (nach Maccaferri).

Montage von sechseckgedrillten Gabionen

Die Besonderheit der gedrillten Gabionen besteht darin, dass sie vorgefertigt geliefert werden, und zwar gefaltet und gebündelt oder gerollt. Die weiteren Komponenten, wie Bindedraht, Aussteifungselemente und Verbindungselemente, werden gesondert auf Spulen, in Bündeln oder Kisten geliefert.

Der Aufbau erfolgt durch Aufklappen der Bündel in ihre Position, wobei die Front-, Rück- und Seitenwände senkrecht zu einer Kastenform gestellt werden.

Die angrenzenden Wände werden mittels Bindedraht – durch Umwickeln der Wandkanten um den Randdraht herum – fest verbunden.

Dabei geht man folgendermaßen vor: Ein etwa 1,5-mal so langes Stück wie die Länge der zu verbindenden Kanten wird von der Drahtspule abgeschnitten. Die maximal zu verbindende Kantenlänge sollte dabei 1,00 m nicht überschreiten. Längere Kanten werden abschnittsweise verbunden. Der Bindedraht wird um die Randdrähte des Korbes und um sich selbst gewickelt. Hierbei sind Doppel- und Einzelschlaufen auszuführen.

Ein dichtes Aneinanderliegen der Korbelemente muss gegeben sein.

Die Enden der Verbindungsdrähte sind zu sichern. Beschädigungen des Korrosionsschutzes müssen vermieden werden.

Verbindungsvarianten von Drahtgeflechtmatten (nach Maccaferri).

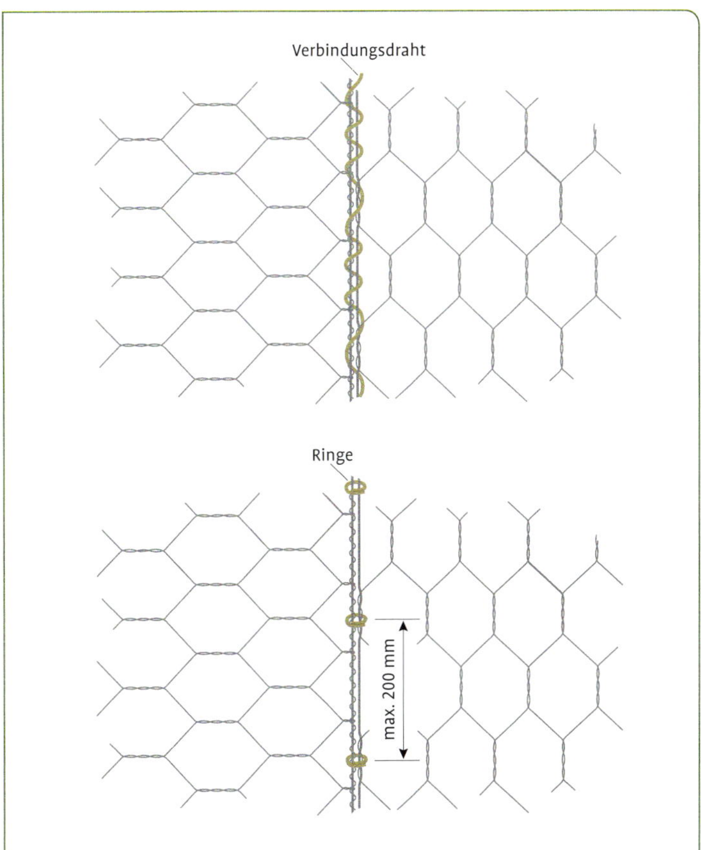

Wenn die Befestigung der Korbelemente mittels C-Klammern erfolgt, ist ein Abstand von 10 bis 20 cm einzuhalten. Zur Befestigung der C-Klammern wird ein mechanisches oder pneumatisches Werkzeug verwendet.

Zum Einbau der vormontierten Körbe werden diese am Einbauort platziert und fest miteinander verbunden. Es entsteht eine monolithische Konstruktion.

Vor der Befüllung sollte eine Montagehilfe angebracht werden, um eine Verformung während des Füllvorganges weitgehend zu vermeiden.

Die Befüllung erfolgt mit einem geeigneten Steinmaterial (siehe dazu Kapitel „Verfüllung mit Steinen“, Seite 62). Die Korngröße wird der Maschenweite angepasst.

Die Füllung erfolgt in einzelnen Lagen, die ein Drittel der Korbhöhe nicht überschreiten sollten. Auch die Füllhöhe zum benachbarten Korb darf nicht höher als ca. 30 cm über der Füllhöhe des Nachbarkorbes liegen.

Das Füllmaterial wird von Hand an der Sichtfläche des Korbes dicht angelegt, um eine dichte

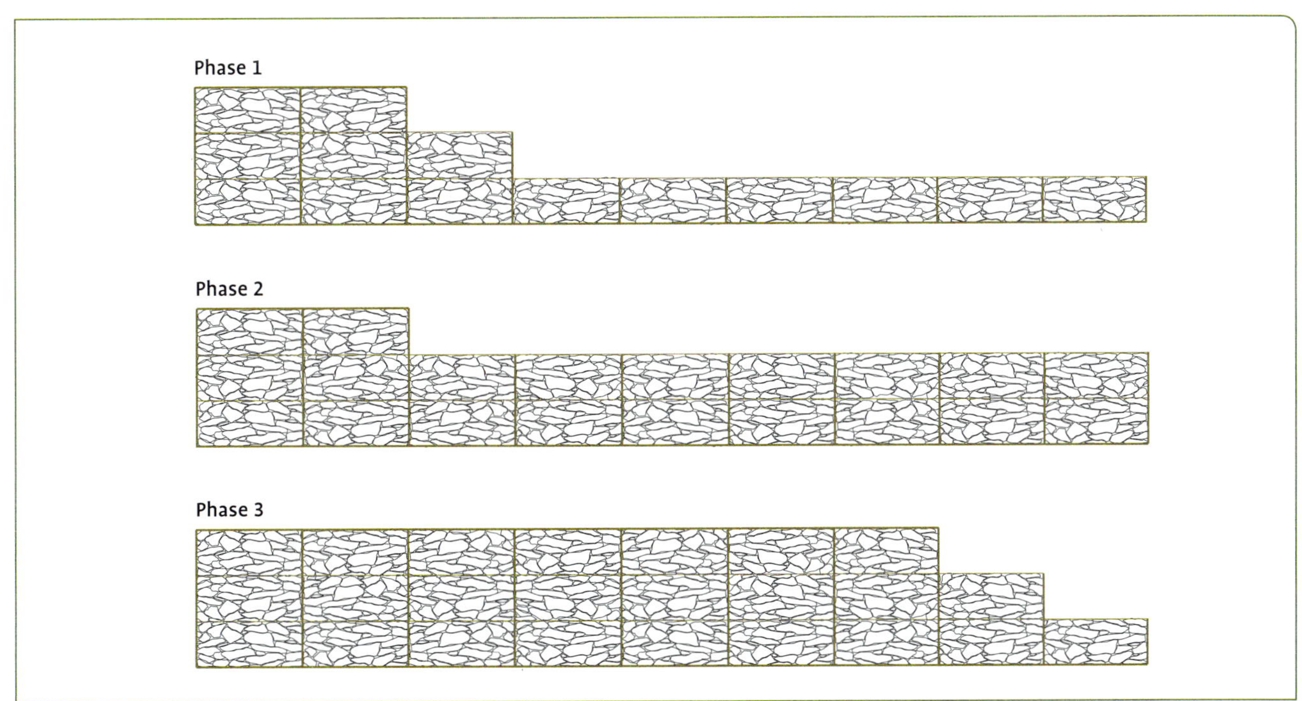

Reihenfolge bei der Befüllung der Gabionen (nach Maccaferri).

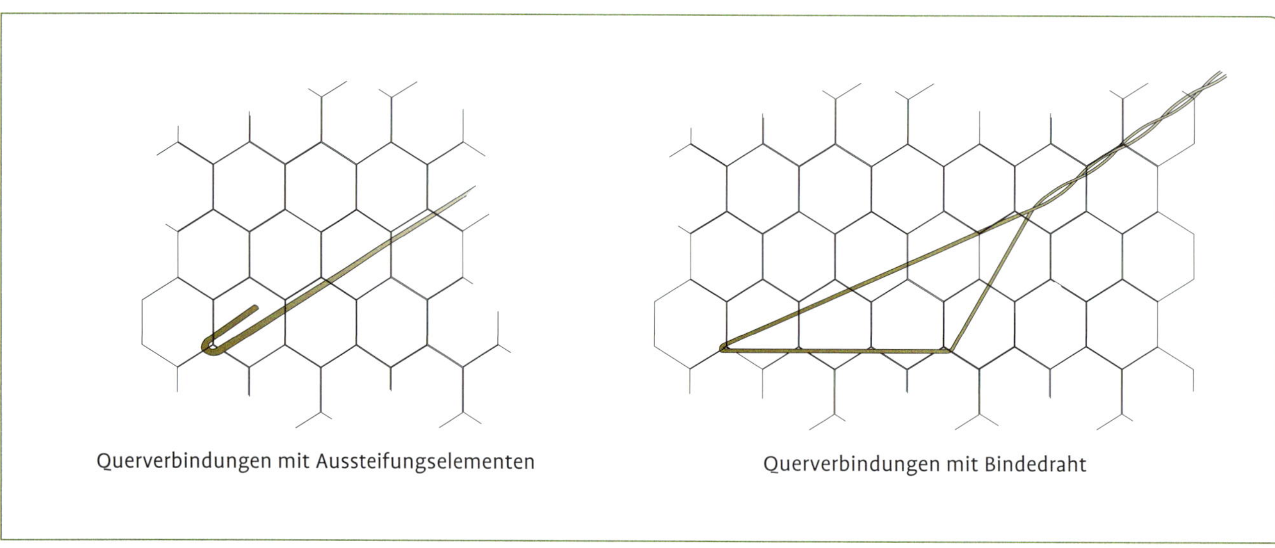

Aussteifungsmöglichkeiten bei Drahtgeflechtkörben mittels Zuganker oder Zugdrähten (nach Maccaferri).

Stützwand aus Drahtgeflechtgabionen, ca. 4,00 m hoch, inklusive einer Einbindung ins Gelände mit zusätzlicher Hangentwässerung (Maccaferri).

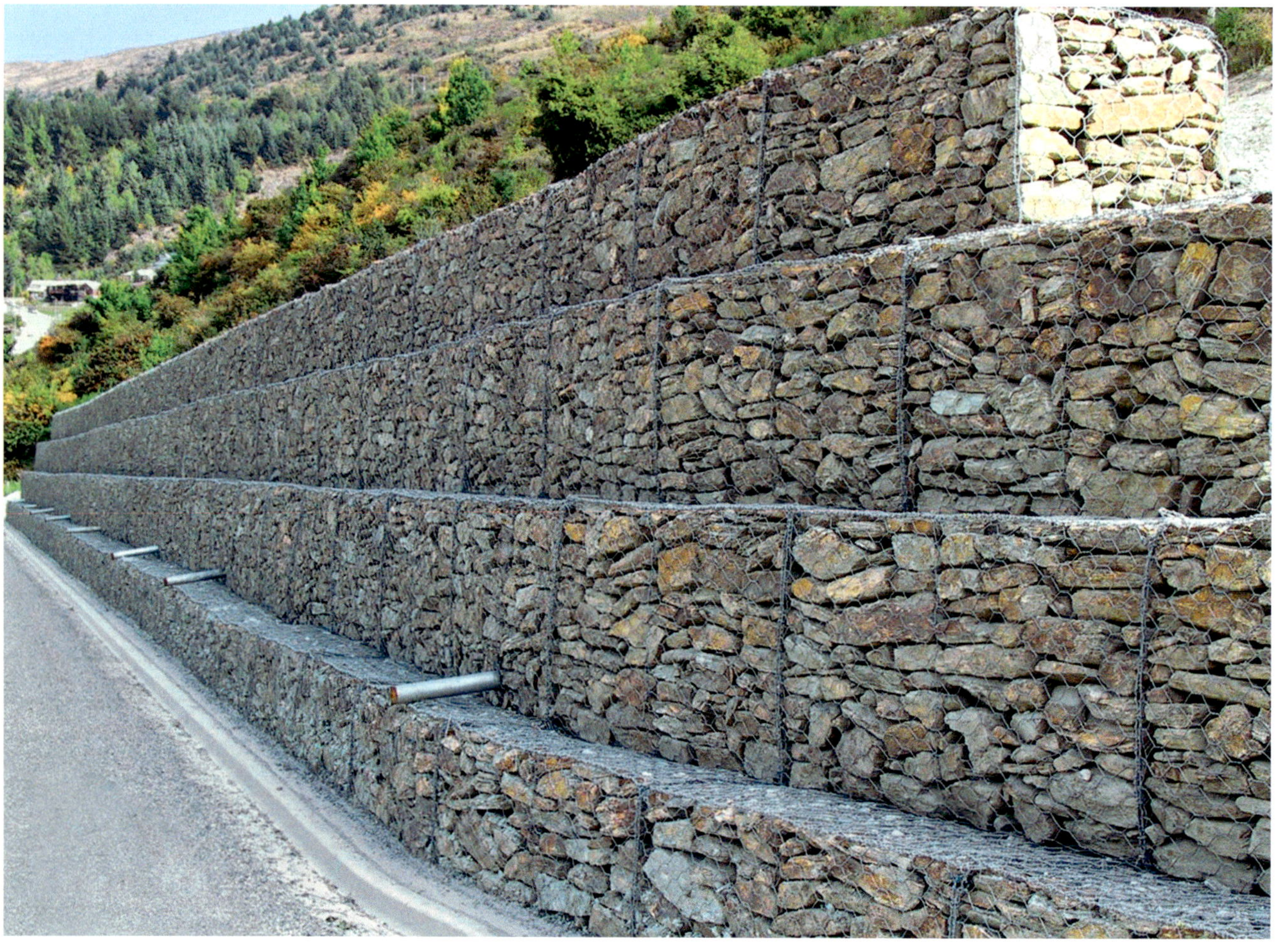

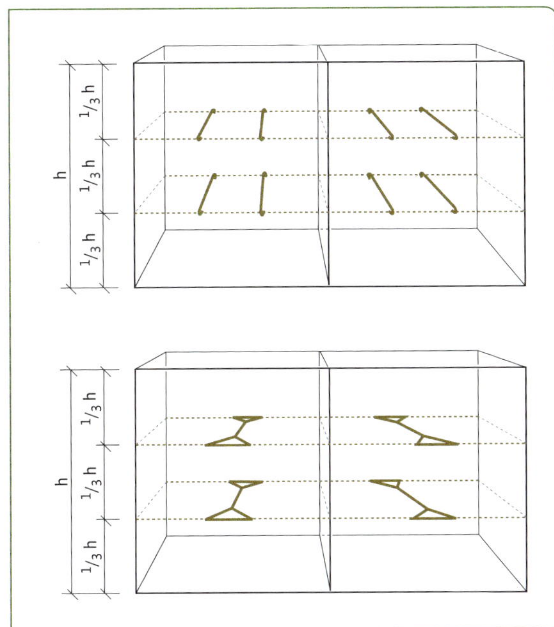

Aussteifungsanordnung der Drahtgeflechtgabionen ähnlich der eines Ankerplanes bei Drahtgittergabionen (nach Maccaferri).

Ansichtsfläche entstehen zu lassen. Auch die restliche Füllung muss eine maximale Dichte aufweisen.

Ankerstäbe oder Queraussteifungen werden bei 1,00 m hohen Körben ebenfalls jeweils in ein Drittel der Korbhöhe montiert. An den Wandenden sind zusätzliche Aussteifungen nötig. Die gebogenen Enden der Ankerstäbe sind zuzubiegen.

Wenn die Körbe hohlraumarm gefüllt sind und eine ebene Oberfläche aufweisen, werden die Deckel geschlossen. Die Kanten sind sorgfältig mit den vertikalen Matten zu verbinden. Die Deckelmatte sollte keine Verformungen aufweisen. Der Korb ist daher mit geeignetem Werkzeug zusammenzuziehen. Angrenzende Deckel können ebenfalls verbunden werden. Hervorstehende Drahtenden sind nach innen zu biegen.

Bevor eine neue Gabionenreihe auf die untere versetzt wird, ist der Korb mit kleinerem, aber filterstabilem Kornmaterial nachzufüllen. Damit soll gewährleistet werden, dass die Lastabtragung über das Füllmaterial erfolgt und die vertikalen Korbmatten keiner Druckbelastung ausgesetzt werden.

Eine Variante steingefüllter Gabionen sind Drahtschotterwalzen mit Steinfüllung oder auch Erdfüllung und Vlies, zum Teil mit eingelegten Weidenruten zur Ufersicherung. Die Drahtgeflechtmatten werden dabei ausgelegt, mit zum Beispiel einer Steinschüttung versehen, zusammengerollt und mittels Draht zugebunden. Es können auch vorgefertigte Körbe in Form von Säcken in einer Form gefüllt werden.

Montage von tragfähigen, werkseitig befüllten Gabionen

Die werkseitig befüllten Gabionen werden im Werk mit geösten Matten zusammengesteckt, mit den Boden-, Quer- und Längsankern versehen und in eine Form gegeben. Die Befüllung erfolgt von Hand mit geschichteten Front- bzw. Sichtseiten und der geschütteten Restbefüllung, die mittels Rüttler hohlraumarm eingerüttelt wird oder durch geschüttete maschinelle Befüllung mit ebenfalls hohlraumarmer Einrüttelung.

Diese Gabionen werden mit Tragstäben oder Traversen versetzt. Für die Anschlagmittel, wie Ketten, Gurte, Schäkel (U-förmiger mit Schraub-

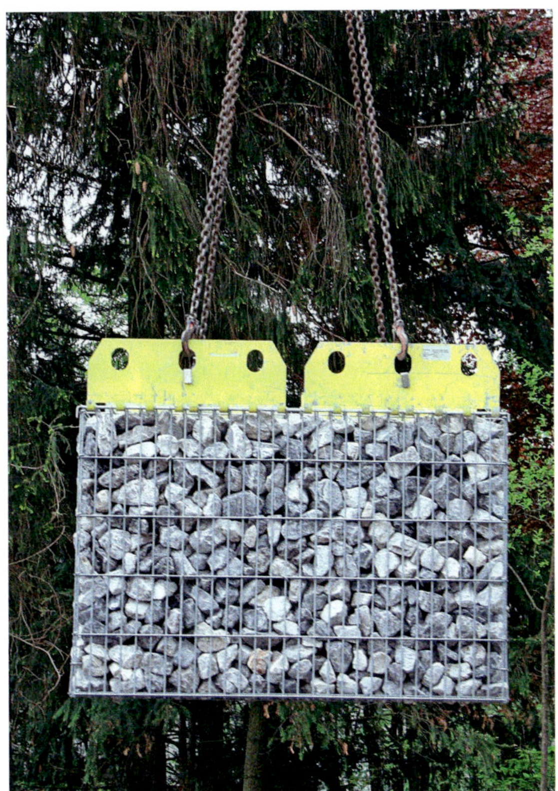

Traverse für tragfähige Gabionen mit Zulassung (EBECO®).

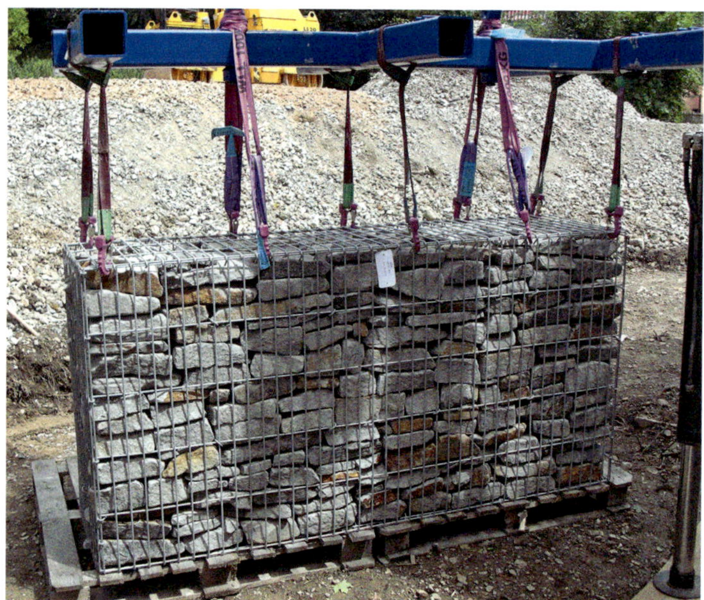

Traverse mit zugelassenen Gurten (Fa. Volker Hellbeck).

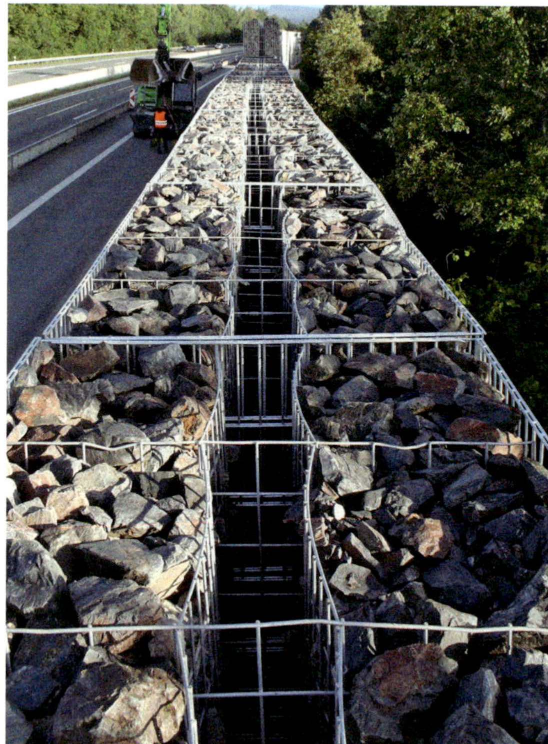

Aufsicht einer im Bau befindlichen Lärmschutzwand System MUTE BOX®; die leichten Verformungen der inneren Trennwände haben keinen Einfluss auf den Wert der Schalldämmung, da eine 7 bis 10 cm geschlossene Dämmschicht den erforderlichen Dämmwert ergibt (EBECO®).

oder Steckbolzen verschließbarer Bügel) und Seile, sind nur zugelassene Materialien zu verwenden.

Es ist darauf zu achten, dass herausstehende Steine zurückgeschlagen oder entfernt werden, um eine enge Fuge zu gewährleisten.

Auch bei den werkseitig befüllten Gabionen muss der untere Korb mit einem entsprechenden Kornmaterial nachgefüllt werden. Dies ist aus Gründen der Kraftübertragung sowie hinsichtlich des Reibungsbeiwertes in der horizontalen Fuge notwendig.

Das Nachfüllen muss filterstabil erfolgen, wie im Kapitel „Allgemeine Montageanweisungen" auf Seite 69 beschrieben.

Die hohlraumarme Befüllung ist durch die Einrüttelung etwas besser zu realisieren und daher weniger anfällig gegen Nachsetzungen.

Die Montage erfolgt je nach Korbgröße und Korbgewicht mit schwerem Gerät. Es gibt Versetzhilfen und Traversen für die Montage.

Werkseitig befüllte Gabionen sind auch als Lärmschutzgabionen einsetzbar. Sie müssen einen dichten Kern enthalten und bei der Montage eine dichte Fuge bilden, um einen Schalldurchgang zu vermeiden.

Zu den verschiedenen im Markt erhältlichen Systemen nachfolgend einige Beispiele.

Das System „MUTE BOX®" besteht aus drei längs angeordneten Kammern, wobei die zwei außen liegenden Kammern im Steinbruch oder Werk mit dem entsprechenden Steinmaterial befüllt werden. Die so befüllten Körbe werden auf Paletten zum Einsatzort transportiert und mit einer Traverse versetzt.

Die mittlere Kammer, mit ca. 18 cm Breite, wird nach dem Versetzen auf der Tragschicht mit Beton verfüllt. Der Beton verteilt sich über die Querwände und verbindet alle Körbe fugenlos miteinander.

Das Schalldämmmaß beträgt 30 dB im Minimum und kann bis > 40 dB liegen.

Mit entsprechendem Füllmaterial kann die Lärmschutzgabione absorbierend oder sogar hochabsorbierend hergestellt werden.

Das System „Best Protect" arbeitet mit einem Betonkern mit konischen Nuten und Federn. Gegründet wird auf einer Schottertragschicht entsprechend den bodenmechanischen Erfordernissen. Auf einer Ausgleichsschicht aus Brechsand-Splitt-Gemisch in einer Stärke von 3 bis 5 cm wird eine Fundamentplatte aus Stahlbeton

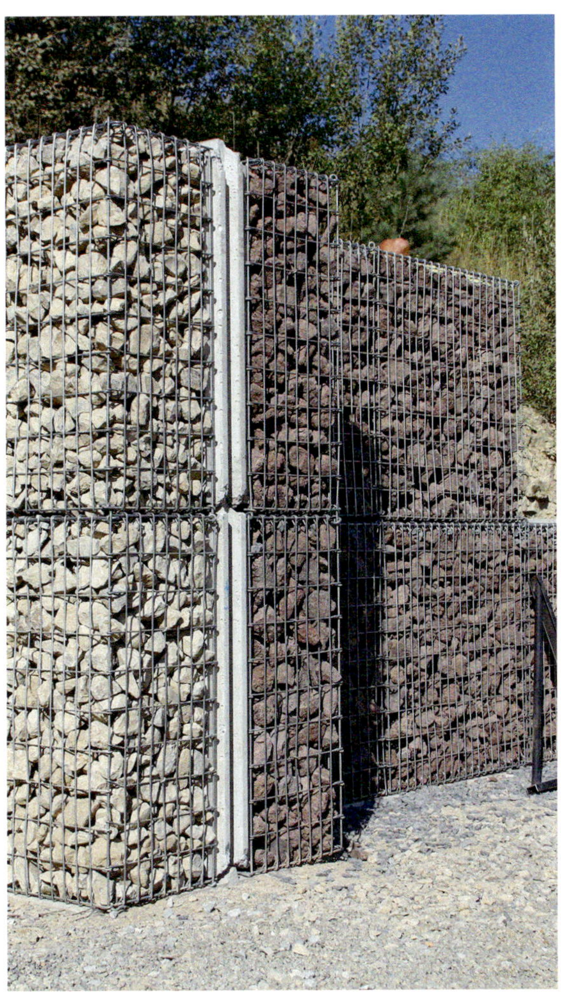

Musterwand „Best Protect" mit sichtbarem Betonkern mit Nut (Best Gabion).

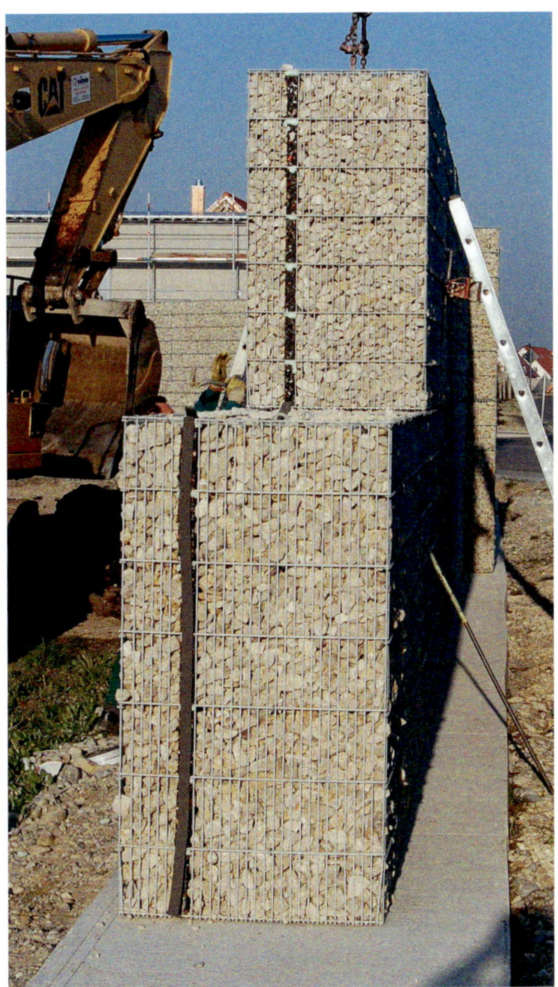

Seitenansicht einer im Bau befindlichen Lärmschutzwand aus RAWE-Steinkörben mit integriertem Absorbersystem sowie deutlich sichtbarem Umfassungsblech für die Aufnahme des Dichtungsbandes (Franken-Schotter).

verlegt. Die Fundamentplatte ist mit einer Feder versehen, in welche die Nut des unteren Korbes eingreift.

Auf diese Gründung wird die untere Lage Lärmschutzkörbe aufgesetzt und im Baukastensystem werden die weiteren Lärmschutzkörbe montiert. Das Versetzen erfolgt mit einer speziellen Traverse.

Vor dem Aufsetzen des Korbes wird mit einer Hydraulikpresse gegen das vorige Element gepresst. Dadurch wird eine geschlossene Fuge erreicht.

Die einzelnen Körbe werden mit Klammern verbunden, wobei pro laufendem Meter drei Klammern gesetzt werden (Foto Seite 90).

Die Befüllung der Lärmschutzgabione besteht auf der Lärmschutzseite aus Schaumlava und an der hinteren Sichtseite aus Schottermaterial, zum Beispiel Kalksteinschotter oder regionalem Material.

Das Lärmschutzsystem der Franken-Schotter GmbH & Co. KG besteht aus einem werkseitig befüllten und verdichtetem RAWE-Steinkorb mit integriertem Absorber-System. Das Versetzen erfolgt so, wie zuvor beschrieben. Wesentlich für den Schalldämmwert sind die geschlossenen Fugen. Die Körbe enthalten ein Umfassungsblech, auf das lückenlos ein selbstklebendes und komprimiertes FS-Dichtband horizontal und vertikal aufzukleben ist.

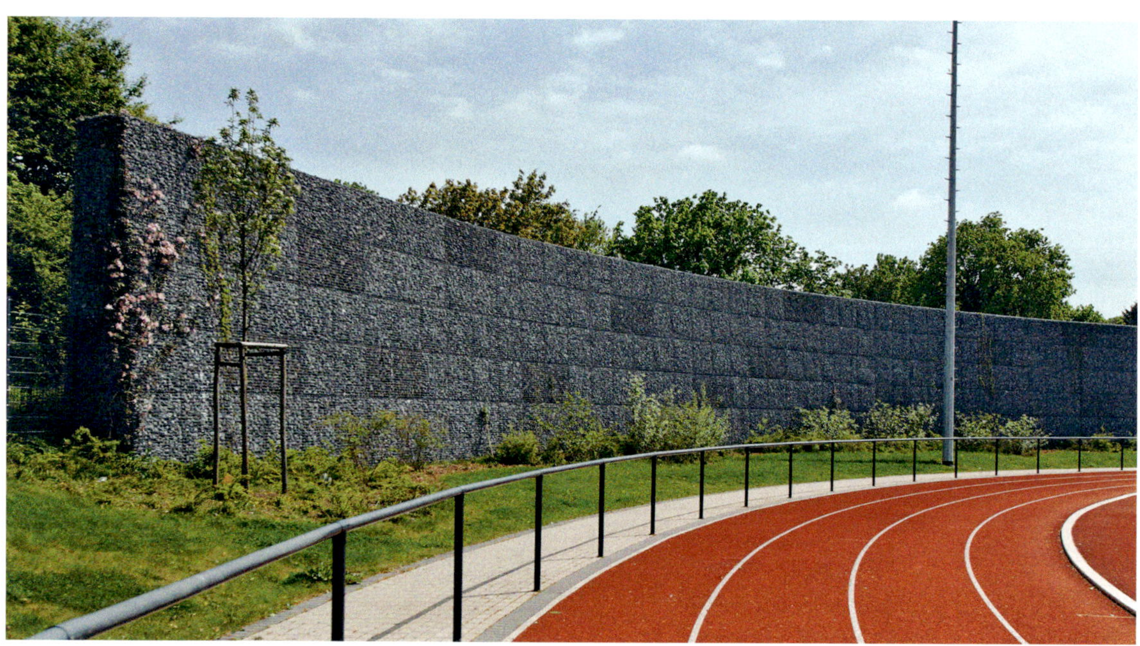

Lärmschutzwand „KikWeg" zur Lärmminderung eines Stadions (Hoy).

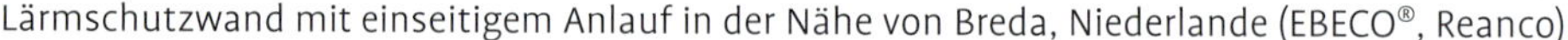

Lärmschutzwand mit einseitigem Anlauf in der Nähe von Breda, Niederlande (EBECO®, Reanco).

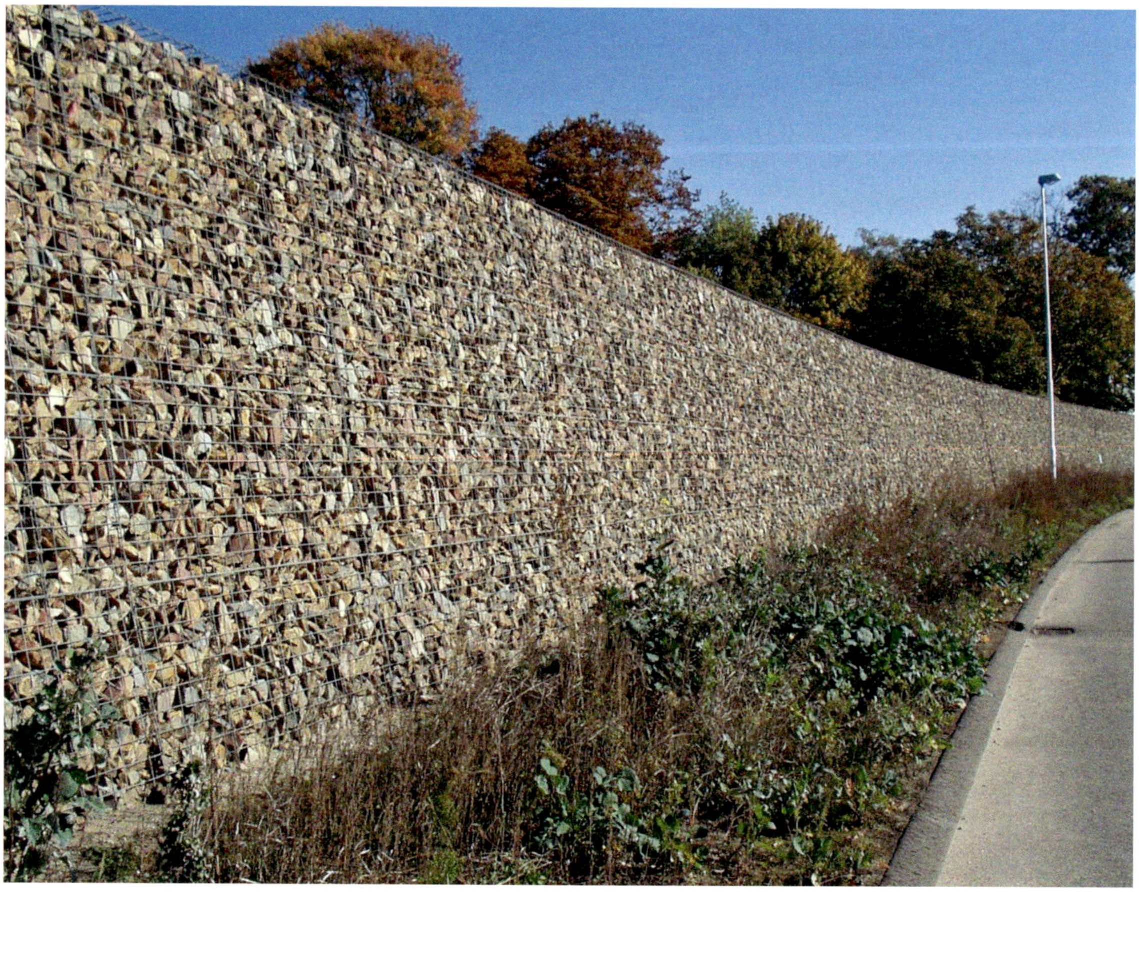

Das Lärmschutzsystem der Hoy Geokunststoffe GmbH besteht aus drei Kammern, mit der mittleren aus Beton. Die Lärmseite wird mittels Schaumlava für die Absorption gebildet.

Montage von Lärmschutzwänden mit Steinfüllung

Die Lärmschutzwand wird nach den Vorgaben des Spiral- oder Steckstabsystems gebaut. Es handelt sich um ein 3-Kammer-System mit außen liegenden, steingefüllten Kammern und einem innen liegenden Sandkern. Der Sandkern wird mittels Trennwänden und einem Vliessack gebildet. Er ist durchgehend herzustellen, sodass keine Fugen entstehen. Aus diese Weise sind die geforderten Schalldämmwerte bis > 40 dB erreichbar.

Die Seite zur Schallquelle kann durch eine Befüllung mit Schaumlava schallabsorbierend hergestellt werden (siehe Foto Seite 24).

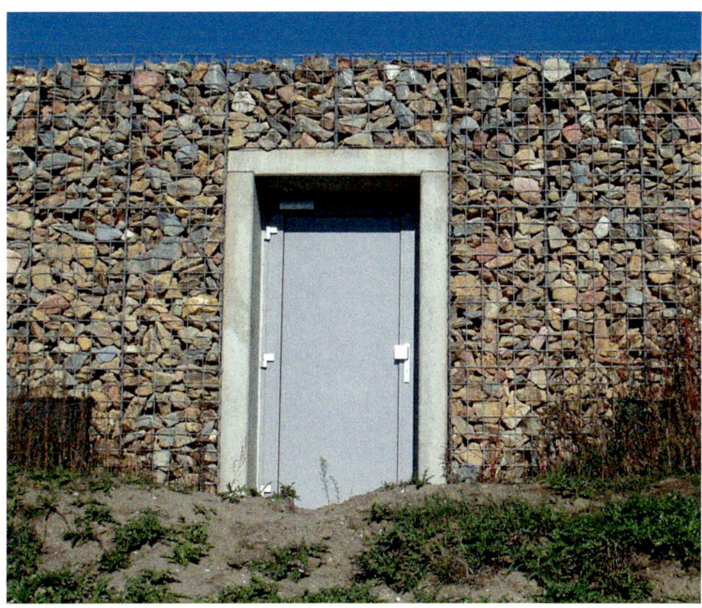

Beispiel einer Servicetür in einer Gabione, gebildet aus einem Betonrahmen.

Lärmschutzwand aus Rundgabionen mit Steinschüttung an der A 9, Rastplatz bei Denkendorf (Ferrondo).

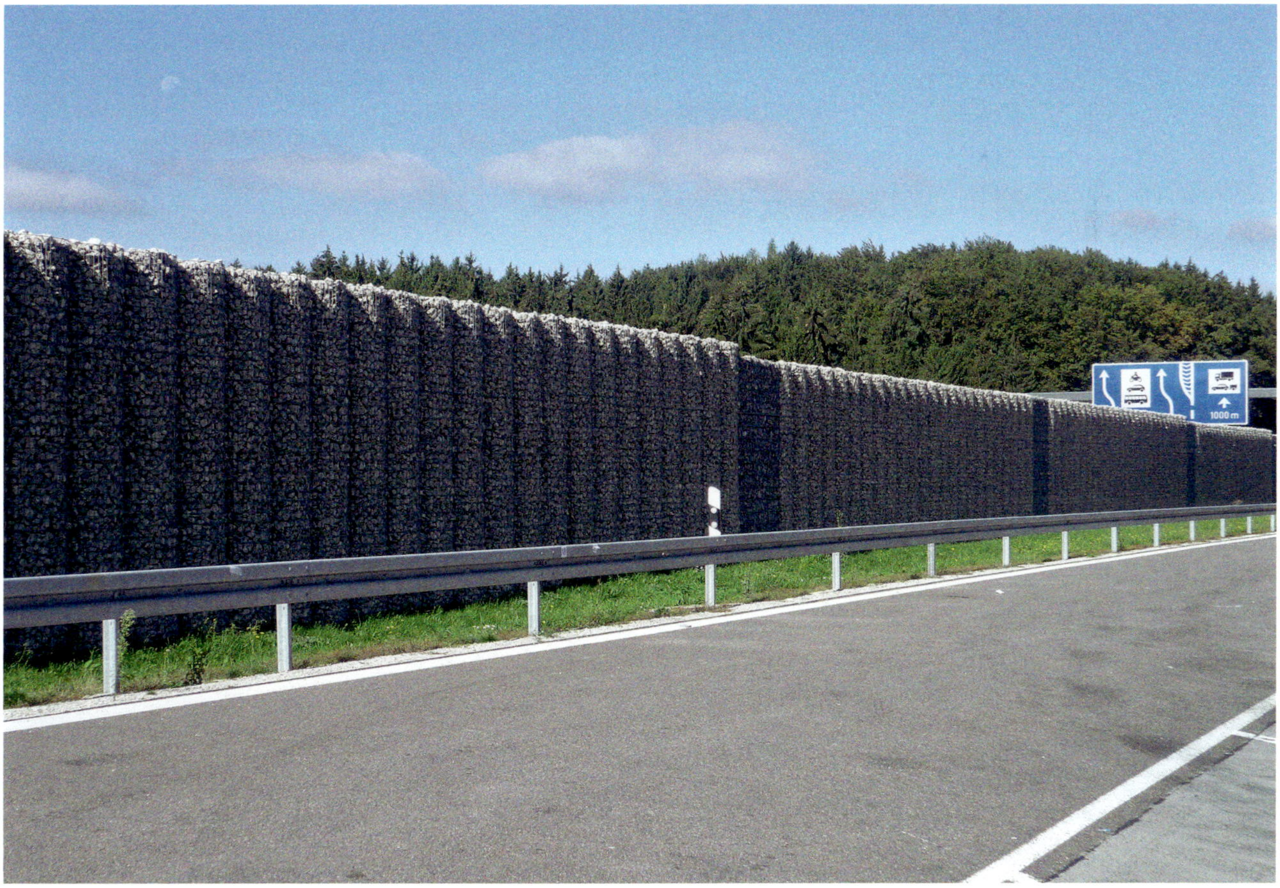

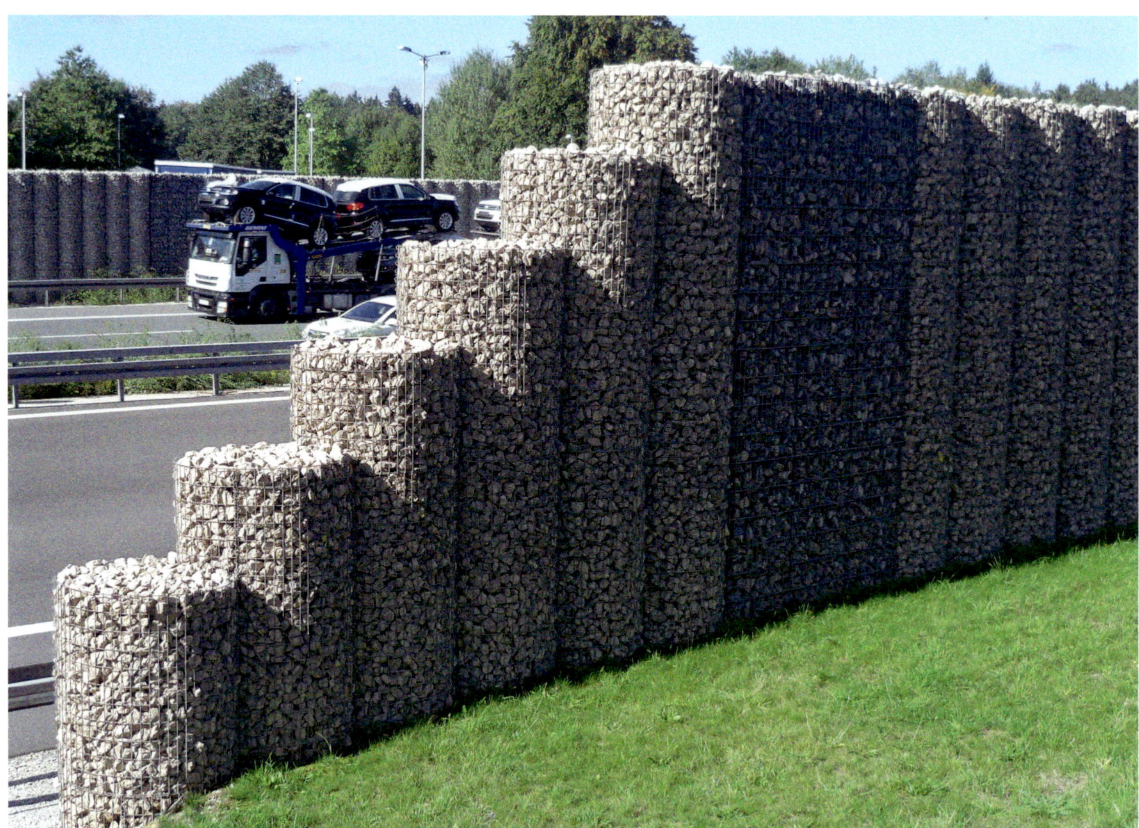

Ende einer abgetreppten Rundgabionen-Lärmschutzwand mit einem sichtbaren Wandabschnitt in gerader Ausführung, bestehend aus andersfarbigem Steinmaterial (Ferrondo).

Die Schallschutzwand mit Kern im Bild auf Seite 80 unten ist ein spezielles System der Firma EBECO® Draht GmbH und wurde erstmalig in Breda (Niederlande) eingesetzt. Der gemessene Dämmwert betrug > 40 dB. Eine Absorption wurde nicht gefordert. Das System entspricht dem der Spiralgabione.

Der Sandkern wurde als stabilisierter Sandkern mit Zement im Verhältnis 1 : 20 eingebracht.

Außerdem sind Servicetüren im System einzubauen (Foto Seite 81 oben). Ein Rahmen aus Beton kann mit einer handelsüblichen Schallschutztür als Fluchttür eingesetzt werden.

Silentplus ist ein Lärmschutzsystem der Rothfuss GmbH & Co. KG, das ebenfalls nach dem 3-Kammer-System arbeitet. Der Aufbau erfolgt nach dem Steckstabsystem (monotec). Für den Sandkern wird ein unverrottbarer Sack aus Geotextil verwendet.

Ein weiteres System für steinbefüllte freistehende Lärmschutzwände besteht aus Rundgabionen. Durch die Form gegeben, sind Ausbauchungen bei senkrecht freistehenden Wänden so gut wie ausgeschlossen. Auf Queranker kann verzichtet werden und der Aufbau erfolgt ohne Deckel- und Bodenmatten. Bei Hangabstützungen mit einseitigem Erddruck sind besondere Vorkehrungen zu treffen.

Montage von hängefähigen Gabionen

Für Wandverkleidungen können schmale Gabionen Verwendung finden. Sie können mit unterschiedlichen Befestigungssystemen montiert werden.

Dabei muss die zu verblendende Wand das Gewicht aufnehmen können. Die Montage kann ohne und mit Wärmeschutzisolierung erfolgen. Es gibt für diese Einsatzvarianten entsprechende Dübel. Die Montage erfolgt grundsätzlich mit rostfreien Schrauben und Ankern. Für Wärmedämmung gibt es spezielle Dübel, die eine Wärmebrücke verhindern.

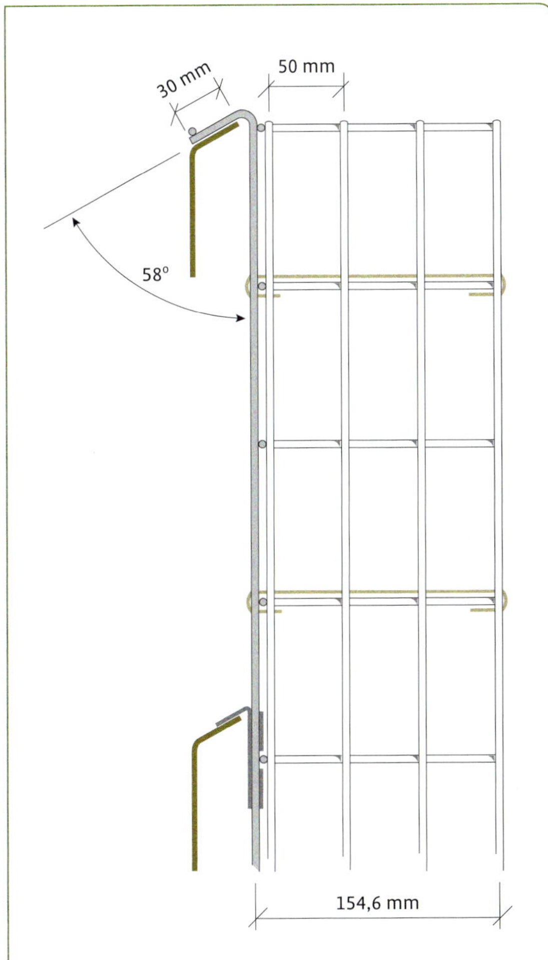

Aufhängung von Wandgabionen durch Einhängen in Schienen (nach EBECO®).

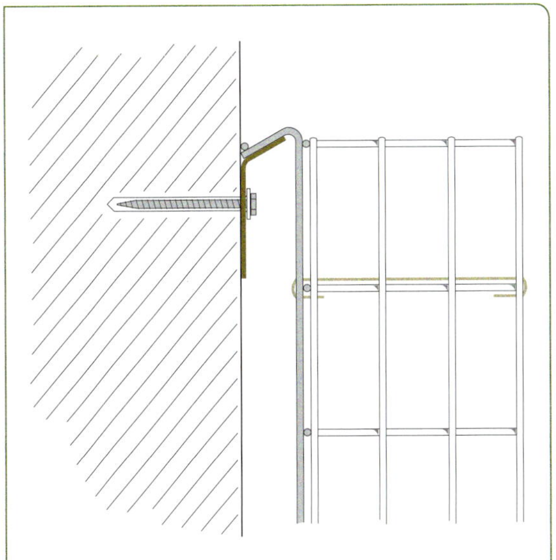

Detail der Aufhängung (nach EBECO®).

Die Gabionen können in Schienen eingehängt werden und sind, bei Berücksichtigung von entsprechenden Fugenbreiten, auch einzeln abnehmbar. Die Fugenbreite muss etwas größer als die Einhängetiefe der Gabione sein.

Bei nicht tragfähiger Grundkonstruktion kann eine Lastabtragung über eine Ständerkonstruktion auf ein Fundament erfolgen. Dies kann mit einem Ständerwerk mit Halfenschienen (DEHA-Ankerschienen) ausgeführt werden.

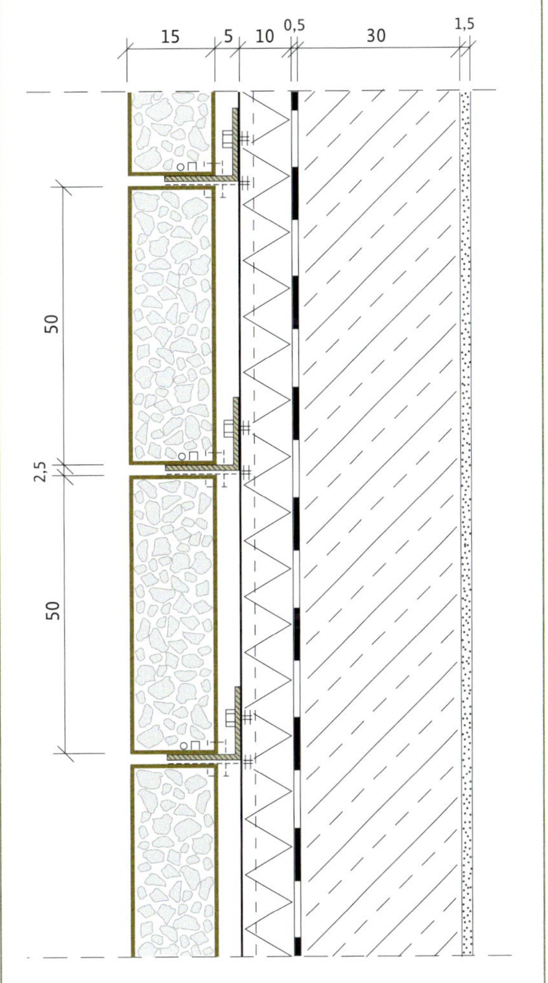

Möglichkeit einer Konstruktion aus Konsolen. Bei einer Wärmedämmschicht ist eine Befestigung mit Spezialdübeln zur Verhinderung einer Wärmebrücke zu wählen (Maßangaben in cm).

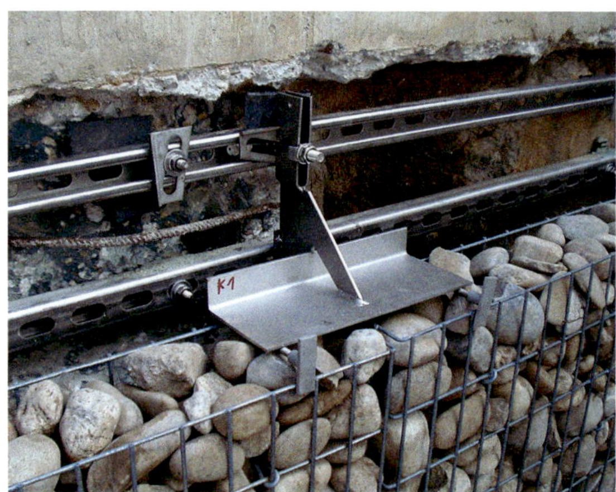

Beispiel einer Unterkonstruktion aus DEHA-Ankerschienen vor einer Bohrpfahlwand zur Aufhängung von Wandgabionen (EBECO®).

Eine weitere Möglichkeit besteht darin, an vertikale Lochschienen einzuhängende Wandgabionen mit Einhängehaken zu verwenden.

Zusätzliche Möglichkeiten bieten Montagen mit Konsolen. Dabei werden Gabionen auf Konsolen gestellt und mittels Ankerhaken rückwärtig verhängt.

Eine sehr aufwendige Möglichkeit der Montage hängefähiger Gabionen sind Grundkonstruktionen aus Halfenschienen mit entsprechenden Halterungen, die vor stark profilierten Wänden (zum Beispiel Bohrpfählen, siehe Foto) eingesetzt werden können.

Eine einfache Variante der Montage bieten schmale Standardgabionen, die wie Spiral- oder Steckstabgabionen aufgebaut werden und konstruktiv gegen Kippen mit der Grundkonstruktion durch Schraubanker und Dübel gehalten werden. Die Lastabtragung erfolgt über das Steinmaterial auf eine Fundamentierung. Dabei ist auf eine besonders gute Verfüllung der Gabionen zu achten.

Die Maschen dieser Gabionen müssen klein gehalten werden, weil durch die schmale Ausführung nur kleinere Korngrößen genutzt werden können. Dies bedeutet aber auch wenige Hohlräume.

Sichtschutzwand zum Gehweg aus Zaungabionen in versetzter Anordnung, aufgelockert durch eingefügte Pflanzzonen (3ks arcadia®).

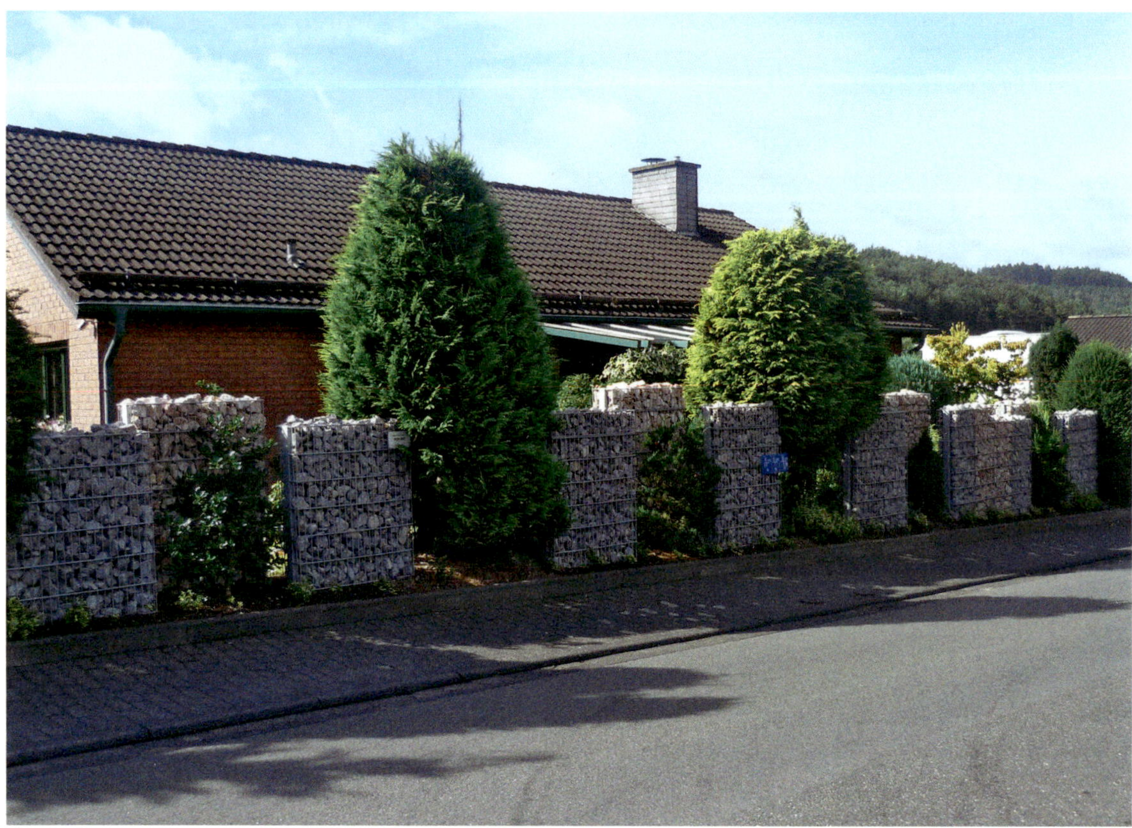

Montage von Zaungabionen

Zaungabionen sind schmale, zwischen 13 und 25 cm breite Gabionen aus Doppelstabgittermatten aus dem Zaunbau. Sie sind statisch über ein Pfostensystem oder Gittersäulen zu sichern. Die Pfosten werden in Einzelfundamente in statisch notwendiger Tiefe einbetoniert.

Diese Arbeit ist sorgfältig auf Maß der Gittermatten auszuführen. Die Fundamentgröße richtet sich nach statischen Erfordernissen und örtlichen Bodenverhältnissen.

Die Pfosten sind lotrecht sowie fluchtgerecht zu setzen. Das Fundament ist frostfrei zu gründen.

Die Pfosten können aus handelsüblichen Rechteck- oder Rundrohren, eventuell auch aus U-Profilen bestehen. Je nach statischer Belastung können auch Doppelpfosten biegesteif verbunden eingesetzt werden.

Zwischen den Einzelfundamenten ist eine Schottertragschicht – leicht breiter als die Dicke der Zaungabionen – herzustellen. Ihre Stärke sollte mindestens 15 bis 20 cm betragen.

Die Montage der Gittermatten ist abhängig vom jeweiligen Zaungabionensystem.

An dieser Stelle sollen zwei Systeme gesondert behandelt werden. Zum einen ein System mit Pfosten und zum anderen eins mit Gittersäulen.

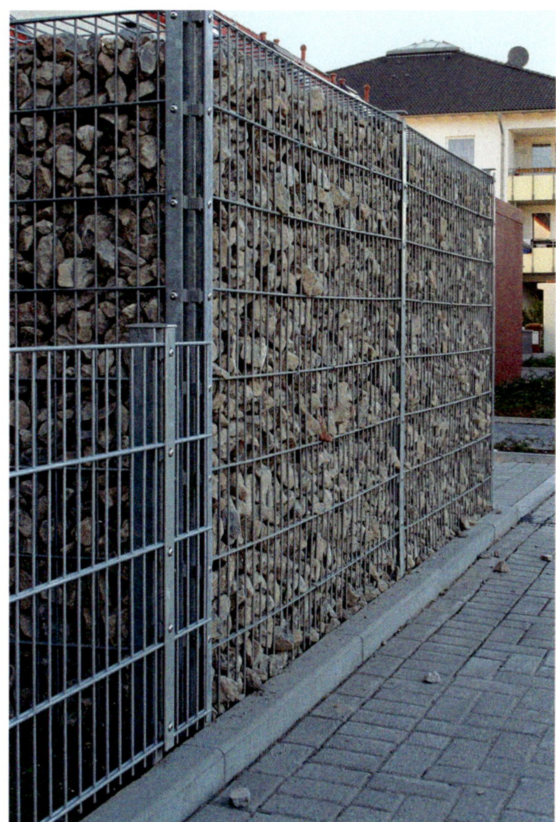

Zaungabione aus Pfosten und Doppelstabgittermatten und Verlängerung mit einfachem Zaunelement (EBECO®).

Zaungabione System Pfosten

Das System EBECO® besteht aus biegesteif verbundenen Doppelpfosten, Doppelstabgittermatten, Kopfmatten für die Wandenden, Distanzhaltern, eventuell Deckelmatten sowie Befestigungselementen und -klammern.

Die Doppelpfosten sind als Eck- und Mittelpfosten mit entsprechenden Mattenhaltern lieferbar. Zum Bau von Ecken können auch Einzelpfosten zum Einsatz kommen.

Bei der Anlage der Pfostenhöhe ist zu beachten, dass die Gittermatten an der Unterseite überstehende Drahtenden aufweisen, die etwas (1 bis 2 cm) in das Schotterfundament einbinden sollen.

Die Gittermatten erhalten Queranker bzw. Distanzhalter, die zur Aussteifung gedacht sind. Sie verhindern auch ein Ausbeulen beim Befüllen.

Die Abstände und die Lage der Distanzhalter müssen nach Plan bzw. Herstellerangaben erfolgen. Die erste Lage Distanzhalter wird auf den untersten Doppelstab gelegt. Die Distanzhalter liegen jeweils auf dem Doppelstab und umfassen den Vertikalstab.

Die Füllung der Zaungabionen erfolgt mit einem Füllmaterial, das frostfrei sein muss und eine der Maschenweite angepasste Kornabstufung haben soll. Ein Nachrichten der Steinfüllung in Bezug auf Blickdichte kann erfolgen.

Bei der Befüllung ist eine Beschädigung der Distanzhalter zu vermeiden.

Wenn gewünscht bzw. bei niedrigen Höhen, ist die Montage einer Deckelmatte möglich.

Diese wird mit Klammern unter Zuhilfenahme einer Wasserpumpenzange oder einer speziellen Zange an den Längsmatten befestigt.

Für geringe Höhen und Belastungen kann eine einfachere Zaungabione mit 20 cm Tiefe und Einzelpfosten eingesetzt werden. Die Montage erfolgt sinngemäß.

Die Matten sind in L-Form gekantet und werden mit Klammern gegeneinander geschlossen und an den Pfosten mit Klemmen fixiert.

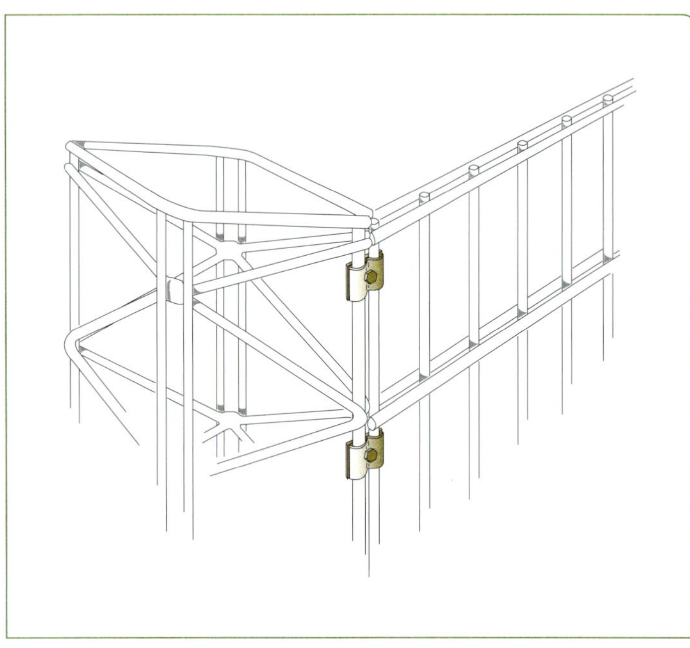

Befestigung der Gittermatten an den Gitterpfosten mit Universalklemmen (nach 3ks arcadia®).

Zaungabione System Gitterpfosten

Bei der Pergone (3ks arcadia®) kommen Gitterpfosten zum Einsatz. Zum Lieferumfang gehören Gittersäulen, Gittermatten, Universalklemmen und Abstandhalter.

Zum Einbau der Gitterpfosten werden Punktfundamente angelegt. Deren Größe richtet sich nach statischen Erfordernissen und den örtlichen Bodenverhältnissen.

Die Fundamente können als Köcher ausgeführt und auf frostfreie Tiefe gegründet werden.

Bei der Einbindung der Gitterpfosten ist auf genauen Abstand zu achten und lot- und fluchtgerecht zu arbeiten.

Zwischen den Einzelfundamenten ist eine leichte Schottertragschicht 10 bis 20 cm tief einzubauen.

Die Rankgittermatten werden mit Universalklemmen fixiert und festgezogen.

Zur Abdeckung und zum Schutz vor Entnahme von Steinmaterial kann eine Deckelmatte aufgebracht und mit Klammern fixiert werden.

Zaungabione mit Gitterpfosten und einer ornamenthaften Befüllung mit unterschiedlichen Natursteinen, integrierten Farbpunkten und einer Nische (3ks arcadia®).

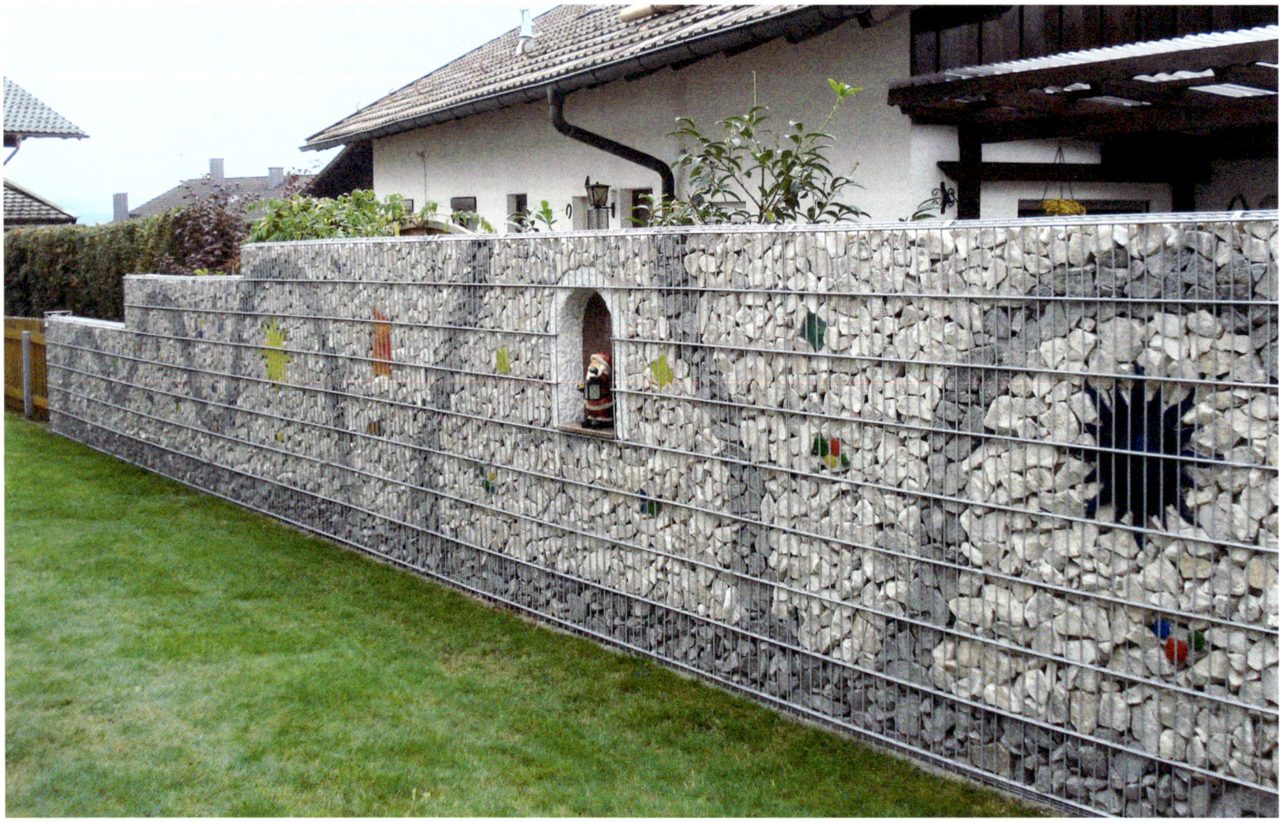

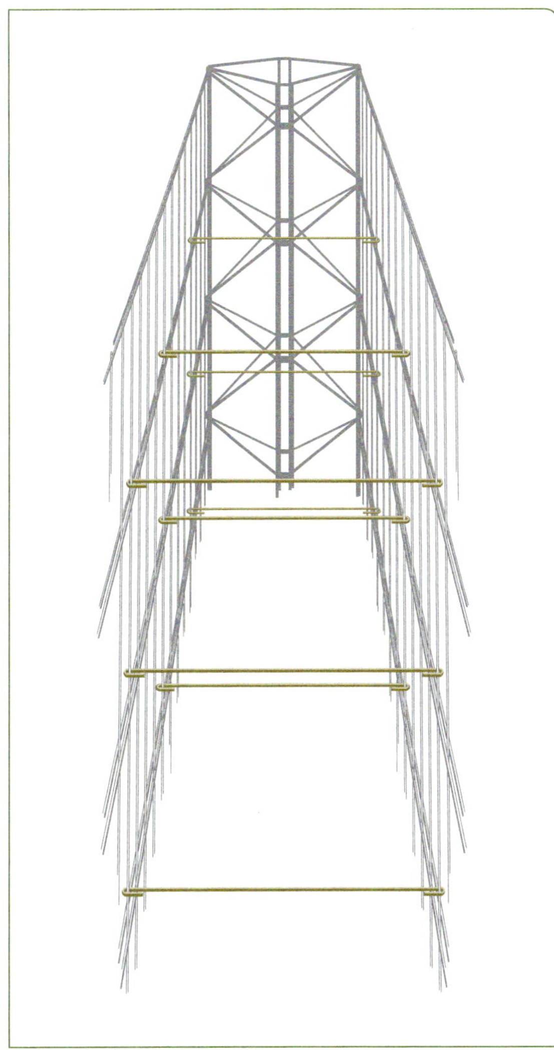

Anordnung der Abstandhalter entsprechend Angabe des Herstellers (nach 3ks arcadia®).

Die Abstandhalter sind nach Angaben des Herstellers und dessen Ankerplänen einzubauen.

Zur Montage befindet sich eine Montagehilfe und für einen Wandanschluss ein Anschlusselement im Programm der 3ks arcadia®, ebenso weitere ergänzende Ein- und Anbauteile.

Weitere Systeme werden von der Franken-Schotter GmbH & Co. KG und der Rothfuss GmbH & Co. KG (siehe Seite 31) angeboten. Das System Franken-Schotter wird mit Rechteckpfosten montiert, das System Rothfuss arbeitet mit Gitterpfosten.

Montage von erdbefüllten Gabionen als Steilwall

Für den Aufbau von erdbefüllten Steilwällen sind, je nach Baugrund, nur geringe Fundamentierungsarbeiten erforderlich.

Als Erstes hat das Abstecken der Fluchtlinie zu erfolgen.

Mutterboden und Pflanzenteile sind zu entfernen. Bei geringen Wandhöhen und kiesigem, wasserdurchlässigem und frostunempfindlichem Boden reicht eine gute Verdichtung.

Ansonsten ist eine Schottertragschicht von 20 bis 40 cm, je nach Baugrundverhältnissen, einzubauen. Die Schottertragschicht sollte eine Überbreite von mindestens 30 cm und eine gleichmäßige Dicke und Verdichtung aufweisen (97 % Proctordichte, eventuell auch 100 %).

Das Planum muss mit einer Genauigkeit von +/− 2 cm hergestellt werden.

Besonderes Augenmerk muss bei der Gründung auf Wällen gelten. Oft werden diese Erdwälle aus teils ungeeignetem Material aufgeschüttet oder nicht ausreichend verdichtet, sodass eine spätere Erhöhung aus schalltechnischen Gründen, beispielsweise mittels einer Gabionenwand, zu Setzungen führt.

Bei Stufenwällen für Lärmschutzsteilwälle werden keine Boden- und Deckelmatten eingesetzt. Das Füllmaterial hat jedoch besondere Eigenschaften hinsichtlich Verdichtung, Dauer-

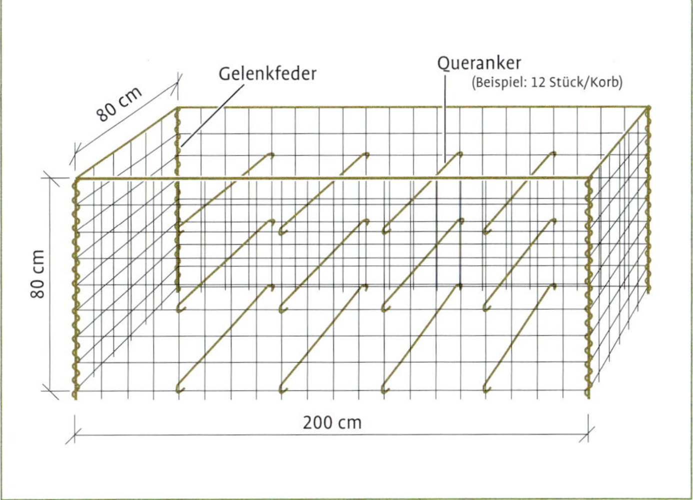

Beispiel eines Korbes 200 × 80 × 80 cm für erdbefüllten Gabionen-Stufenwall mit Anordnung der Queranker (nach EBECO®).

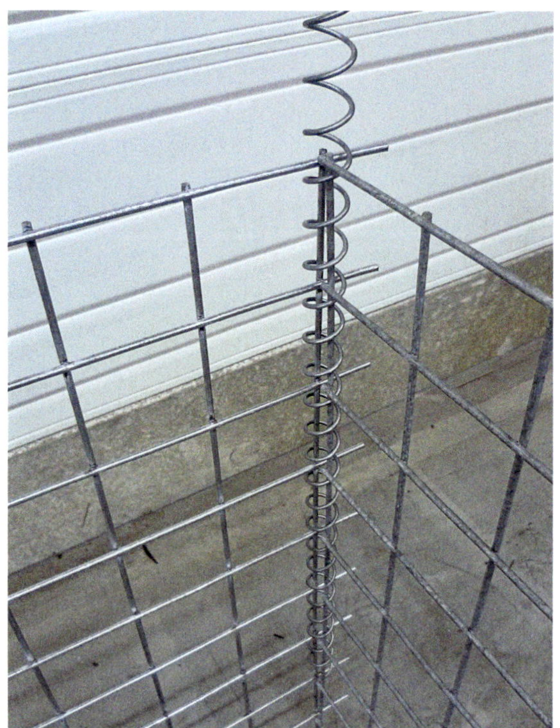

Verbindung der ersten beiden Matten mit einer dreiwindigen sogenannten Gelenkfeder.

haftigkeit und Witterungsbeständigkeit aufzuweisen (siehe Tab. 5, Seite 59).

Standardhöhen der Körbe sind in der Regel 50, 80 und 100 cm. Die Längen der Körbe betragen 100 und 200 cm als Standard, sie können aber auf Maß gekürzt werden.

Die Breiten der Körbe richten sich nach der Abstufung, in der Regel betragen sie 80, 120, 160, 200, 240 und 280 cm bei einem sechsschichtigem Stufenwall. Die Queranker bzw. Distanzhalter sind auf diese Korb- und Mattenmaße abgestimmt.

Der Drahtdurchmesser der Matten, bzw. der Queranker, beträgt in der Regel 5,6 mm, in bestimmten Fällen auch 5,0 oder 4,5 mm.

Alle Bauteile bestehen aus kaltgezogenem Walzdraht S 235 mit Zink-Aluminium-Beschichtung.

Die für die erste Lage benötigten Gittermatten werden auf dem Planum verteilt und mit den Gelenkfedern, Spiralen oder Steckstäben montiert. Die vertikalen Stäbe der Matten sollen dabei außen liegen.

Je nach Herstellersystem gibt es zwei- oder dreiwindige Gelenkfedern.

Bei manchen Systemen werden dreiwindige Gelenkfedern mit einem Drahtdurchmesser von 3,8 mm verwendet (zum Beispiel System EBECO®). Falls die Matten überstehende Enden an den Vertikalstäben aufweisen, sind diese nach unten einzubauen. Überstehende Drahtenden in Längs- und Querrichtung sind umzubiegen, um Verletzungen zu vermeiden. Eine Beschädigung der Korrosionsschicht sollte dabei vermieden werden.

Die unterste Korbschicht wird höhen- und fluchtgerecht auf dem Planum ausgerichtet. Es sollten immer mehrere Körbe in Reihe vormontiert werden. In Querrichtung ist unbedingt auf waagerechte Gründungsebene zu achten und auch zu montieren. In Längsrichtung kann mit leichtem Gefälle (2 bis 3 %) in Längsneigung des Geländes gebaut werden.

Zur Stabilisierung der Füllung sind Schutzmatten aus Vlies mit aufgesteppter Kokosfaser oder ein geeignetes Geotextil einzubringen. Diese Schutzmatten sind größer als die Gittermatten, müssen straff gespannt und mit ihren seitlichen Überlängen durch Klammern befestigt werden. Der Überstand beträgt mindestens 10 cm. An der Oberseite ist ein Abstand der Klammern von 10 cm einzuhalten. An der Unterseite und an den senkrechten Seiten reichen 40 bis 50 cm. Der obere Überstand wird vorerst nach außen geklappt. Danach ist die unterste Lage der Queranker zu montieren, indem an den

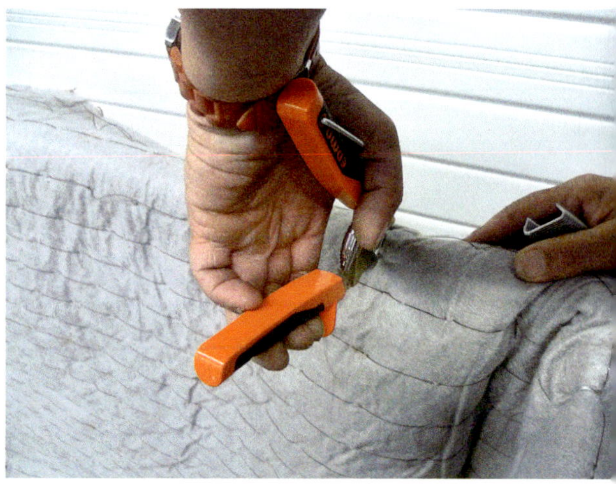

Befestigung des Vlieses mit aufgenähter Kokosmatte, wobei Klammern mit einer Spezialzange zum Einsatz kommen.

entsprechenden Stellen mittels eines speziellen Lochschneiders die Matte durchstoßen wird. Dies geschieht immer an den Kreuzungspunkten der Stäbe.

Die Ösen sollen diagonal einen senkrechten und einen horizontalen Draht mit der Öffnung nach unten umschließen. Die Ösen sind mit einem geeigneten Werkzeug zuzubiegen (Biegerohr oder Zange).

Nun können die Queranker der zweiten Lage nach Ankerplan eingesetzt werden. Die unteren zwei Querankerlagen werden vor der Befüllung eingebaut, die weiteren Ankerlagen werden nach jedem weiteren Befüllungsvorgang eingesetzt.

Es ist darauf zu achten, dass die Nachbarkörbe lagenweise mitgefüllt werden, um Verformungen der Quermatten zu verhindern.

Die Stirnseiten an den Wandenden werden durch Längsanker, Diagonalanker bzw. zusätzliche Trennwände in Längsrichtung gegen Verformung gesichert. Die Stirnseiten erhalten ebenfalls ein Vlies mit Kokosmatte zur Stabilisierung des Verfüllmaterials.

Es sollte auf Länge gebaut werden, das heißt, die untere Lage wird auf der ganzen Länge montiert und verfüllt sowie verdichtet.

Die Befüllung erfolgt in zwei bis vier Arbeitsgängen je nach Wandhöhe. Die Dicken der Füllschichten liegen somit im verdichteten Zustand bei 25 bis 40 cm. Die Überhöhung der letzten Füllschicht sollte ca. 8 cm in Korbmitte betragen.

Die lagenweise Verdichtung erfolgt ringförmig von innen nach außen, wobei im Bereich der Queranker darauf zu achten ist, dass diese beim Verdichten mit dem Vibrationsstampfer unterfahren werden, damit ein Einziehen der Außenmatten vermieden wird.

Der Verdichtungsgrad sollte bei ca. 97 % Proctordichte liegen. In den Ecken und direkt an der Außenwand ist mit einem Handstampfer nachzuarbeiten.

Im Bereich der Pflanzflächen ist Oberboden mit einzubauen, aber aus Verdichtungsgründen im Verhältnis 1 : 1 mit dem Füllboden gemischt.

Ist die erste Lage gebaut, kann die nächste Lage stufenförmig, in der Regel mit 20 cm Rückversatz, auf beiden Seiten aufgesetzt werden. Die Querwände der Lagen müssen übereinander angeordnet sein. Die Quermatten werden dabei S-förmig auf die unteren Quermatten aufgesetzt und jeder dritte vertikale Stab wird hinter den oberen horizontalen Stab der unteren Matte gebogen.

Es sollte angestrebt werden, die Wand lagenweise auf ganzer Länge zu bauen, bevor mit der nächsten Lage begonnen wird.

Nur bei Platzmangel, wenn kein lagenweiser Aufbau möglich ist, kann die Wand in abgetreppter Weise erstellt werden. Dabei ist darauf zu achten, dass immer ein Korb mehr in der unteren Lage befüllt und verdichtet ist und der benachbarte Korb teilgefüllt ist.

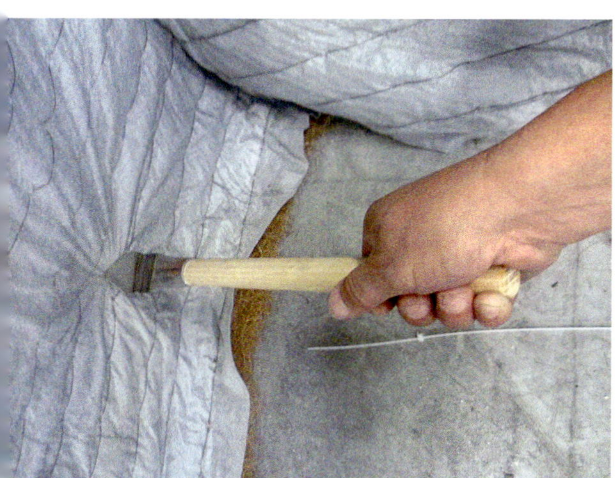

Durchstoßen des Vlieses mit einem spitzen Lochstecher für die Montage der Queranker.

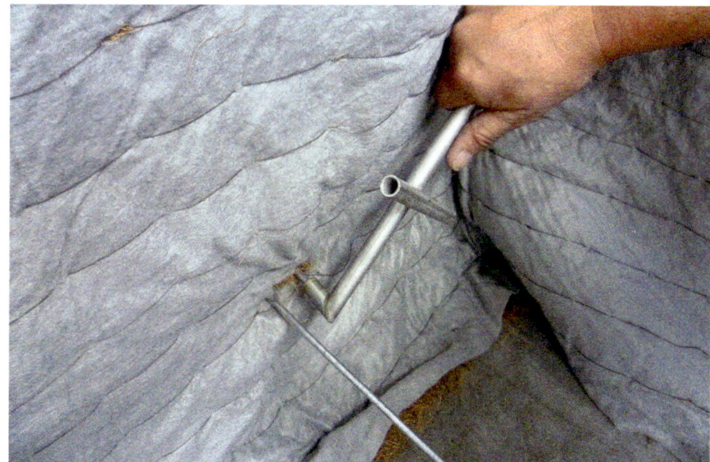

Einbringen des Querankers und Umbiegen der Öse, um ein Lösen bei der Befüllung und Verdichtung zu verhindern. Auch ein Öffnen der Ösen bei Innendruck wird dadurch verhindert.

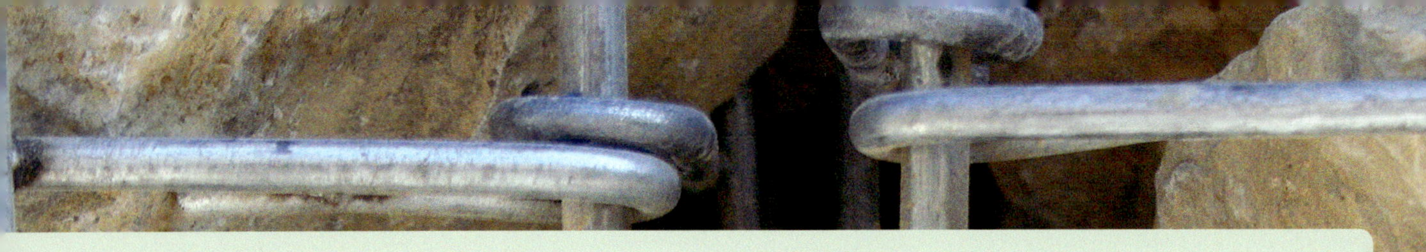

Kriterien für Planung, Leistungsbeschreibung und Bauablauf

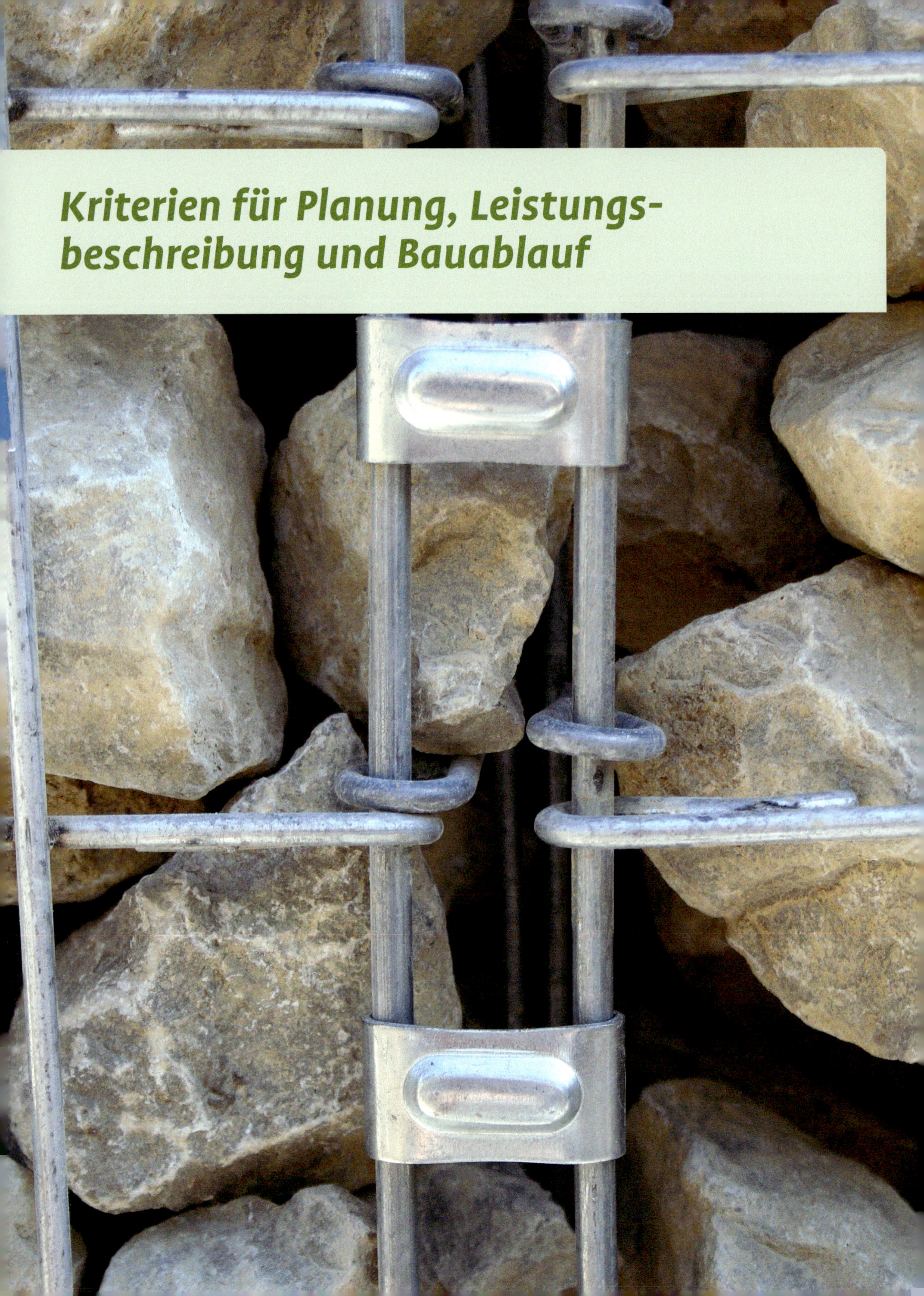

Eindeutige Festlegung der technischen Anforderungen

In den Ausschreibungstexten müssen alle für die Lieferung und den Bau von Gabionen relevanten Angaben enthalten sein.

Für den Bauherrn sind daher vergleichbare, identische technische Voraussetzungen zum Vergleich der Angebote der Anbieter von entscheidender Bedeutung.

Diese Angaben sind nach den statischen und ausführungstechnischen Erfordernissen in den Ausschreibungstext zu übernehmen.

Für Angebot und Abrechnung ist eine detaillierte und fachlich einwandfreie Leistungsbeschreibung zu erstellen. Dabei sind die einschlägigen Normen zu beachten.

Dazu gehören die „Allgemeinen Technischen Vorschriften", wie die im Anhang aufgeführten ATV-DIN-Normen.

In den Positionen sind Art und Zweck der Leistung, Bodenklassen und -gruppen, Flächenneigungen, Material, Mengen und Schichtdicken, Korngruppen bzw. Körnungen und Art der Befüllung sowie Angaben zur Abrechnung darzustellen.

Wesentlich sind

- Drahtdurchmesser,
- Maschenweiten,
- Gabionentyp zwecks Verbindungsart,
- Oberflächenbeschaffenheit in Verbindung mit dem Korrosionsschutz.

Der Aufsteller der Leistungsbeschreibung sollte in der Sache fachkundig sein und gegebenenfalls technische Angaben von Herstellern einholen. Es muss gewährleistet sein, dass nicht verschiedene Systeme vermischt werden und alternative gleichwertige Angebote zum Vergleich möglich sind.

Weiter sollte auf erforderliche Sicherheitsmaßnahmen für die Errichtung und Wartung eingegangen werden. Dies sind im Besonderen Gerüstbauten und Schutzgeländer. Sie sind kostenrelevant und müssen Berücksichtigung finden.

Auf eine notwendige Baustelleneinrichtung muss hingewiesen werden. Die Erreichbarkeit und die Lage der Baustelle sowie die Beschaffenheit der Zufahrten für notwendige Baufahrzeuge sind ebenfalls darzustellen.

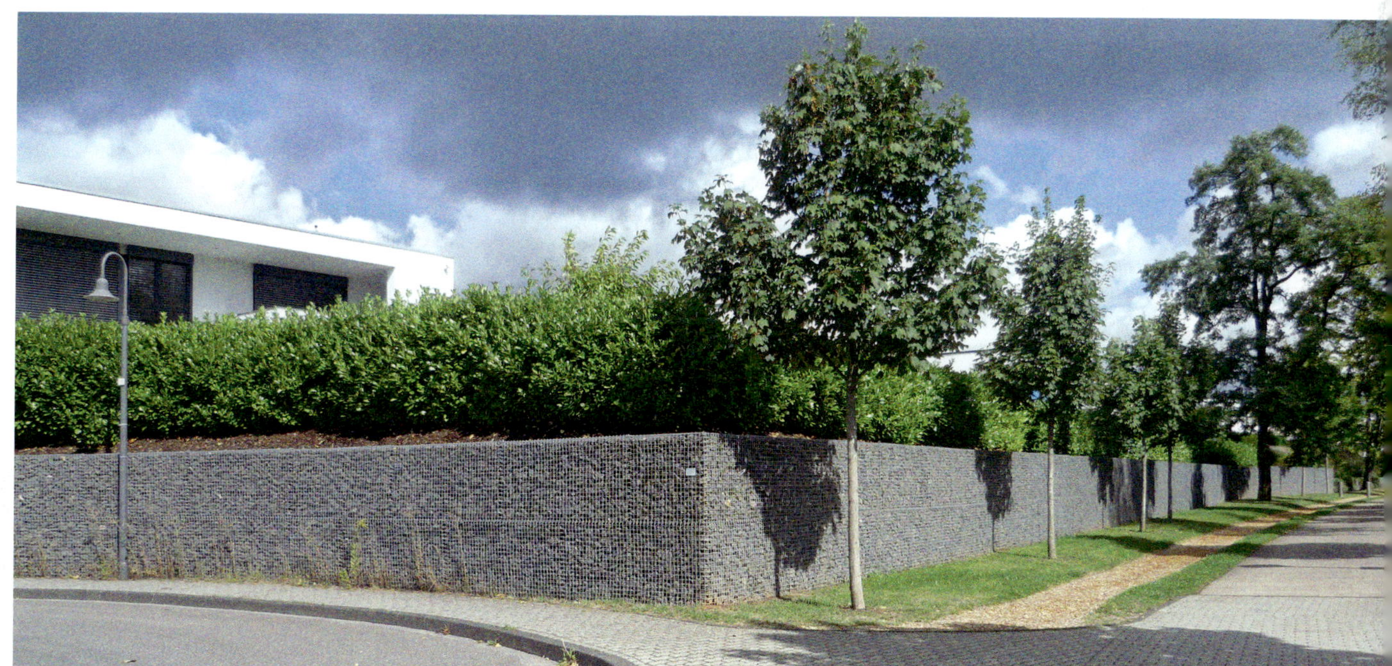

Hangsicherung und Grundstücksmauer auf dem Petrisberg in Trier.

Verbau- bzw. Montageart

In der Regel wird in den Ausführungsplänen und der Statik festgelegt, in welcher Neigung oder Abtreppung, bzw. kombiniert, die Gabionen aufzubauen sind.

Die Korbbreiten sind nach der statischen Berechnung einzubauen. Abtreppungen, Wandhöhen und somit Korblängen und -höhen ergeben sich entsprechend den örtlichen Gegebenheiten und sind in den Ausführungsplänen anzugeben.

Je nach Ausführung kann es sinnvoll sein, das entsprechende Gabionensystem (Spirale, Steckstab, C-Klammer oder Geflecht) zu wählen.

Die Korbabmessungen sind eindeutig zu beschreiben und in ihrer Menge anzugeben.

Die Montageart, das heißt Aufbau und Befüllung vor Ort oder werkseitig befüllte Gabionen, muss angegeben werden.

Das Steinmaterial in seiner Beschaffenheit, Festigkeit und Wichte, die Korngrößen und die Art der Befüllung, ob geschichtete Ansicht oder geschüttet und von Hand nachgerichtet, sind Kriterien für Qualität und Preis der Gabionen.

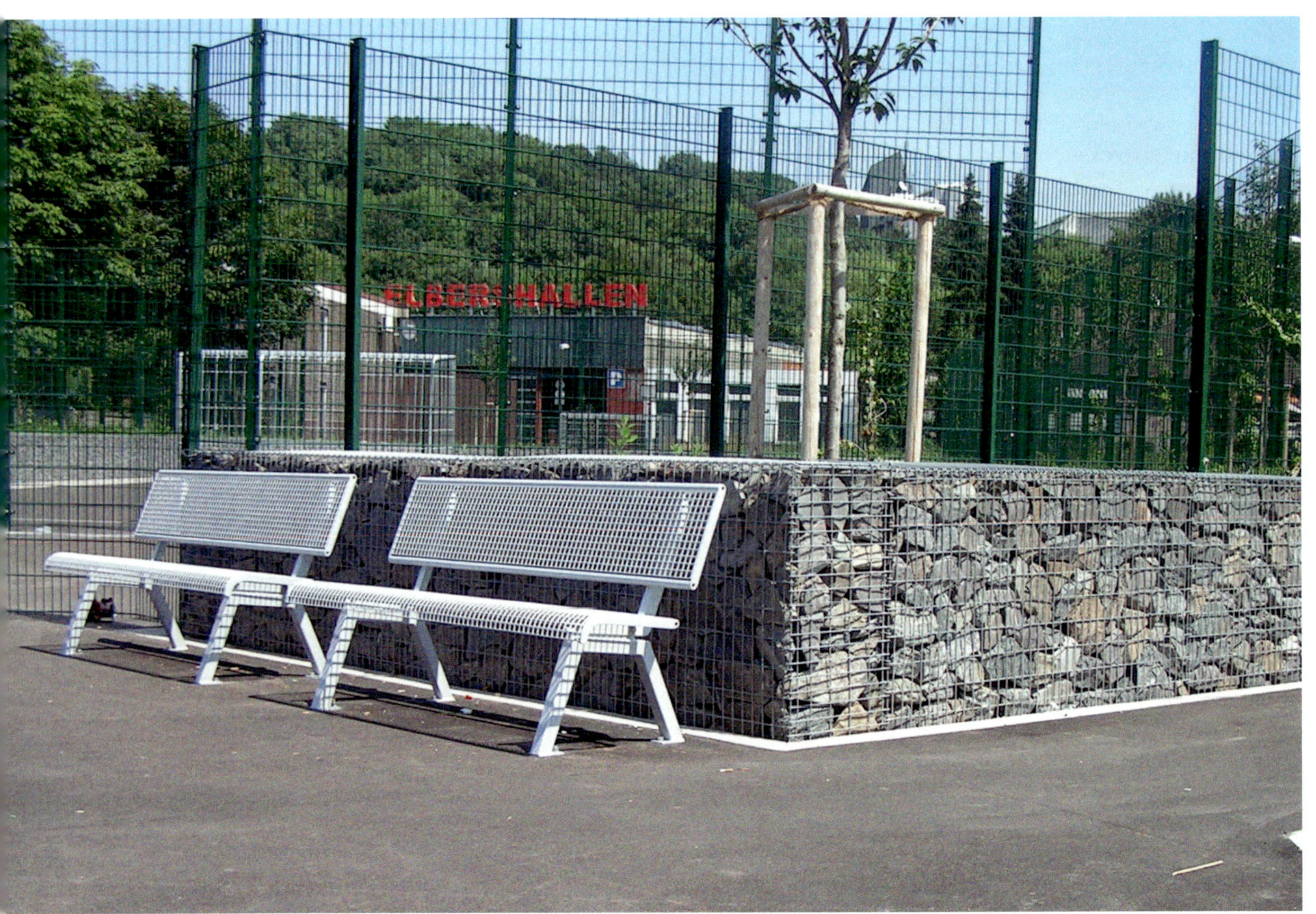

Gabionen im „Pocket Park Elbers“ in Hagen (EBECO®).

Planungsabläufe

Der Planungsablauf mit seinen Teilbereichen ist je nach Schwierigkeitsgrad und Größe der Baumaßnahme zu planen. Dazu gehören:
- Standortgegebenheiten,
- Geländeverlauf,
- Lasteinwirkungen durch Verkehrslasten oder Aufschüttungen,
- Planung des Gabionenbauwerks,
- Ausführung der Baumaßnahme,
- Abschlussmaßnahmen.

Standortgegebenheiten

Hierzu zählen die Baugrunduntersuchung, der Standort und die Bodenkennwerte.

Bei kleineren Bauwerken, vor allem im privaten Bereich, sind aus Kostengründen selten Baugrunduntersuchungen notwendig. Jedoch sind bei örtlichen Bauämtern Richtwerte zum Boden zu erfragen.

Bei größeren und auch hoch belastenden Bauwerken sind Baugrunduntersuchungen empfehlenswert bzw. notwendig.

Bei Lärmschutzwänden sind außerdem Windzonen und Standort zu berücksichtigen.

Geländeverlauf

Zu berücksichtigen sind hierbei das Gefälle bzw. Steigungen und Geländevesprünge.

Die Geometrie des Geländes im Hinblick auf Steigungen ist aufzumessen und Geländeform und Geländevesprünge in Form von Böschungen sind hinsichtlich ihrer Relevanz auf das Bauwerk festzustellen.

Lasteinwirkungen durch Verkehrslasten oder Aufschüttungen

Die Verkehrslasten, die hinsichtlich der Statik eine Wirkung auf das Bauwerk haben, sind zu ermitteln. Weiterhin sind Auflasten, eventuell aus Gebäuden oder Stapelgütern, und Aufschüttungen oder Böschungen zu berücksichtigen.

Planung des Gabionenbauwerks

Wie bereits in den vorhergehenden Kapiteln beschrieben, sind alle relevanten Angaben der Gabionen festzulegen. Dazu gehören:
- Gabionentyp und Funktion der Gabione,
- Ermittlung der Gabionenhöhe und des Gabionenverlaufes,
- Art und Größe des Befüllungsstoffes,
- Anzahl und Größe der Sichtflächen und deren Gestaltung,
- Aufbau im Querschnitt, Fundamentierung und Entwässerung,
- Gestaltung der konstruktiven Form,
- Standsicherheitsnachweis und Ausführungsplanung,
- Sicherheitsbestimmungen und Baustellenbesonderheiten sowie
- die Leistungsbeschreibung der gesamten Gewerke.

Ausführung der Baumaßnahme

Wesentliche Elemente sind:
- Vergabe und Vertragsvereinbarungen,
- Materialbeschaffung und Musterkorb,
- Überprüfung der Lieferung bezüglich Hersteller, geometrische Abmaße, Masse, Maschenweite usw.,
- Baustelleneinrichtung inklusive Baustellensicherung und Sicherheitseinrichtungen,
- Baugrundvorbereitung und Entwässerung,
- Fundamentierungsmaßnahmen,
- Montage bzw. Versetzen der Gabionenkörbe je nach Ausführungsplan und Versetzanleitungen,
- die Ausbildung der Gabionenkrone, eventuelle Absturzeinrichtungen und Ableitung des Oberflächen- bzw. Hangwassers,
- seitliche Geländeeinbindungen und -anformungen sowie
- Angleichen des Geländes am Wandfuß.

Abschlussmaßnahmen

Zu berücksichtigende Bestandteile sind:
- Überprüfung der ordnungsgemäßen Ausführung,
- Aufmaß,
- Abnahme und
- Abrechnung.

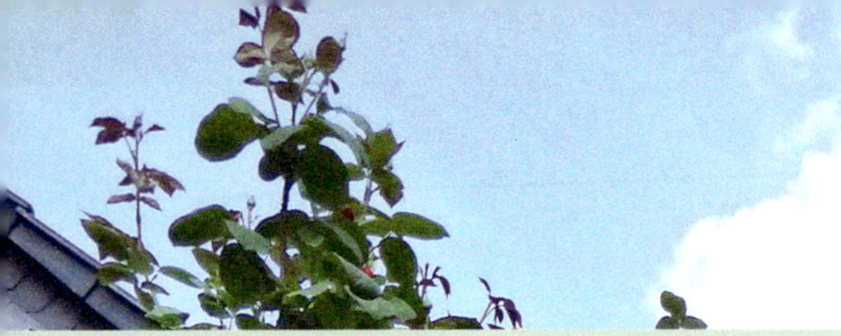

Güteüberwachung, Pflege, Folgekosten, Berechnungsbeispiele

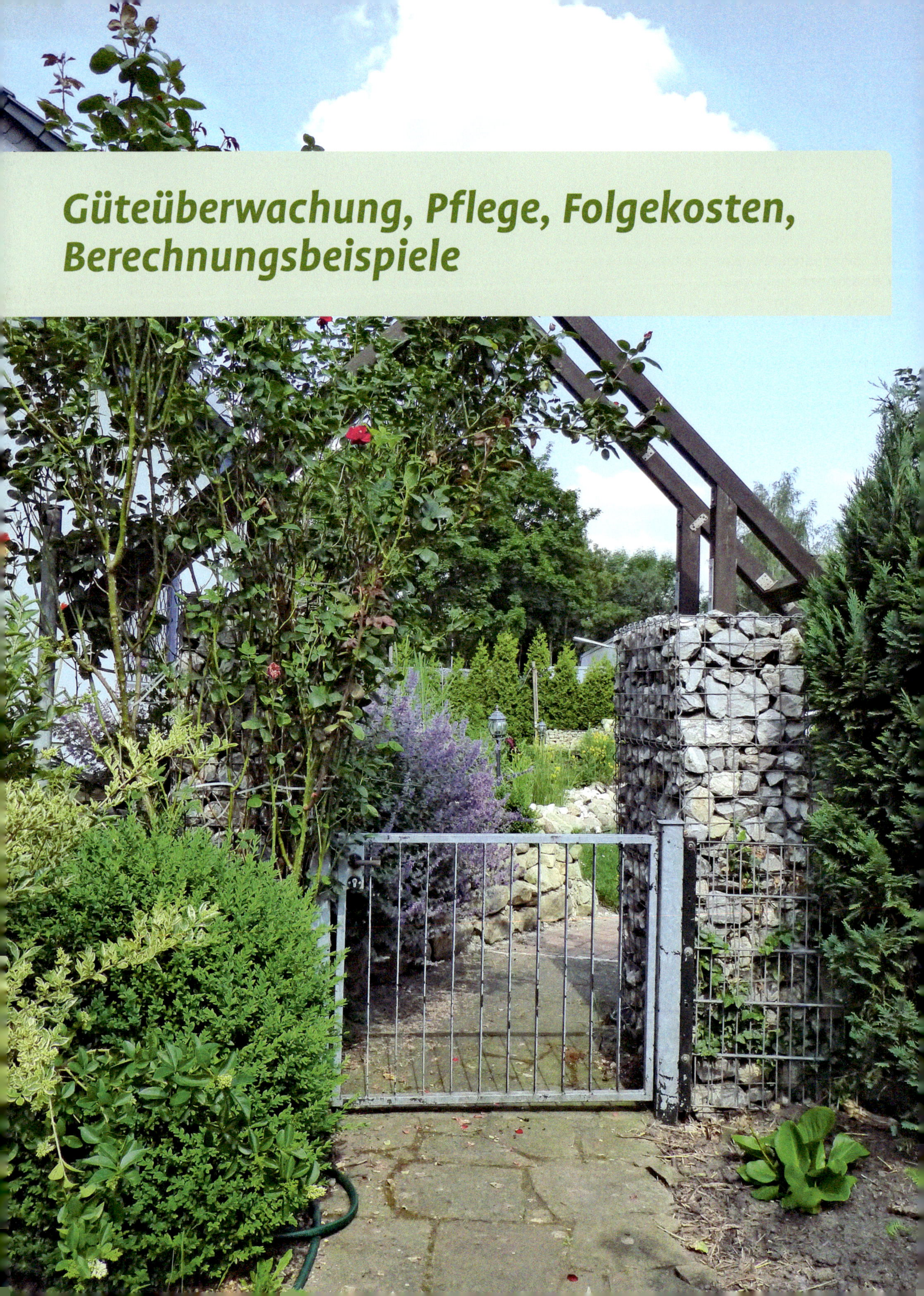

Güteüberwachung

Bestandteile der Konstruktion

Die Bestandteile der Konstruktion bedürfen einer Güteüberwachung und der Qualitätsangabe des Herstellers. Der zu verarbeitende Draht muss in Drahtgüte und Zugfestigkeit einer Zertifizierung unterliegen. Bei Lieferung des Drahtes mit Beschichtung, zum Beispiel bei Crapal-Drähten, sind die Schichtstärke und der Schichtaufbau zu dokumentieren. Drähte, Matten oder Körbe, die eine Feuerverzinkung erfahren, bedürfen des Nachweises der Schichtstärke.

Das zu verfüllende Stein-, Recycling- oder Erdmaterial muss ein Gütezeugnis haben hinsichtlich Festigkeit, Frostbeständigkeit, Frosttausalzbeständigkeit und bei Erdmaterial hinsichtlich der Unbedenklichkeit auf Schadstoffe.

Eignungsprüfung, Eigenüberwachung, Fremdüberwachung

Die Materialien der Gabionen unterliegen einer Eignungsprüfung durch die Hersteller bzw. Lieferanten. Verarbeitung, wie auch Montage, sind durch regelmäßige Eignungsprüfungen im Rahmen der Eigenüberwachung zu dokumentieren. Eine Fremdüberwachung sollte zweimal im Jahr durch ein externes Institut vorgenommen werden.

Wartungsfreiheit

Gabionen mit geringer Größe und geringer Belastung, die aus hochwertigen Drähten und geeignetem Steinmaterial erstellt sind, sind als weitgehend wartungsfrei anzusehen. Jedoch sollte regelmäßig eine Sichtkontrolle erfolgen.

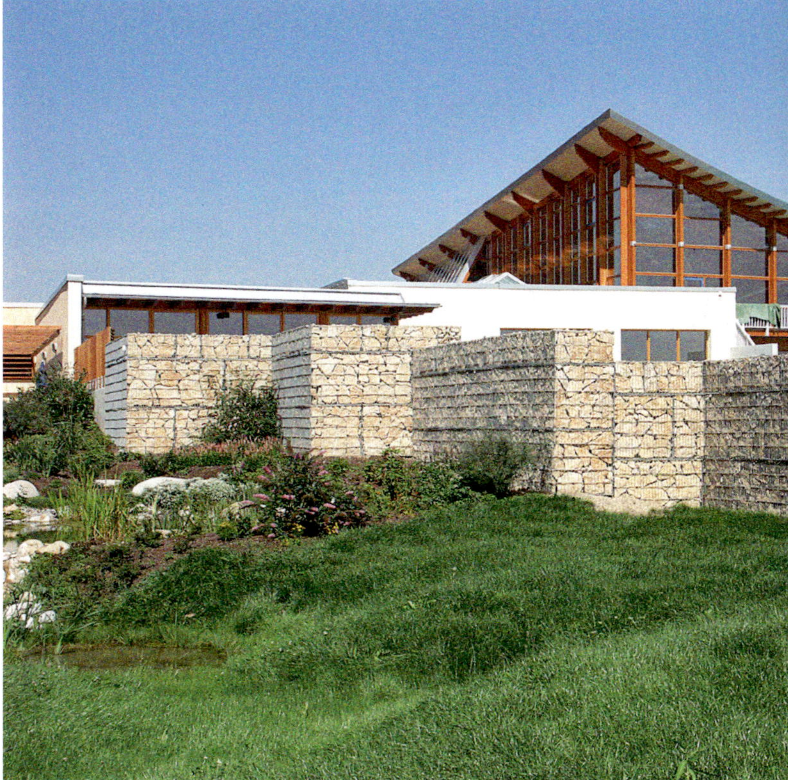

Senkrechte Gabionenwand aus RAWE-Steinkörben, zum Teil hinterfüllt (Franken-Schotter).

Kontrollen auf Verformung

Stütz- und Lärmschutzbauwerke bedürfen einer regelmäßigen Kontrolle auf Verformung und Befüllungsgrad der Gabionenkörbe. Dazu können Markierungen in bestimmten Wandabschnitten angebracht werden. Bei dem Verdacht auf Verformungen sollten diese messtechnisch überprüft werden. Sichtkontrollen bezüglich Roststellen oder Entleerungen von Steinmaterial sind durchzuführen.

Pflege und Wartung

Standortbedingungen

Die Standortbedingungen sind mit ausschlaggebend für Pflege und Wartung. Dies gilt ganz besonders für erdbefüllte und bepflanzte Gabionen. So ist beispielsweise für den Frosttausalzbereich eine spezielle Pflanzenauswahl zu treffen. Für eine Bepflanzung ist der Standort nach Himmelsrichtung entscheidend. So müssen Pflanzen für sonnige, schattige oder halbschattige Standortbedingungen gewählt werden.

Bei steinbefüllten Wänden muss das Befüllmaterial frosttausalzbeständig sein.

Bewässerung

Je nach Standort und Pflanzenauswahl ist eine Bewässerungsanlage nicht notwendig. Dabei spielt die Anfangspflege über mehrere Vegetationsperioden eine entscheidende Rolle. Bei einem sehr windempfindlichen Standort und der Gefahr der Austrocknung kann eine Tropfbewässerung eingebaut werden.

Vegetationsperioden

Die Wahl der Pflanzen sollte auch den Vegetationsperioden Rechnung tragen. Für die Dauerhaftigkeit des Systems ist ein ganzjähriger Schutz durch die Begrünung notwendig.

Wildbewuchs

In außerörtlichen Standorten kann ein Teil der Bepflanzung durch Wildbewuchs ergänzt werden. Durch Anflug von Samen wird die vorhandene Bepflanzung durch ortsansässige Pflanzenarten ergänzt. Es muss jedoch eine Kontrolle bezüglich zu groß wachsender Pflanzen, wie Bäume oder große Büsche, erfolgen, sodass kein wurzelsprengendes Wachstum entstehen kann.

Trockenzeiten

In Trockenzeiten sollte der Feuchtigkeitsgehalt des Erdmaterials überprüft werden. Bei fehlender Bewässerungsanlage sollte, um größere Ausfälle zu verhindern, eine manuelle Bewässerung erfolgen.

Pflegeschnitt

Falls Pflanzen sich in begeh- oder befahrbare Bereiche ausdehnen und zu Behinderungen führen, ist ein Pflegeschnitt erforderlich. Auch zur dichteren Pflanzentwicklung kann ein Pflegeschnitt beitragen.

Folgekosten durch Wartung und Pflege

Nachpflanzung bei Pflanzenausfällen

Bedingt durch die extremen Standorte können je nach Witterungslage, aber auch durch mangelnde Anfangspflege, Ausfälle entstehen. Bei Wänden außerhalb bebauter Gebiete sollte man den sich bildenden Wildbewuchs mit einbeziehen und nur freie Stellen zum Schutz des Vlieses nachpflanzen.

Wasserkosten für Bewässerungsanlagen

Auf künstliche Bewässerung sollte weitgehend verzichtet werden. Besonders zu Beginn einer Vegetationsperiode und in extrem trockenen Sommern ist jedoch eine Bewässerung zu empfehlen. Dies kann von einem Fahrzeug mit Tank erfolgen.

Bei Standorten, die durch ihre exponierte Lage einer starken Sonneneinstrahlung oder Austrocknung durch Wind ausgesetzt sind, sollte über eine Tropfbewässerungsanlage nachgedacht werden. Voraussetzung ist ein in der Nähe liegender Wasseranschluss. In einem Schacht unmittelbar an der Schallschutzwand ist eine Wasserverteilung mit Wasseruhr zu installieren. Sie kann vollautomatisch über Feuchtigkeitsfühler oder manuell nach Bedarf geschaltet werden. Die Kosten sind dafür kaum zu prognostizieren.

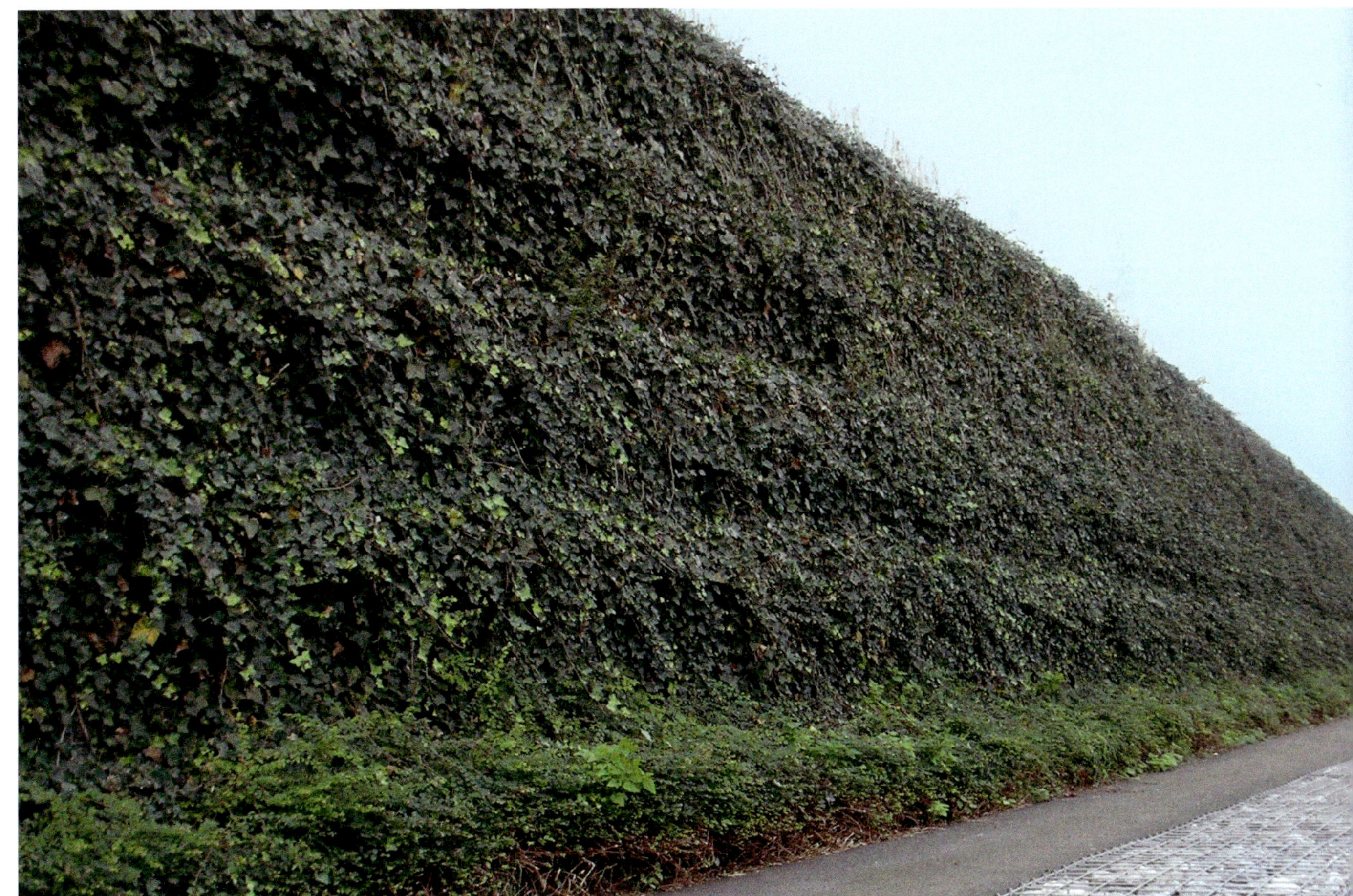

Lärmschutzstufenwall, 4,00 m hoch, in der Nähe eines Neubaugebietes in Breda, Niederlande, mit Bepflanzung aus Efeu nach etwa 4 bis 5 Jahren (EBECO®, Reanco).

Schadensfälle durch Einbaufehler

Montagefehler

Viele Schäden an Gabionenbauwerken entstehen durch falschen Einbau der einzelnen Elemente. Das Füllmaterial bedingt einen Innendruck auf die Korbmatten. Deshalb ist es wichtig, die Queranker bzw. Distanzhalter in den vorgegebenen Abständen und in der entsprechenden Anzahl, in der Regel nach Herstellerangaben, einzubauen. Querwände oder Trennwände in den Körben, vor allem bei großen Körben, können als zusätzliche Sicherungen vorgeschrieben sein. Dabei sind die Montagebeschreibungen aus dem Kapitel „Montageanweisungen für den Bau von Gabionensystemen“ zu beachten.

Ungeeignete Füllung

Eine ungeeignete Füllung, keine Witterungsbeständigkeit der Füllmaterialien oder unzureichende Lagerungsdichte führen zu Setzungen

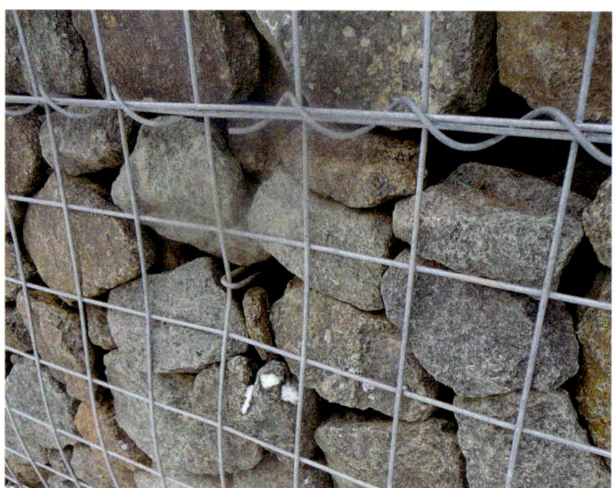

Einbau des Querankers an der falschen Position und ohne Umbiegen der Öse.

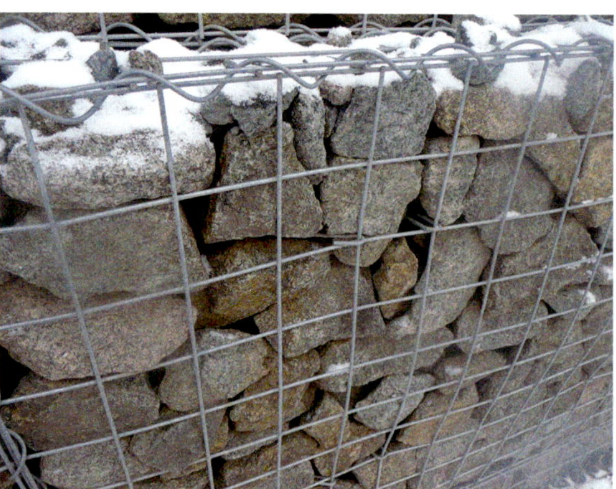

Queranker an der falschen Position, das heißt, zu großer Abstand der Queranker, nicht diagonal über vertikalen und horizontalen Draht geführt und keine umgebogenen Ösen.

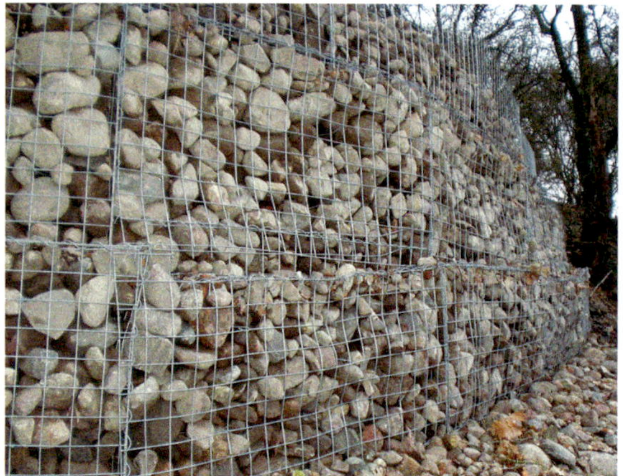

Total falscher Verbau der Gittermatten, Einbau zu weniger Queranker und ungenügende Verfüllung.

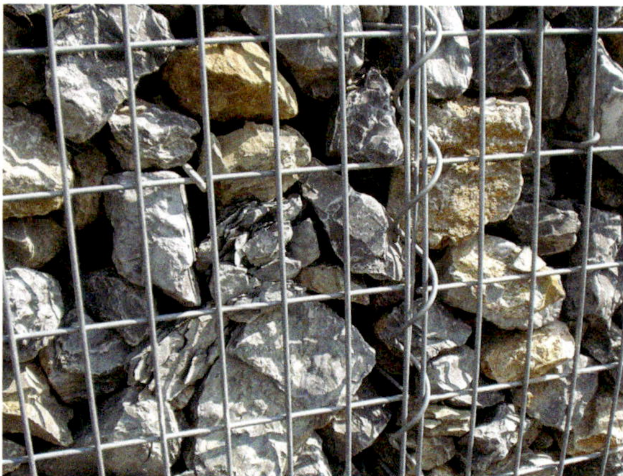

Die Verfüllung besteht aus nicht frost- und witterungsbeständigem Muschelkalk, der sich aufsplittert und zu einer nicht standsicheren Verfüllung führt. Auch ein falsch eingebauter Queranker ist zu sehen.

und Verformungen und letztendlich zum Versagen einer Wand. Nicht frostbeständiger Muschelkalk beispielsweise (siehe Abbildung Seite 98 rechts unten) zerlegt sich schiefrig in kleinste Partikel und rieselt aus den Maschen. Eine derzeit bei der FGSV in Ausarbeitung befindlichen Vorlage zu Lieferbedingungen für Gabionen wird bessere Voraussetzungen schaffen.

Fehler bei der Hinterfüllung

Auch die Hinterfüllung muss, wie bereits beschrieben, bestimmte Kriterien erfüllen (siehe dazu im Kapitel „Hinterfüllung", Seite 66). Filterstabilität, Verdichtungsfähigkeit und Wasserdurchlässigkeit, in Verbindung mit baulichen Eigenschaften, müssen den Angaben der Statik und den Ausführungsvorschriften entsprechen.

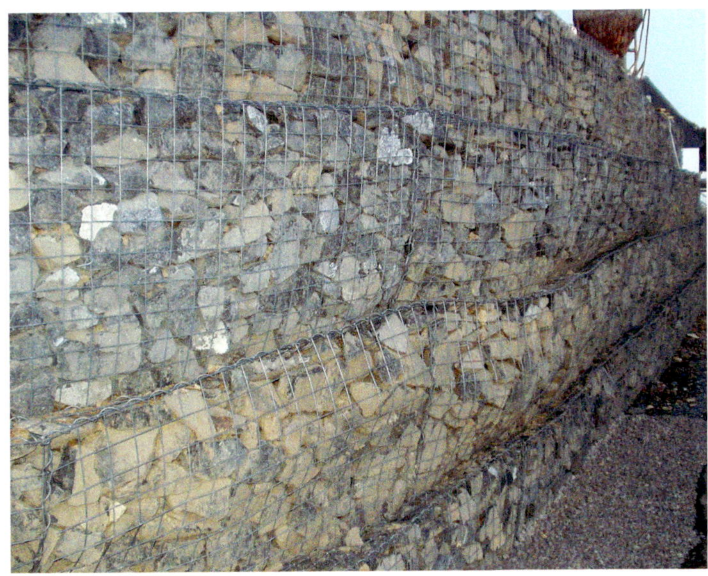

Hinter der versuchten Steinschichtung wurde mit ungeeignetem Material ohne Verdichtung befüllt und die Hinterfüllung mit schwerem Gerät verdichtet.

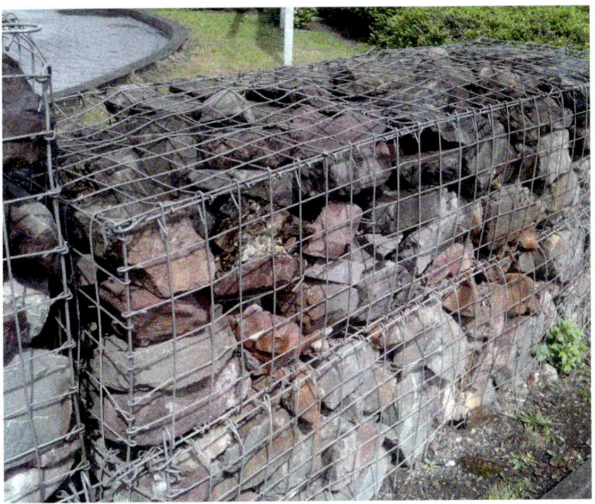

Hier stimmt nichts.

Die derzeit existierenden Merkblätter, ebenso wie dieses Buch, sollen helfen, Baufehler zu vermeiden und damit sichere, standsichere sowie gestalterisch hochwertige Bauwerke ermöglichen. Dass dies möglich ist, dafür gibt es genügend Beispiele, wie die folgenden zwei Fotos zeigen.

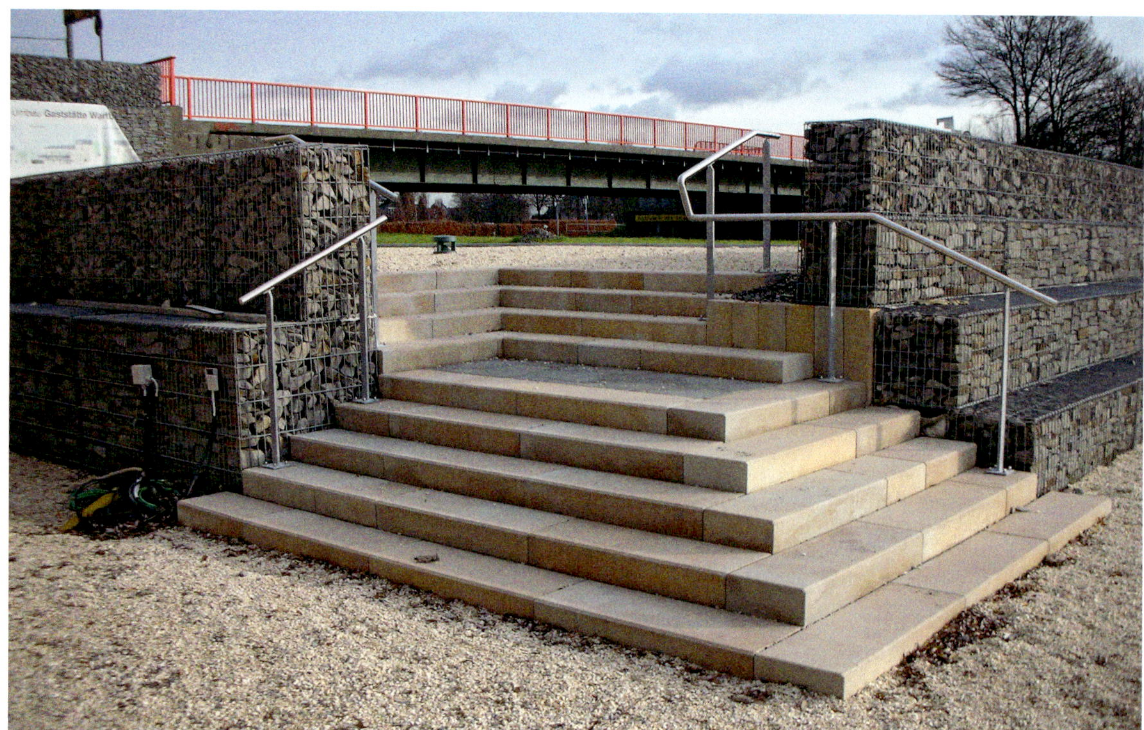

Sicherung eines Geländesprunges mit Brüstung aus werkseitig befüllten Gabionen zum Anlegen einer Terrasse mit integrierter Treppenanlage in Castrop-Rauxel (EBECO®).

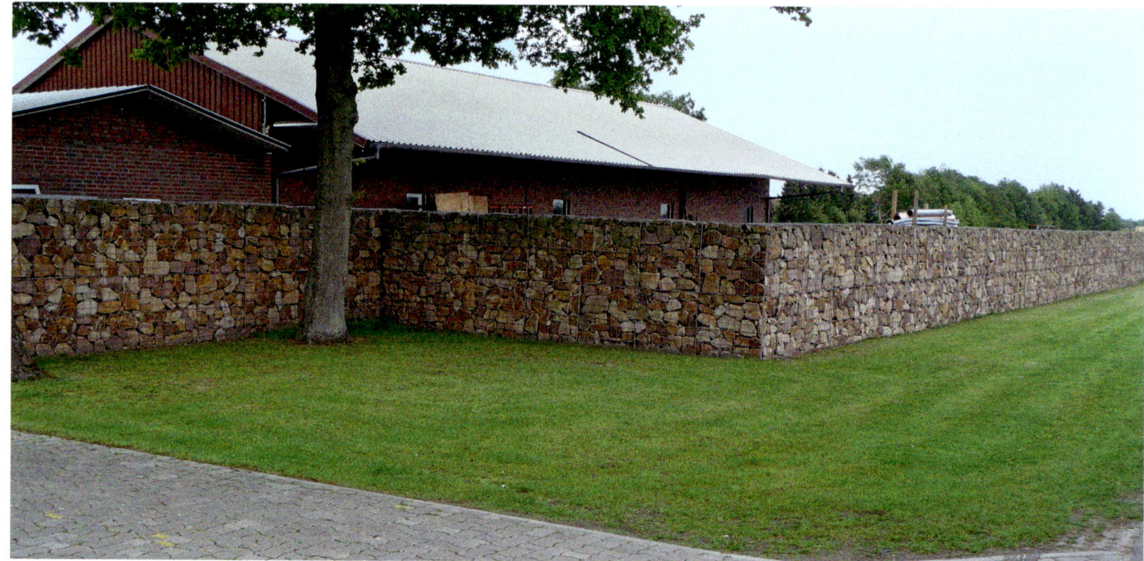

Eine gelungene Hofeinfassung mit C-Klammer-Gabionen und geschichteter Ansichtsseite (Schröer).

Berechnungsbeispiele

Die im Nachfolgenden dargestellten Beispiele sollen zeigen, wie bei entsprechenden Höhen und Belastungen sich die Wandquerschnitte verändern. Sie dienen nur als Information und dürfen nicht für konkrete Bauvorhaben genutzt werden.

Stützkonstruktionen

Alle Stützkonstruktionen sind gerechnet mit:

- Wichte Gabione Υ_k = 18 kN/m³,
- Reibungswinkel Hang φ'_k = 35° (Kiessand),
- Wichte feucht Υ_k = 18 kN/m³ (Kiessand),
- Kohäsion c_k = 0 kN/m²,
- Reibungswinkel Boden φ'_v = 32,5° (Sand),
- Wichte feucht Υ_k = 19 kN/m³ (Sand),
- Kohäsion c_k = 0 kN/m².

Anmerkung:

eah = aktiver Erddruck horizontale Komponente,
eph = passiver Erddruck horizontale Komponente

Beispiel 1: Gartenmauer senkrecht.

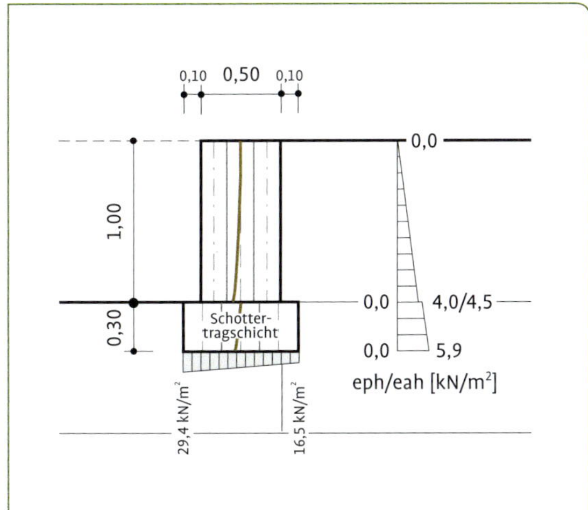

Gartenmauer 1,00 m hoch und 0,50 m breit (Maßangaben in m).

Beispiel 2: Gartenmauer getreppt 5 : 1 alternativ Dossierung 79°.

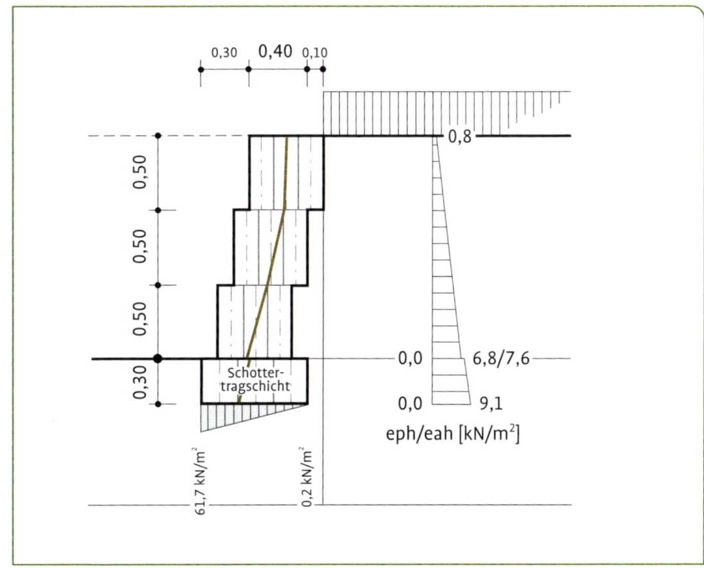

Gartenmauer 1,50 m hoch und 0,50 m breit, Verkehrslast 3,5 kN/m² (Maßangaben in m).

Beispiel 3: Stützwand getreppt 10 : 1 alternativ Dossierung 84°.

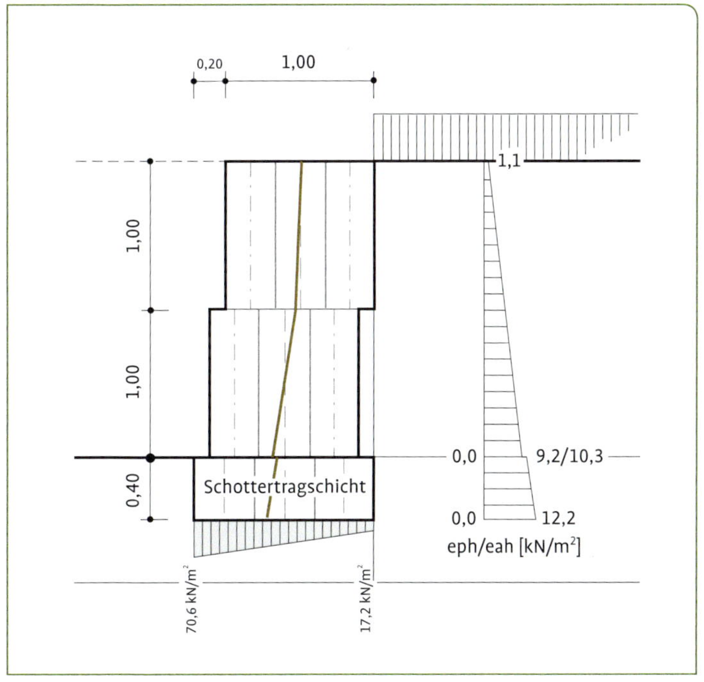

Stützmauer 2,00m hoch und 1,00 m breit, Verkehrslast 5 kN/m² (Maßangaben in m).

Beispiel 4: Stützwand getreppt 10 : 1 alternativ Dossierung 84°.

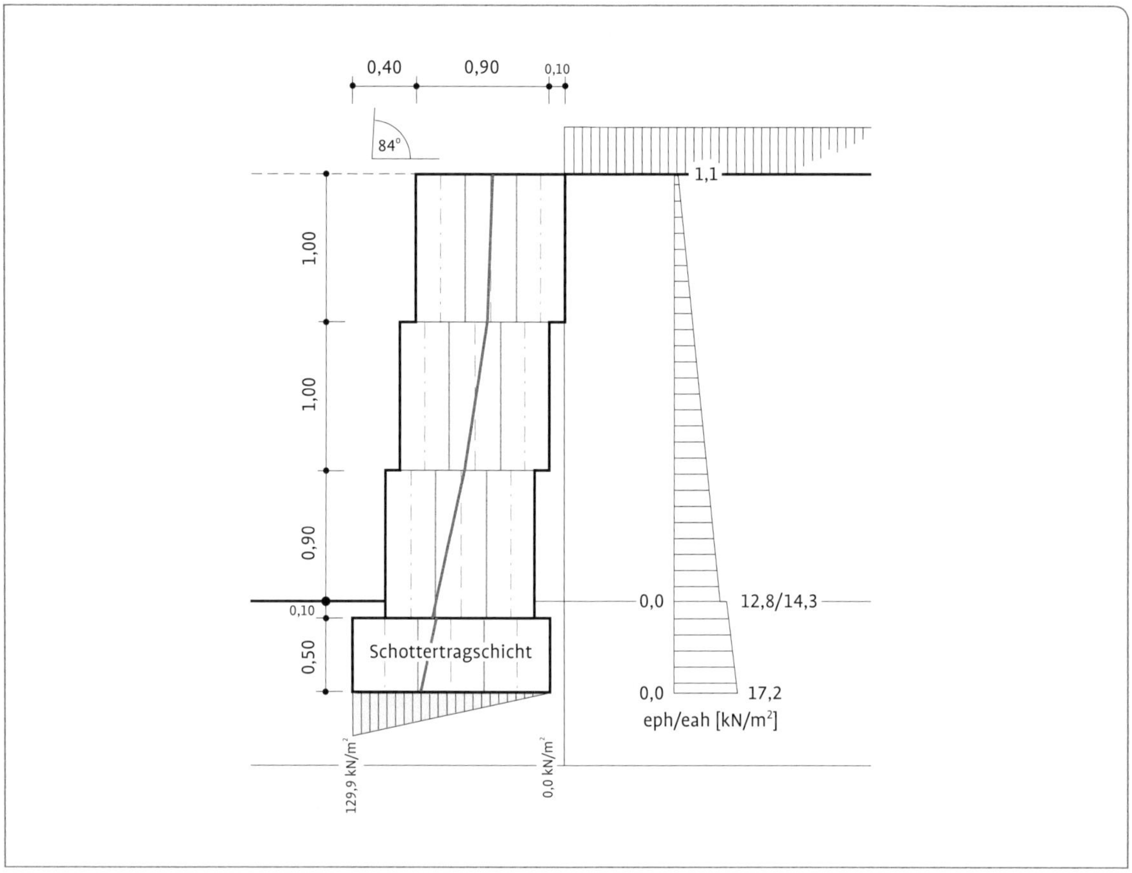

Stützmauer 3,00 m hoch und 1,00 m breit, Verkehrslast 5 kN/m² (Maßangaben in m).

Beispiel 5: Stützwand getreppt 5 : 1 alternativ Dossierung 79°.

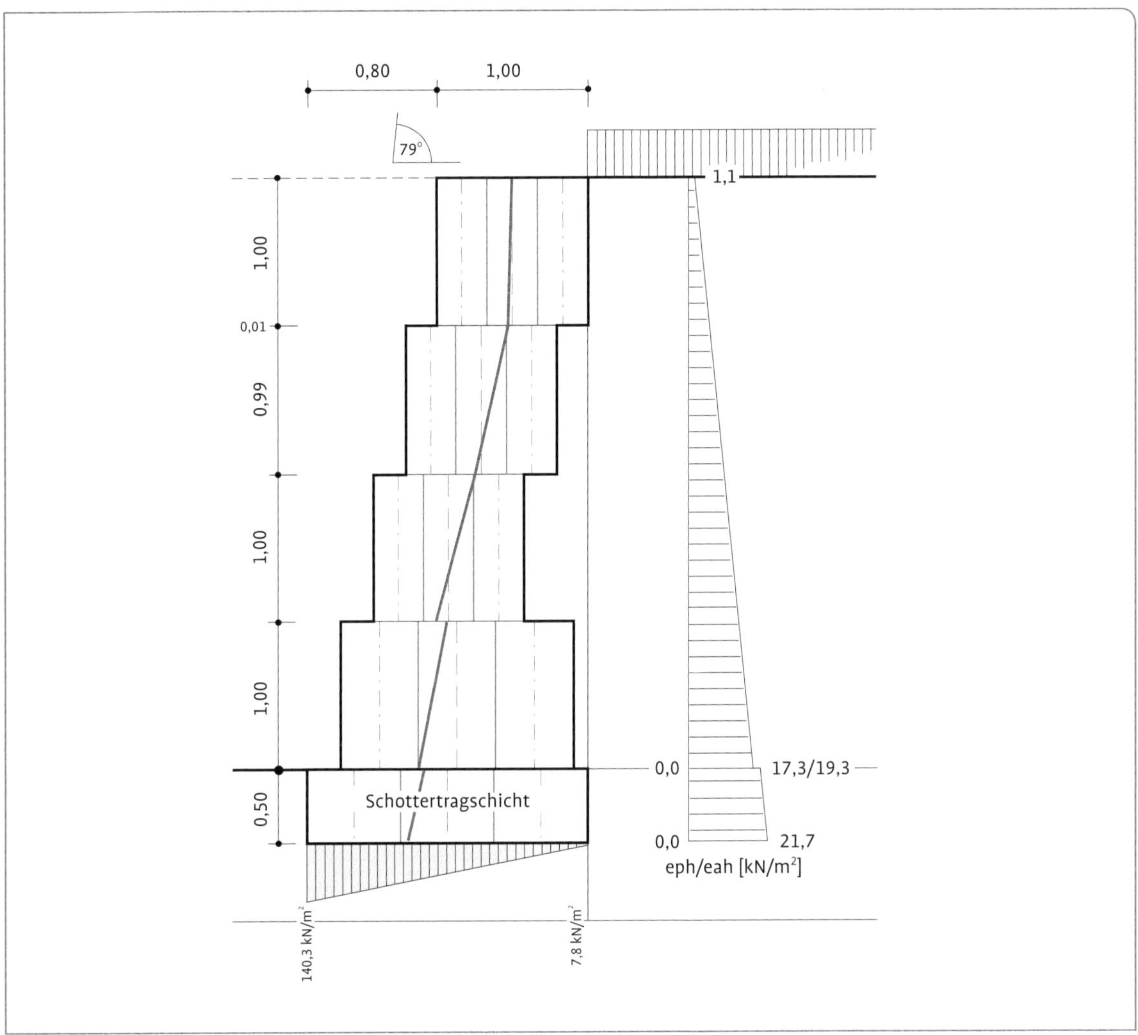

Stützmauer 4,00 m hoch und 1,50/1,00 m breit, Verkehrslast 5 kN/m² (Maßangaben in m).

Freistehende Wände

Alle freistehenden Wände sind gerechnet mit:

- Wichte Gabione Υ'_k = 18 kN/m³,
- Reibungswinkel φ'_k = 30° (Sand),
- Wichte feucht Υ_k = 19 kN/m³ (Sand),
- Kohäsion c_k = 0 kN/m².

Anmerkung:
eah = aktiver Erddruck horizontale Komponente,
eph = passiver Erddruck horizontale Komponente

Beispiel 6: Freistehende Lärmschutzwand.

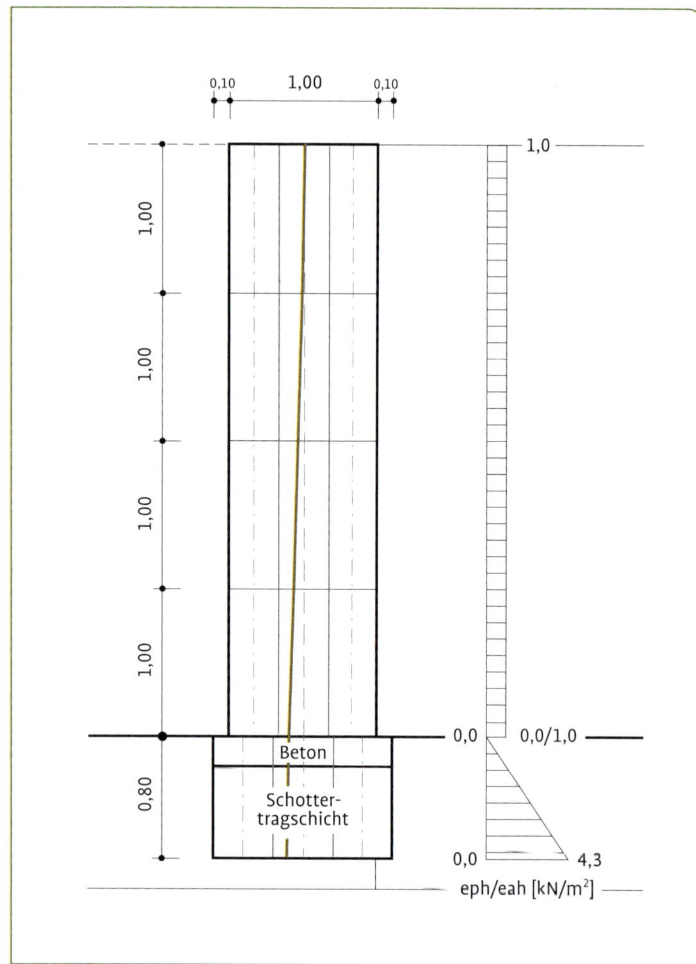

Lärmschutzwand 4,00 m hoch und 1,00 m breit (Maßangaben in m).

Beispiel 7: Freistehende Wand als Einfriedung.

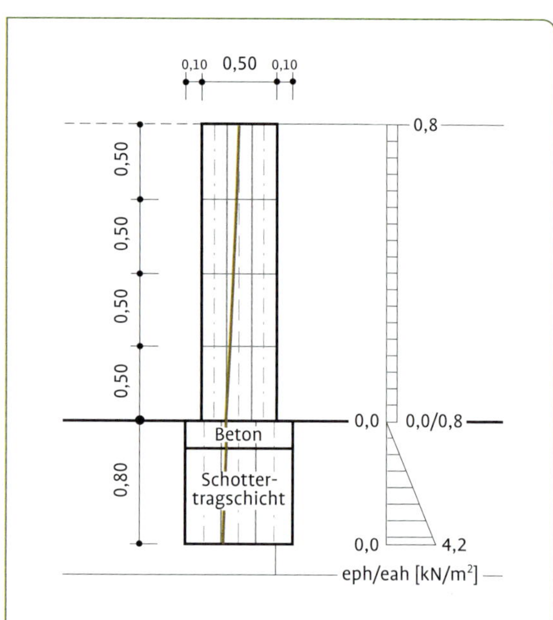

Sichtschutzwand 2,00 m hoch und 0,50 m breit (Maßangaben in m).

Beispiel 8: Lärmschutzstufenwall.

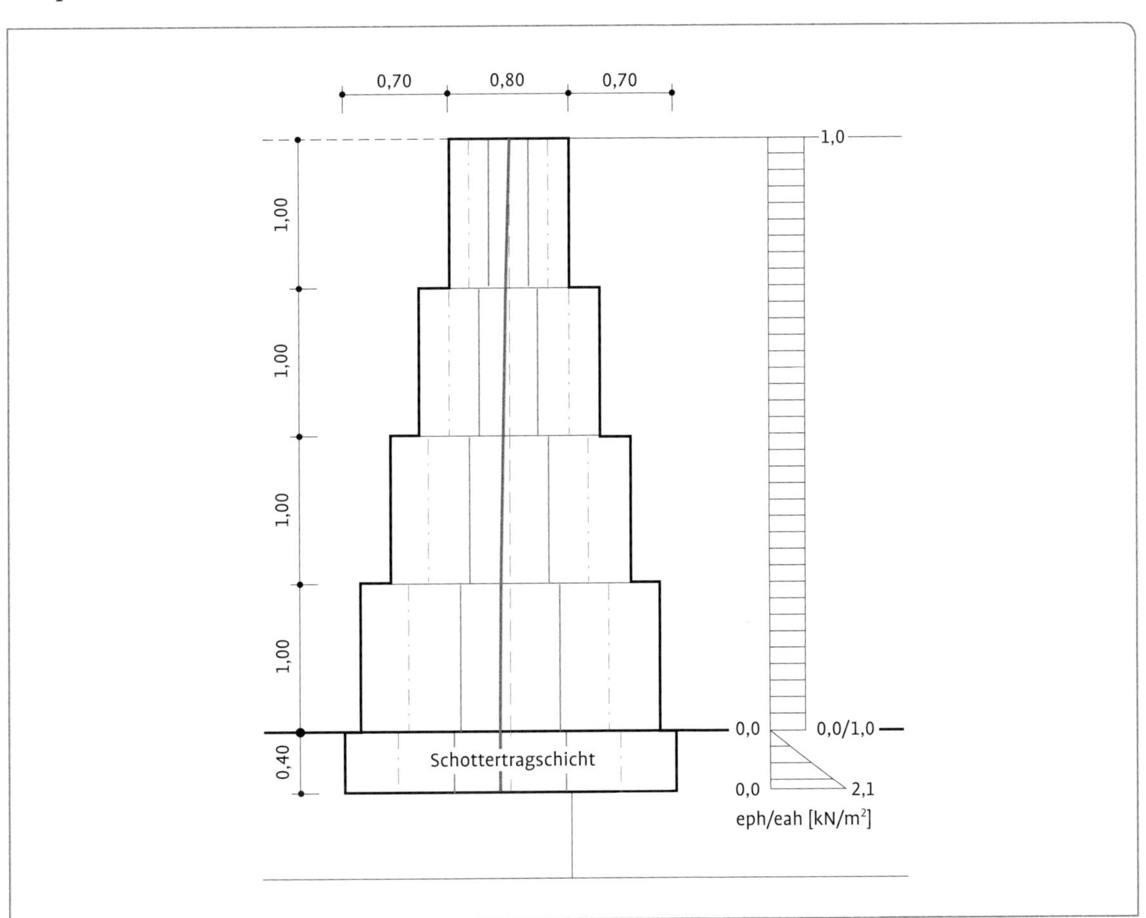

Lärmschutzstufenwall 4,00 m hoch, 2,00/1,60/1,20/0,80 m breit (Maßangaben in m).

Die Beispiele sind gerechnet mit dem Berechnungsprogramm „GGU" der Civilserve GmbH, 49439 Steinfeld.

Kritisches Nachwort des Verfassers

In den vorstehenden Kapiteln wurde der Versuch unternommen, einen Überblick über die auf dem Markt befindlichen Produkte und Firmen sowie den Bau und die Montage von Gabionen zu geben.

Nach den Recherchen in den Unterlagen der Hersteller und den Angaben auf ihren Internetseiten sind jedoch im Nachhinein einige Anmerkungen kritischer Art notwendig, diese gelten ebenso für Ausschreibungen von behördlichen Stellen sowie Ingenieurbüros.

Ganz wichtig:

- Bauherren, Verarbeiter und Kunden sollten die Angaben der Anbieter hinterfragen oder überprüfen. Nicht immer werden alle Versprechungen erfüllt.
- Angaben über Drahtdurchmesser können aufgerundet sein. Der tatsächliche Drahtdurchmesser sollte angegeben werden. Dies führt zu Wettbewerbsverzerrungen.
- Teilweise gibt es utopische Angaben von Absorptionswerten, die nicht erfüllt werden können.
- Schallabsorptionswerte aus dem Hallraum halten keiner In-situ-Messung stand.
- In-situ-Messungen müssen einen Konstruktionsaufbau ausweisen, der einer realistischen Bauausführung entspricht. Wände mit Absorptionsschicht ohne Dämmkern ergeben keine realistischen Werte.
- Forderungen nach einer Absorption von 10 dB bei einer Ausführung, Sichtfläche aus Quadersteinen geschichtet mit hinterliegender Absorberschicht, sind nicht ausführbar.
- Klammern für werkseitig befüllte Körbe müssen den gleichen Korrosionsschutz erfüllen wie die übrigen Bauteile.
- Nicht verzinkte oder zink-aluminium-beschichte Bauteile sollten nicht im System vorkommen.
- Alle Bauteile sollten die gleiche Lebensdauer erfüllen, auch bei rückverhängten Wänden.

Sorgfältig geplante und mit Baufirmen und Lieferanten abgestimmte Bauvorhaben sowie einer guten Bauaufsicht bilden zum Glück die Mehrheit der Objekte wie dies im öffentlichen wie auch privaten Bereich zunehmend zu beobachten ist.

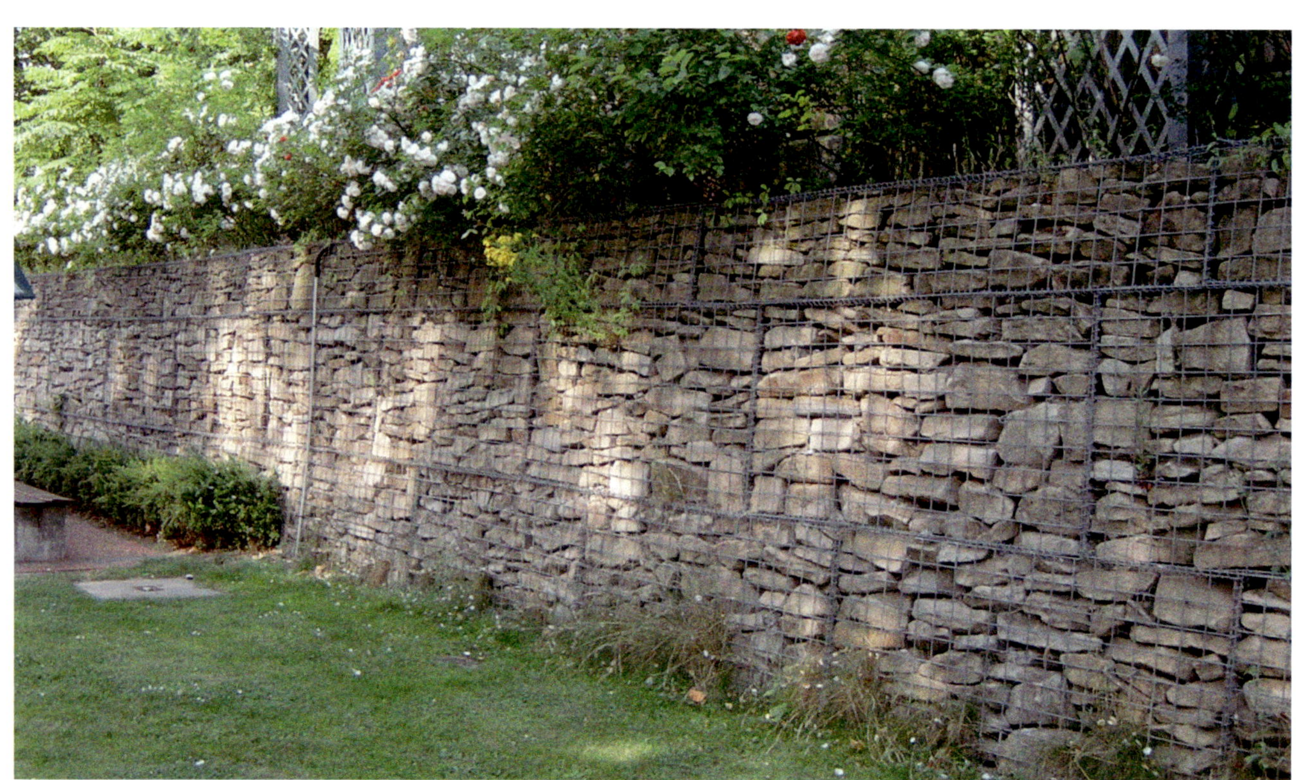

Service

Lieferadressen

3ks profile gmbh
arcadia®
Asangstraße 16
94436 Simbach
Internet: www.3ks-arcadia.de

AOS STAHL GmbH & Co. KG
An der Knorr-Bremse 5
58300 Wetter
Internet: www.aos-stahl.de

Best Gabion GmbH & Co. KG Wittlich
Zur Schwarzen Brücke
54516 Wittlich
Internet: www.bestgabion.de

EBECO® Draht GmbH
August-Becker-Straße 10
45711 Datteln
Internet: www.ebeco.de

FERRONDO GmbH
Im Gewerbegebiet 23
91183 Abenberg
Internet: www.ferrondo.eu

Franken-Schotter GmbH & Co. KG
Hungerbachtal 1
91757 Treuchtlingen-Dietfurt
Internet: www.franken-schotter.de

GartenLandschaft
Berg & Co. GmbH
Wachtelweg 21
53489 Sinzig
Kontakt: peter.berg@gartenlandschaft.de

Hoy Geokunststoffe GmbH
Geotechnik-Bau GmbH,
ökologische Bauweisen
Zum Wiesengrund 5
01723 Kesselsdorf
Internet: www.hoy-geokunststoffe.de

Ivo Bachmann
Der Steinkorb-Profi
Lerchenbühlstraße 57
CH-6045 Meggen
Internet: www.ivobachmann.ch

MACCAFERRI DEUTSCHLAND GmbH
Kurfürstendamm 226
10719 Berlin
Internet: www.maccaferri.de

Reanco Benelux BV
Kantonnaleweg 1
NL-3542 DB Utrecht
Internet: www.reanco.nl

Rothfuss GmbH & Co. KG
Schloßhaldenstraße 7
71282 Hemmingen
Internet: www.rothfuss.de

Schröer GmbH
Gabionen und Steinkorbbau
Fledderstraße 2
49835 Wietmarschen
Internet: www.martin-schroeer.de

Volker Hellbeck
Garten- und Landschaftsbau
Kotthausstraße 81–85
58256 Ennepetal
Internet: www.galabau-hellbeck.de

Normen, Regelwerke und Literatur

DIN-Normen

ATV-DIN-Normen siehe unter VOB.

DIN 1045-2, Tragwerke aus Beton, Stahlbeton und Spannbeton – Teil 2: Beton – Festlegung, Eigenschaften, Herstellung und Konformität – Anwendungsregeln zu DIN EN 206-1, Ausgabedatum 2008-08.

DIN 1054, Baugrund – Standsicherheitsnachweise im Erd- und Grundbau – Ergänzende Regelungen zu DIN EN 1997-1, Ausgabedatum 2010-12; DIN 1054/A1, Baugrund – Standsicherheitsnachweise im Erd- und Grundbau – Ergänzende Regelungen zu DIN EN 1997-1:2010, Ausgabedatum 2012-08.

DIN 1055-2, Einwirkungen auf Tragwerke – Teil 2: Bodenkenngrößen, Ausgabedatum 2010-11.

DIN 4017, Baugrund – Berechnung des Grundbruchwiderstands von Flachgründungen, Ausgabedatum 2006-03.

DIN 4019, Baugrund – Setzungsberechnungen, Ausgabedatum 2014-01.
DIN 4020, Geotechnische Untersuchungen für bautechnische Zwecke – Ergänzende Regelungen zu DIN EN 1997-2, Ausgabedatum 2010-12.
DIN 4030-1, Beurteilung betonangreifender Wässer, Böden und Gase – Teil 1: Grundlagen und Grenzwerte, Ausgabedatum 2008-06.
DIN 4084, Baugrund – Geländebruchberechnungen, Ausgabedatum 2009-01.
DIN 4085, Baugrund – Berechnung des Erddrucks, Ausgabedatum 2011-05.
DIN 4420-1, Arbeits- und Schutzgerüste – Teil 1: Schutzgerüste – Leistungsanforderungen, Entwurf, Konstruktion und Bemessung, Ausgabedatum 2004-03.
DIN 18196, Erd- und Grundbau – Bodenklassifikation für bautechnische Zwecke, Ausgabedatum 2011-05.
DIN 18915, Vegetationstechnik im Landschaftsbau – Bodenarbeiten, Ausgabedatum 2002-08.
DIN 18916, Vegetationstechnik im Landschaftsbau – Pflanzen und Pflanzenarbeiten, Ausgabedatum 2002-08.
DIN 18917, Vegetationstechnik im Landschaftsbau – Rasen und Saatarbeiten, Ausgabedatum 2002-08.
DIN 18918, Vegetationstechnik im Landschaftsbau – Ingenieurbiologische Sicherungsbauweisen – Sicherungen durch Ansaaten, Bepflanzungen, Bauweisen mit lebenden und nicht lebenden Stoffen und Bauteilen, kombinierte Bauweisen, Ausgabedatum 2002-08.
DIN 18919, Vegetationstechnik im Landschaftsbau – Entwicklungs- und Unterhaltungspflege von Grünflächen, Ausgabedatum 2002-08.
DIN EN 1367-1, Prüfverfahren für thermische Eigenschaften und Verwitterungsbeständigkeit von Gesteinskörnungen – Teil 1: Bestimmung des Widerstandes gegen Frost-Tau-Wechsel, Ausgabedatum 2007-06.
DIN EN 1990, Eurocode: Grundlagen der Tragwerksplanung, Ausgabedatum 2010-12.
DIN EN 1991-1-4, Eurocode 1: Einwirkungen auf Tragwerke – Teil 1-4: Allgemeine Einwirkungen – Windlasten, Ausgabedatum 2010-12; DIN EN 1991-1-4/NA: Nationaler Anhang – National festgelegte Parameter – Eurocode 1: Einwirkungen auf Tragwerke – Teil 1-4: Allgemeine Einwirkungen – Windlasten, Ausgabedatum 2010-12.
DIN EN 1992-1-1, Eurocode 2: Bemessung und Konstruktion von Stahlbeton- und Spannbetontragwerken – Teil 1-1: Allgemeine Bemessungsregeln und Regeln für den Hochbau, Ausgabedatum 2011-01.
DIN EN 1997-1, Eurocode 7: Entwurf, Berechnung und Bemessung in der Geotechnik – Teil 1: Allgemeine Regeln, Ausgabedatum 2009-09; DIN EN 1997-1/NA, Nationaler Anhang – National festgelegte Parameter – Eurocode 7: Entwurf, Berechnung und Bemessung in der Geotechnik – Teil 1: Allgemeine Regeln, Ausgabedatum 2010-12.
DIN EN 1997-2, Eurocode 7: Entwurf, Berechnung und Bemessung in der Geotechnik – Teil 2: Erkundung und Untersuchung des Baugrunds, Ausgabedatum 2010-10; DIN EN 1997-2/NA, Nationaler Anhang – National festgelegte Parameter – Eurocode 7: Entwurf, Berechnung und Bemessung in der Geotechnik – Teil 2: Erkundung und Untersuchung des Baugrunds, Ausgabedatum 2010-12.
DIN EN 10088-1, Nichtrostende Stähle – Teil 1: Verzeichnis der nichtrostenden Stähle, Ausgabedatum 2012-01.
DIN EN 10223-3, Stahldraht und Drahterzeugnisse für Zäune und Drahtgeflechte – Teil 3: Stahldrahtgeflecht mit sechseckigen Maschen für bauwirtschaftliche Zwecke, Ausgabedatum 2014-04.
DIN EN 10223-8, Stahldraht und Drahterzeugnisse für Zäune und Drahtgeflechte – Teil 8: Geschweißte Gitter für Steinkörbe, Ausgabedatum 2014-04.
DIN EN 10244-2, Stahldraht und Drahterzeugnisse – Überzüge aus Nichteisenmetall auf Stahldraht – Teil 2: Überzüge aus Zink oder Zinklegierungen, Ausgabedatum 2009-08.
DIN EN 10245-1, Stahldraht und Drahterzeugnisse – Organische Beschichtungen auf Stahldraht – Teil 1: Allgemeine Regeln, Ausgabedatum 2012-01.
DIN EN 10245-2, Stahldraht und Drahterzeugnisse – Organische Beschichtungen auf Stahldraht – Teil 2: PVC-beschichteter Draht, Ausgabedatum 2012-01.
DIN EN 10245-3, Stahldraht und Drahterzeugnisse – Organische Beschichtungen auf Stahldraht – Teil 3: PE-beschichteter Draht, Ausgabedatum 2012-01.
DIN EN 15773, Industrielle Pulverbeschichtung von feuerverzinkten und sherardisierten Gegenständen aus Stahl [Duplex-Systeme] – Spezifikationen, Empfehlungen und Leitlinien, Ausgabedatum 2010-11.
DIN EN ISO 1461, Durch Feuerverzinken auf Stahl aufgebrachte Zinküberzüge (Stückverzinken) – Anforderungen und Prüfungen, Ausgabedatum 2009-10.
DIN EN ISO 9227, Korrosionsprüfungen in künstlichen Atmosphären – Salzsprühnebelprüfungen, Ausgabedatum 2012-09.
DIN EN ISO 14713-1, Zinküberzüge – Leitfäden und Empfehlungen zum Schutz von Eisen- und Stahlkonstruktionen vor Korrosion – Teil 1: Allgemeine

Konstruktionsgrundsätze und Korrosionsbeständigkeit (ISO 14713-1:2009), Ausgabedatum 2010-05.

DIN EN ISO 16120-2, Walzdraht aus unlegiertem Stahl zum Ziehen – Teil 2: Besondere Anforderungen an Walzdraht für allgemeine Verwendung (ISO 16120-2:2011), Ausgabedatum 2011-10.

Verwaltungsvorschrift DIN 1072ErgBestEErl ND: Bauaufsicht; Technische Baubestimmungen; DIN 1072; Bestimmungen für neue Verkehrs-Regellasten, Ausgabedatum 1985-03-04.

VOB Vergabe- und Vertragsordnung für Bauleistungen – Teil C: Allgemeine Technische Vertragsbedingungen für Bauleistungen (ATV):

DIN 18299, Allgemeine Regelungen für Bauarbeiten jeder Art, Ausgabedatum 2012-09.

DIN 18300, Erdarbeiten, Ausgabedatum 2012-09.

DIN 18315, Verkehrswegebauarbeiten – Oberbauschichten ohne Bindemittel, Ausgabedatum 2012-09.

DIN 18320, Landschaftsbauarbeiten, Ausgabedatum 2012-09.

DIN 18330, Mauerarbeiten, Ausgabedatum 2012-09.

DIN 18332, Naturwerksteinarbeiten, Ausgabedatum 2012-09.

DIN 18360, Metallbauarbeiten, Ausgabedatum 2012-09.

DIN 18451, Gerüstarbeiten, Ausgabedatum 2012-09.

Alle DIN-Normen wurden vom Normenausschuss Bauwesen (NABau) im DIN (Deutsches Institut für Normung e. V., Beuth Verlag GmbH, Berlin, herausgegeben.

Maßgebend für das Anwenden der DIN-Normen ist deren Fassung mit dem neuesten Ausgabedatum, die bei der Beuth Verlag GmbH, Burggrafenstraße 6, 10787 Berlin, erhältlich ist.

Regelwerke

Empfehlungen für die landschaftsgerechte Gestaltung von Stützwänden, Ausgabe 1999, Forschungsgesellschaft für Straßen- und Verkehrswesen (FGSV).

Merkblatt „Empfehlungen für Planung, Bau und Instandhaltung von Gabionen“, Ausgabe 2012, Forschungsgesellschaft Landschaftsentwicklung Landschaftsbau e. V. (FLL).

Merkblatt für einfache landschaftsgerechte Sicherungsbauweisen, Ausgabe 1991, Forschungsgesellschaft für Straßen- und Verkehrswesen (FGSV).

Merkblatt über den Einfluss der Hinterfüllung auf Bauwerke, Ausgabe 1994, Forschungsgesellschaft für Straßen- und Verkehrswesen (FGSV).

Merkblatt über die Anwendung von Geokunststoffen im Erdbau des Straßenbaus, Ausgabe 2005, Forschungsgesellschaft für Straßen- und Verkehrswesen (FGSV).

Merkblatt über Stütz- und Lärmschutzkonstruktionen aus Betonelementen, Blockschichtungen oder Gabionen, Ausgabe 2014, Forschungsgesellschaft für Straßen- und Verkehrswesen (FGSV).

TL Gab-StB By 11, Teil 1, Technische Lieferbedingungen für Gabionen im Straßenbau – Teil 1: Befüllmaterialien, Ausgabe 2012, Herausgeber: Oberste Baubehörde im Bayerischen Staatsministerium des Innern.[1)]

TL Geok E-StB 05, Technische Lieferbedingungen für Geokunststoffe im Erdbau des Straßenbaues, Ausgabe 2005, Forschungsgesellschaft für Straßen- und Verkehrswesen (FGSV).

TL Gestein-StB 04, Technische Lieferbedingungen für Gesteinskörnungen im Straßenbau, Ausgabe 2004, Forschungsgesellschaft für Straßen- und Verkehrswesen (FGSV).[2)]

Verwendung von Gabionen – Festlegung der bautechnischen Anforderungen, Erlass StB 17/7196.30/00-1465307 vom 01.08.2011, Bundesanstalt für Straßenwesen, Bergisch Gladbach 08.09.2011.

ZTV E-StB 09, Zusätzliche Technische Vertragsbedingungen und Richtlinien für Erdarbeiten im Straßenbau, Ausgabe 2009, Forschungsgesellschaft für Straßen- und Verkehrswesen (FGSV).

ZTV-ING, Zusätzliche Technische Vertragsbedingungen und Richtlinien für Ingenieurbauten, Ausgabe April 2010 – Bundesanstalt für Straßenwesen.

ZTV-Lsw 06, Zusätzliche Technische Vertragsbedingungen und Richtlinien für die Ausführung von Lärmschutzwänden an Straßen, Ausgabe 2006, Forschungsgesellschaft für Straßen- und Verkehrswesen (FGSV).

1) Die Tabelle 6 ist mit freundlicher Genehmigung der Obersten Baubehörde im Bayerischen Staatsministerium des Innern, für Bau und Verkehr, Sachgebiet IID9, wiedergegeben.

2) Die Tabelle 7 ist mit Erlaubnis der Forschungsgesellschaft für Straßen- und Verkehrswesen e. V. wiedergegeben. Maßgebend für das Anwendung des FGSV-Regelwerkes ist dessen Fassung mit dem neuesten Ausgabedatum, die beim FGSV Verlag, Wesselinger Straße 117, 50999 Köln, erhältlich ist.

Hinweis:
Weiterhin sind die Einbau- und Montagevorschriften der Hersteller sowie die Sicherheitsvorschriften der Berufsgenossenschaften zu beachten.

Literatur

AuGaLa – Ausbildungsförderwerk Garten-, Landschafts- und Sportplatzbau e. V. (2009): Pflanzenbuch für Auszubildende. Band 2: Stauden, Zwiebelblumen, Ziergräser, Farne, Sumpf- und Wasserpflanzen, Beet- und Balkonpflanzen, Unkräuter/Wildkräuter, heimische, geschützte Arten. Bad Honnef.[1)]

EBGEO – Empfehlungen für den Entwurf und die Berechnung von Erdkörpern mit Bewehrungen aus Geokunststoffen; Ausgabe 2010 – DGGT e. V.

EAU 2004 – Empfehlungen des Arbeitsausschusses Ufereinfassungen, Häfen und Wasserstraßen; 10. Auflage 2005, Arbeitsausschuss Ufereinfassungen HTG e. V. und DGGT e. V.

Florineth, F. (2004): Pflanzen statt Beton. Handbuch der Ingenieurbiologie und Vegetationstechnik. Patzer Verlag, Berlin – Hannover.

Schiechtl, H. M. (2013): Sicherungsarbeiten im Landschaftsbau. Verlag Georg D. W. Callway, München.

Schiechtl, H. M. und R. Stern (1992): Handbuch für naturnahen Erdbau. Eine Anleitung für ingenieurbiologische Bauweisen. Österreichischer Agrarverlag, Wien.

Zeh, H. (2007): Ingenieurbiologie – Handbuch Bautypen. vdf Hochschulverlag, Zürich.

1) Die vom Autor zusammengestellte Tabelle auf Seite 45 ist mit Erlaubnis von AuGaLa und der Verlagsgesellschaft Grün ist Leben mbH wiedergeben.

Bildquellen

Fotos

3ks® profile gmbh; Hochholzer, Lisa: Seite 30 unten, 84 unten, 86

Best Gabion GmbH & Co. KG Wittlich; Hubert, Horst: Seite 5 Mitte, 73 links unten, 79 links, 90

Der Steinkorb-Profi; Bachmann, Ivo: Seite 15 unten

EBECO® Draht GmbH; Boshoff, Dieter: Seite 4 Mitte, 12/13, 34, 69 links, 92

EBECO® Draht GmbH; Schmitt, Tobias: Seite 4 links, 4 rechts, 5 links, 19 oben, 24, 26, 29 rechts, 50 rechts, 71 rechts unten, 77, 78 unten, 85, 100 oben

EBECO® Draht GmbH; Schwind, Jürgen: Seite 5 rechts, 94

EBECO® Draht GmbH; Untiedt, Hubert: Seite 9, 15 oben, 16, 35 oben, 36 oben, 41 oben, 43, 46, 97, 106

Franken-Schotter GmbH & Co. KG; Schielke, Otmar: Seite 8, 19 unten, 79 rechts, 95

Garten- und Landschaftsbau Volker Hellbeck: Seite 69 rechts, 78 oben

Hoy Geokunststoffe GmbH; Schmauser, Wolfgang: Seite 39 unten, 51, 80 oben

Maccaferri Deutschland GmbH; Di Pietro, Paolo: Seite 76

Rothfuss GmbH & Co. KG; Pfisterer, Ralf: Seite 18 unten, 20 oben, 30 oben, 31 und Umschlagrückseite links

Schröer GmbH; Schröer, Martin: Seite 100 unten

Alle übrigen Fotos stammen vom Autor.

Zeichnungen

Die Zeichnungen fertigte Siegfried Lokau, Bochum-Wattenscheid, nach Angaben des Autors bzw. der angegebenen Quellen (Prospektmaterial und Montagevorschriften der im Kapitel „Lieferadressen“ genannten Firmen).

Dank

Autor und Verlag danken allen genannten Firmen für die freundliche Unterstützung mit Bild- und Prospektmaterial.

Register

Bibliografische Information der Deutschen Nationalbibliothek
Die Deutsche Nationalbibliothek verzeichnet diese Publikation in der Deutschen Nationalbibliografie; detaillierte bibliografische Daten sind im Internet über http://dnb.d-nb.de abrufbar.

Wollgrasweg 41, 70599 Stuttgart (Hohenheim)
E-Mail: info@ulmer.de
Internet: www.ulmer.de
Lektorat: Dr. Angelika Jansen, Birgit Schüller
Herstellung: Thomas Eisele
Umschlaggestaltung: Atelier Reichert, Stuttgart
Satz: r&p digitale medien, Echterdingen
Druck und Bindung: Firmengruppe APPL, aprinta Druck, Wemding
Printed in Germany

ISBN 978-3-8001-8069-1

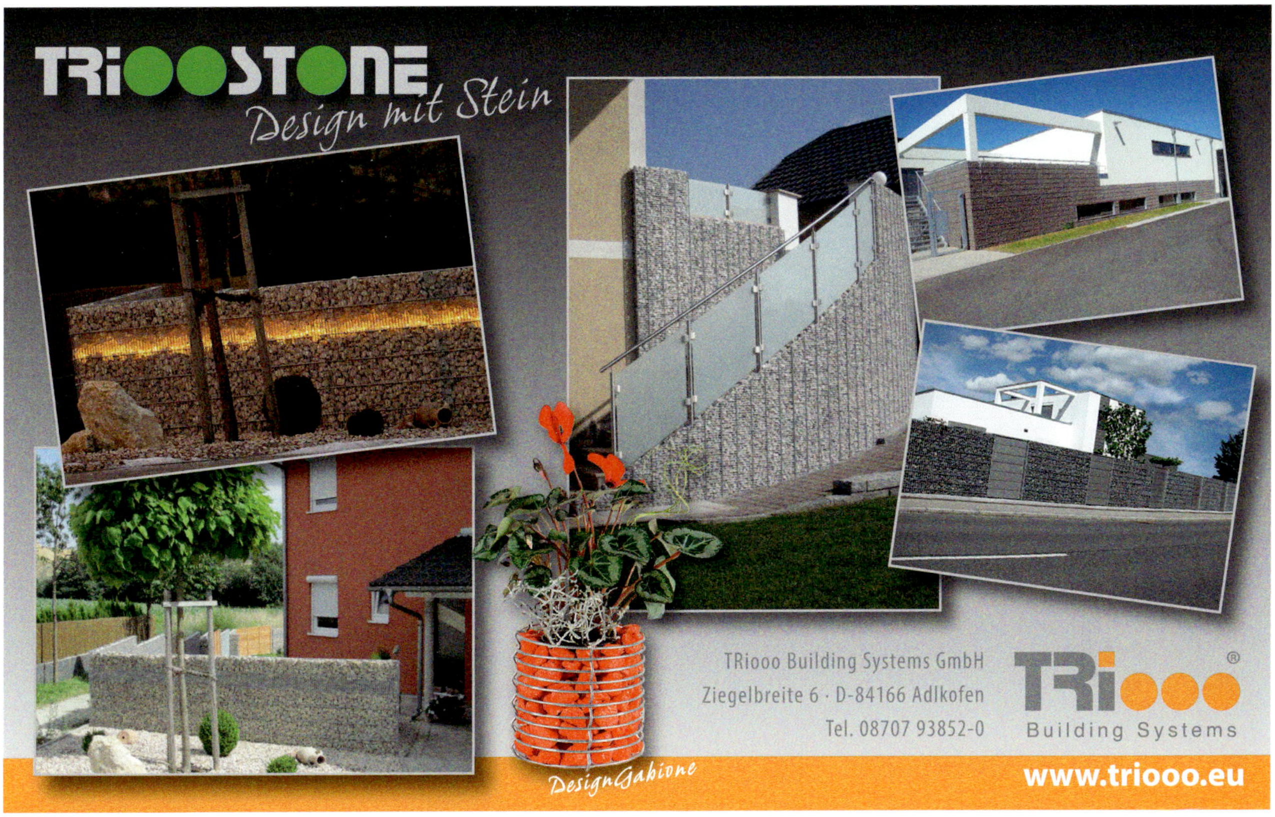

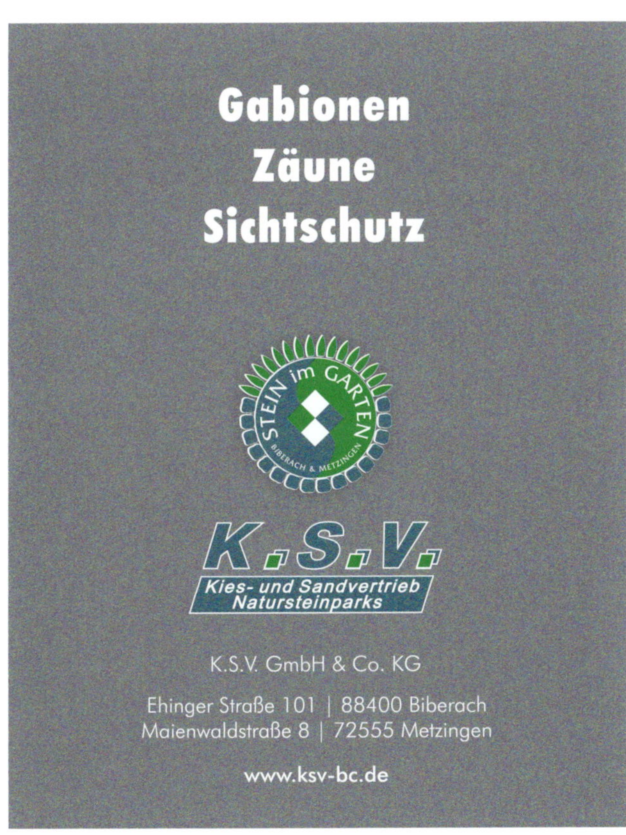
Gabionen
Zäune
Sichtschutz
STEIN im GARTEN
BIBERACH & METZINGEN
K.S.V.
Kies- und Sandvertrieb
Natursteinparks
K.S.V. GmbH & Co. KG
Ehinger Straße 101 | 88400 Biberach
Maienwaldstraße 8 | 72555 Metzingen
www.ksv-bc.de

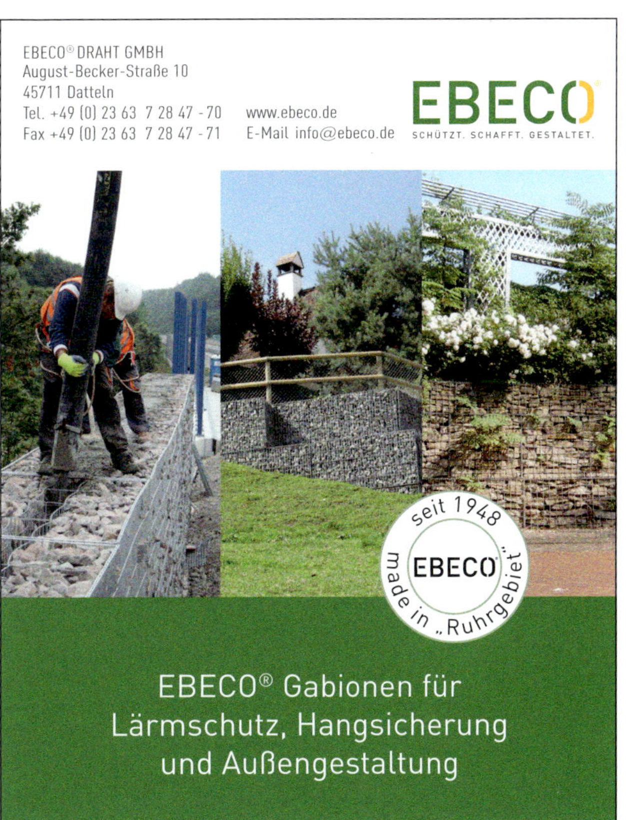
EBECO® DRAHT GMBH
August-Becker-Straße 10
45711 Datteln
Tel. +49 (0) 23 63 7 28 47 - 70
Fax +49 (0) 23 63 7 28 47 - 71
www.ebeco.de
E-Mail info@ebeco.de
EBECO®
SCHÜTZT. SCHAFFT. GESTALTET.
seit 1948
EBECO
made in „Ruhrgebiet“
EBECO® Gabionen für
Lärmschutz, Hangsicherung
und Außengestaltung

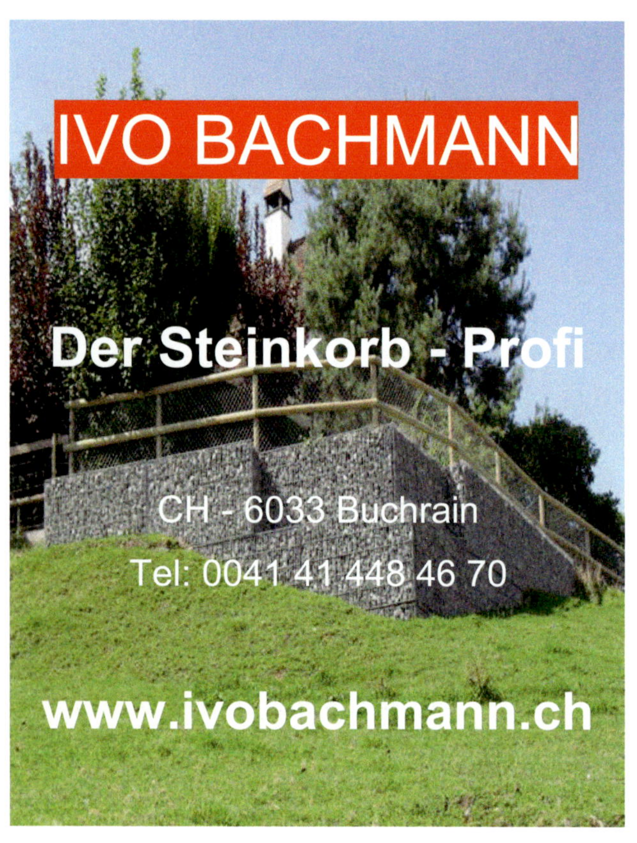
IVO BACHMANN
Der Steinkorb - Profi
CH - 6033 Buchrain
Tel: 0041 41 448 46 70
www.ivobachmann.ch

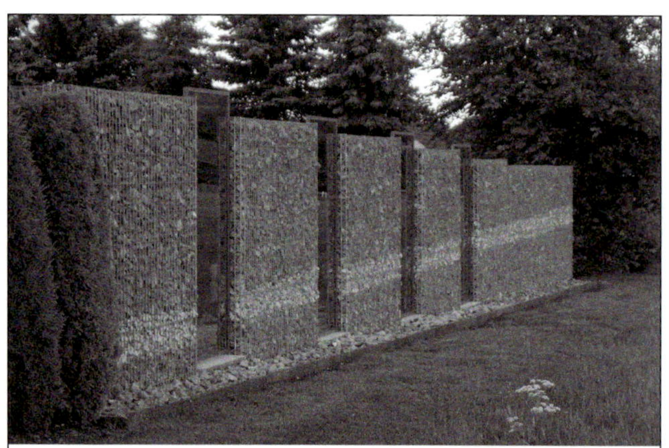

Hier können Sie weiterlesen:

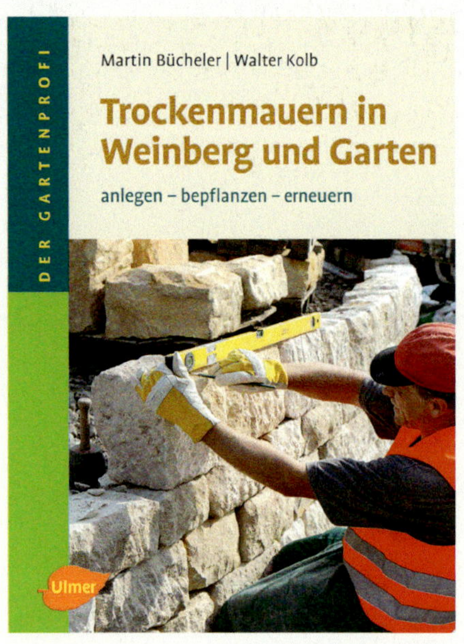

- **Verwendung von Natursteinen für Stütz- und Sichtschutzmauern**
- **Bauweisen und Techniken der Steinbearbeitung**
- **Möglichkeiten der Begrünung und Pflege von Mauern**

Trockenmauern aus Naturstein erobern als wertvolles Kulturgut zunehmend in Gärten und Grünflächen ihren Platz als Stütz- und Sichtschutzelemente. Dieses Buch zeigt Möglichkeiten der Gestaltung von Ansichtsflächen mit Feldsteinen, Findlingen, Bruchsteinen und Quadern. Arbeitsschritte ermöglichen Einblicke in die Beschaffenheit und Bearbeitung der Steine sowie den fachgerechten Aufbau von Trockenmauern. Umfassend werden Begrünung und Pflege der Mauern erläutert und individuelle Lösungen aufgezeigt.

Trockenmauern in Weinberg und Garten.
Anlegen, bepflanzen, erneuern. Martin Bücheler, Walter Kolb. 2013. 128 Seiten, 143 Fotos, 10 Zeichnungen, geb. ISBN 978-3-8001-7600-7.

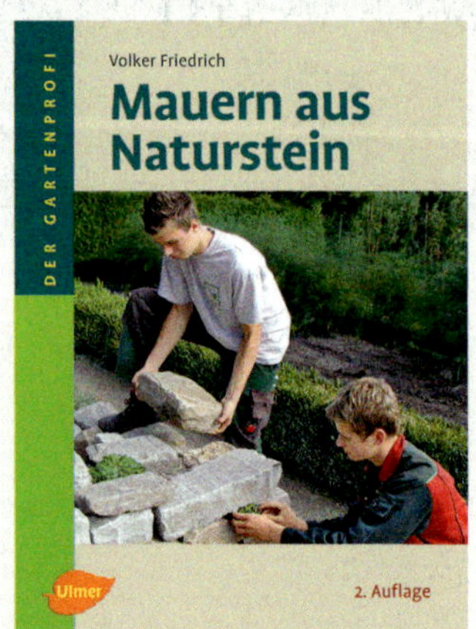

Das Buch gibt einen Überblick über Natursteinmauerformen mit ihren Einsatzorten, verschiedenen Ideen und Varianten. Es zeigt an Beispielen Schritt für Schritt, wie die Natursteine bearbeitet und die Natursteinmauern aufgebaut werden.

Mauern aus Naturstein. Volker Friedrich. 2. Auflage 2011. 176 Seiten, 148 Farbf., 57 Zeichn., geb. ISBN 978-3-8001-7554-3.

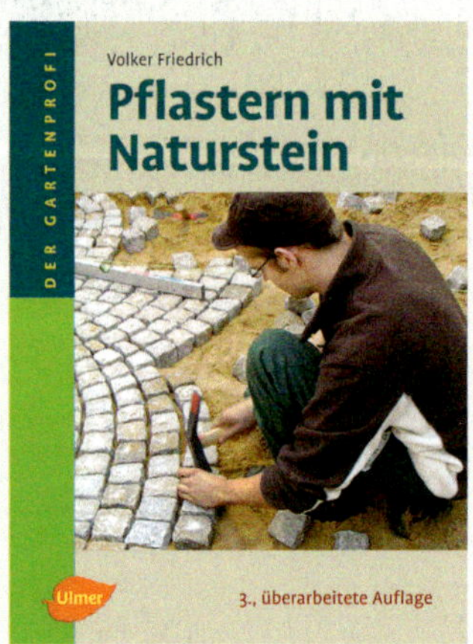

Dieses Buch erläutert die Gestaltungsmöglichkeiten mit Pflaster aus Naturstein, es stellt das Material in seiner Vielfalt vor und erklärt die Techniken der Verarbeitung.

Pflastern mit Naturstein. Volker Friedrich. 3., überarbeitete Auflage 2010. 144 Seiten, 118 Farbfotos, 43 Zeichn., geb. ISBN 978-3-8001-6956-6.

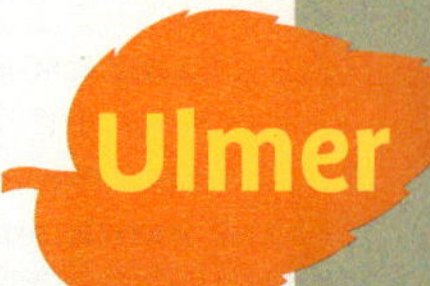

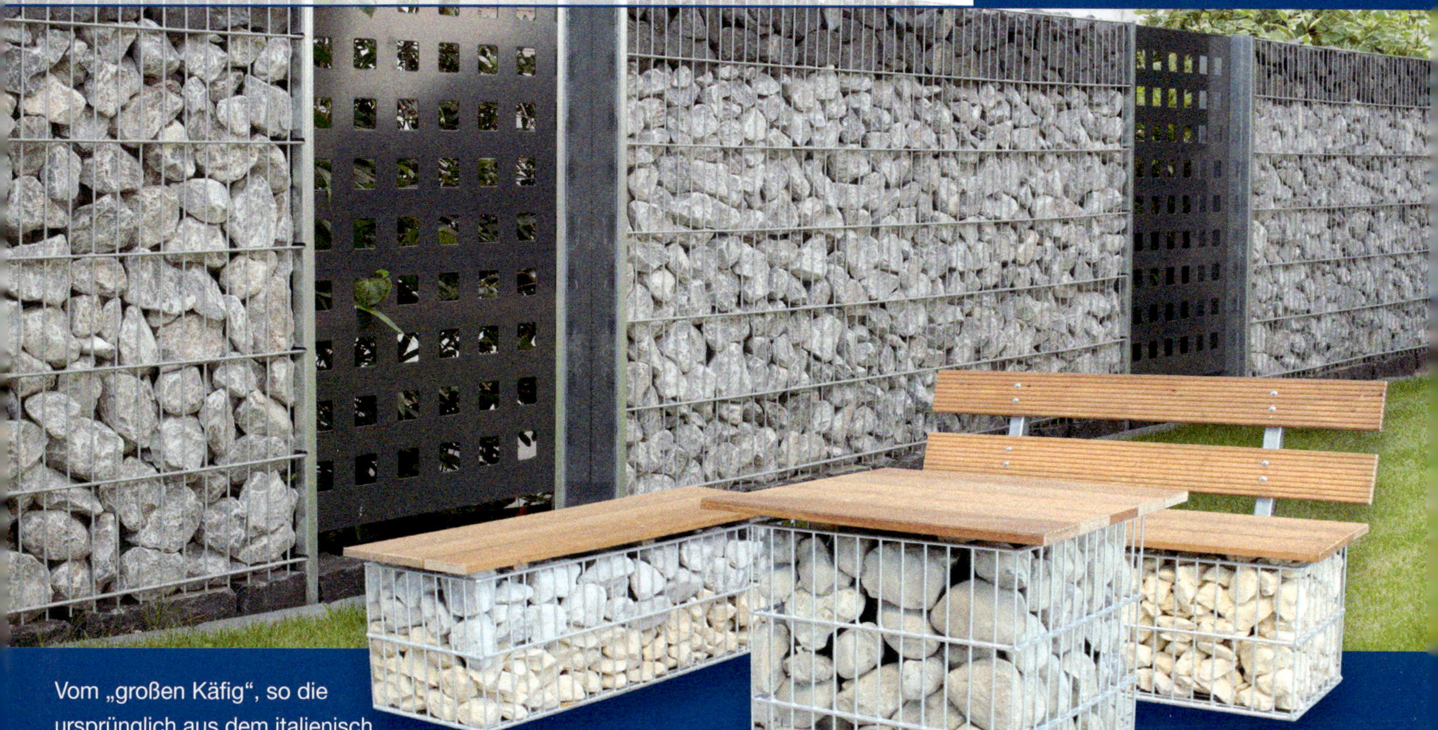

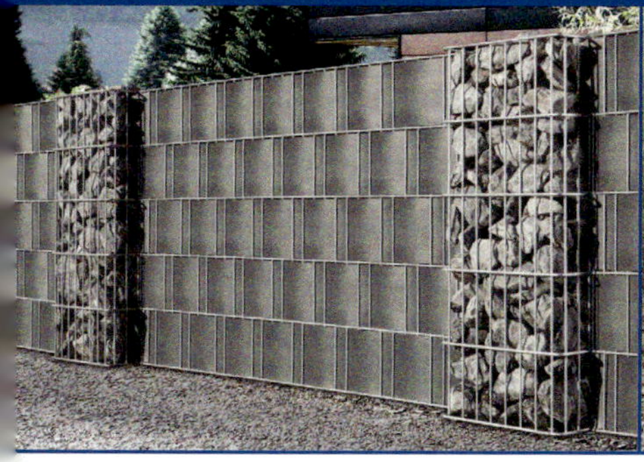

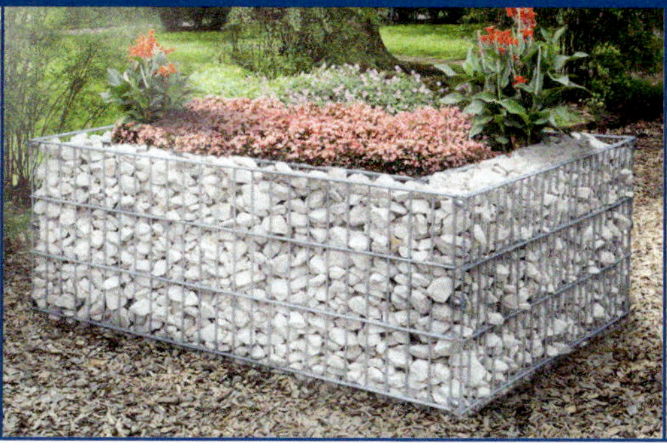

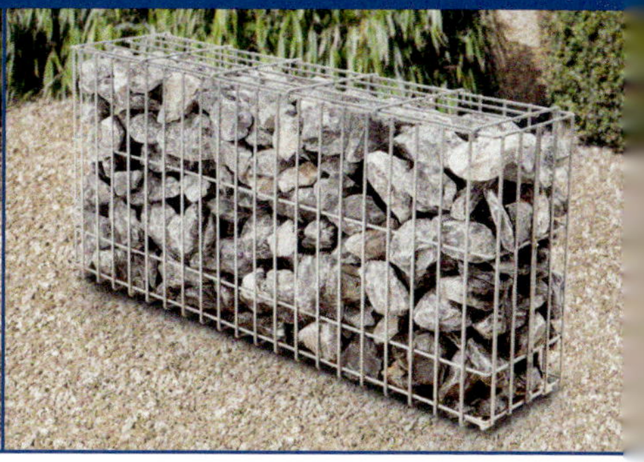